Ostseeküste

Zeit für das Beste

Highlights – Geheimtipps – Wohlfühladressen

»Hier ist es wundervoll, kein Telefon, keine Verpflich-
tung, absolute Ruhe. Ich liege am Gestade wie ein
Krokodil, lasse mich in der Sonne braten, sehe nie
eine Zeitung und pfeife auf die sogenannte Welt.«

Albert Einstein (Brief aus Ahrenshoop an Max Born)

BRUCKMANN

Ostseeküste

Zeit für das Beste

Rolf Goetz
Hans Zaglitsch

BRUCKMANN

INHALT

Seite 1: Mohnblumenfeld
Vorangehende Doppelseite: Im Nationalpark Vorpommersche Boddenlandschaft
Oben: Bauernland am Salzhaff
Mitte: Windflüchter in Ahrenshoop
Unten: In der Robbenstation von Warnemünde

Oben: Giebelhäuser am Markt in Greifswald
Mitte: Traditioneller Rohrdachkaten in Ahrenshoop
Unten: Am Markt in Ueckermünde

DIE TOP TEN

WELTKULTURERBE WISMAR (S. 28)
Die Hansestadt kann mit einem der stimmungs-
vollsten Stadtbilder Deutschlands aufwarten. Mo-
numentale Sakralbauten und rund 300 historische
Bürgerhäuser stehen unter dem Schutz der
UNESCO. Zu den schönsten gehören Nikolaikirche,
Schabbellhaus und der traditionsreiche Alte
Schwede am großzügig konzipierten Marktplatz.

MÄRCHENSCHLOSS SCHWERIN (S. 78)
Das Neuschwanstein Ostdeutschlands glänzt nicht
nur durch seine verspielte Architektur, auch die
reizvolle Insellage ist sehr schön. Die Prunkräume
in der Beletage stehen Besuchern offen, die Büro-
gebäude in den Seitentrakten sind den Abgeordne-
ten des Schweriner Landtags vorbehalten. Unbedingt empfehlenswert ist ein Bummel durch den
Burg- und Schlossgarten.

ALTER STROM IN WARNEMÜNDE (S. 110)
Im Seebad an der Warnowmündung feierte 1882
der erste Strandkorb seine Premiere. Heute wird
die Mole am Alten Strom von Tagesausflüglern
und Kreuzfahrern überflutet. Alle wollen den
Leuchtturm und den Teepott sehen und sich an
einem Kutter mit einer großen Portion heißem
Backfisch eindecken.

KÜNSTLERDORF AHRENSHOOP (S. 130)
Spuren der Künstlerkolonie finden sich im Kunst-
katen und der Bunten Stube, Rohrdachidyll in den
Ortsteilen Niehagen und Althagen. Für Spaziergän-
ger ist der aussichtsreiche Hochuferweg nach
Wustrow ein Muss.

DARSSER ORT (S. 138)
Der Leuchtturm in der Kernzone des Nationalparks
Vorpommersche Boddenlandschaft erlaubt ein im-
posantes Panorama auf die zu Füßen liegende vom
Meer geschaffene Anlandungszone. Reizvoll ist
auch der Naturlehrpfad durch das angeschwemmte
Neuland. Los geht es vom Darßer Ort.

WELTKULTURERBE STRALSUND (S. 158)
Die Altstadt atmet an allen Ecken Geschichte und
vergangenen Glanz aus der Blütezeit der Hanse.
Schlichtweg umwerfend ist die Schmuckfassade
des spätgotischen Rathauses. Seit der Deutschen
Einheit erfuhr der Stadtkern eine gründliche Auffrischung und präsentiert sich an manchen Stellen
fast so authentisch wie im ausgehenden Mittelalter.

MEERESMUSEUM OZEANEUM (S. 170)
Die postmoderne Architektur des Meeresmuseums
setzt neben den Speicherbauten auf der Hafeninsel
einen markanten Kontrast zum historischen Stralsund. Eine didaktisch hervorragend aufbereitete
Ausstellung macht mit der Meeresfauna der Ost-
und Nordsee bekannt.

KREIDEFELSEN AUF RÜGEN (S. 218)
Die durch ein Gemälde von Caspar David Friedrich
berühmt gewordenen Kreidefelsen sind das land-
schaftliche Aushängeschild der Ostseeküste. Am
Königsstuhl informiert ein modernes Nationalparkzentrum über das sensible Ökosystem. Im Hinterland der Kreideküste liegt ein prächtiger Buchenwald - seit 2011 Weltnaturerbe der UNESCO.

INSEL HIDDENSEE (S. 224)
»Dat söte Länneken« nannte der Nobelpreisträger
Gerhart Hauptmann seine Wahlheimat. Gesehen
haben muss man in dem »süßen Ländchen« den
Leuchtturm auf dem Dornbusch. Wer Ruhe sucht,
sollte in der Nebensaison auf die autofreie Insel
kommen.

DREI KAISERBÄDER AUF USEDOM (S. 244)
Mit dem Zusammenschluss zu den Kaiserbädern
avancierten Heringsdorf, Ahlbeck und Bansin zum
größten Seebad an der Ostseeküste. Die wie Finger
weit ins Meer ragenden Landungsbrücken erlauben
ein fulminantes Panorama auf die Silhouette der
wilhelminischen Bädervillen. Es bietet sich außerdem ein Abstecher ins polnische Swinemünde an.

Oben: Ein Leben für die Seefahrt
Mitte: Zwei Nationalparks und ein Biosphärenreservat bieten viel unberührte Natur.
Unten: Architektonisches Wahrzeichen sind rohrgedeckte Bauernkaten und Kapitänshäuser.

Kennen Sie die Ostseeküste?

Ankommen, loslassen. Im Promenadencafé den Wellen zuschauen, wie sie am feinen Sandstrand auslaufen, kreischenden Möwen über einem Fischkutter zusehen oder im Herbst den Kranichzug beobachten. Wenn dann noch aus dem Hinterland das lang gezogene Signalhorn einer Schmalspurbahn ertönt, weiß man, dass die schönsten Tage des Jahres bereits voll im Gange sind.

Deutschlands Traumküste

Kilometerlange Strände, die zu Badespaß, Burgenbauen, Spaziergängen und Muschelsuchen einladen, sind an der Ostsee nur eine Facette unter vielen. Zur Küste gehört auch viel Kultur. In den Weltkulturerbestätten Stralsund und Wismar künden monumentale Backsteinkathedralen und stolze Rathäuser von der Blütezeit der Hanse. Und mit Musikfestivals, Hafenfesten und maritimen Großereignissen wie der Hanse Sail wird auch ein Stück Lebensart der Küstenbewohner erfahrbar.

Naturraum Ostsee

Die Ostsee ist lediglich durch eine relativ schmale Öffnung mit der Nordsee und damit den Weltmeeren verbunden. Sie ist damit ziemlich abgeschlossen. Als Folge davon ist der Gezeitenwechsel nur schwach ausgeprägt und das Wasser weniger salzhaltig. Eine Besonderheit sind Bodden, flache, maximal zehn bis 15 Meter tiefe Gewässer, die durch vorgelagerte Nehrungen oder Halbinseln vom offenen Meer abgeschirmt werden. Prägend für die Boddenküsten sind breite Schilfgürtel und Salzwiesen, auf denen sich eine hoch spezialisierte Flora angesiedelt hat. Synonym zum Begriff Bodden wird mancherorts auch von einem Haff ge-

Steckbrief Ostseeküste Mecklenburg-Vorpommern

Lage: Im Westen grenzt die Ostseeküste von Mecklenburg-Vorpommern an Schleswig-Holstein, im Osten an Polen.

Küstenlänge: Ostseeküste 340 km, Boddenküste circa 1370 km

Inseln: Die größten der Küste vorgelagerten Inseln sind Rügen (926 km²), Usedom (445 km²), Poel (36 km²) und Hiddensee (19 km²).

Flagge des Bundeslands:

Geografie: An den Außenküsten wechseln sich von Dünen gesäumte feinsandige Strände mit Steilküsten ab. Durch Landzungen und Halbinseln konnten sich vom offenen Meer abgetrennte große Bodden bilden. Ihr Wasser weist einen deutlich geringeren Salzgehalt auf als die Ostsee. Das Hinterland wird von Weiden und Wäldern eingenommen.

Bevölkerung: In Mecklenburg-Vorpommern leben etwa 1,6 Mio. Menschen, der größte Teil davon entlang der Ostseeküste. Mit einer Bevölkerungsdichte von 69 Einwohnern pro km² ist das Ostseeland das am dünnsten besiedelte Bundesland. Die größten Städte sind Rostock (202 000), Schwerin (91 000), Stralsund (57 000) und Greifswald (55 000).

Wirtschaft: Die Arbeitslosenquote liegt mit 10 % deutlich über dem Bundesdurchschnitt. Ein wesentlicher Grund dafür ist die nur schwach entwickelte Industrie. Fischfang und Landwirtschaft sind traditionell wichtige Branchen. Überdurchschnittlich hoch ist die vom ökologischen Landbau bewirtschaftete Nutzfläche. In der grünen Energie- und Umwelttechnik nimmt Mecklenburg-Vorpommern eine Spitzenposition ein. Etwa die Hälfte des Strombedarfs wird mit Wind-, Bio-, Wasser- und Sonnenenergie gewonnen.

Tourismus: Mit jährlich knapp 7 Mio. Gästen ist Mecklenburg-Vorpommern die beliebteste Sommerurlaubsregion Deutschlands, der weitaus größte Teil davon wählt die Ostseeküste als Ferienziel. Warnemünde ist Deutschlands größter Kreuzfahrthafen. An der Küste ist Campingurlaub sehr populär. Im Hinterland der Küste stehen restaurierte Gutshäuser und Schlösser im Dienste des Tourismus.

Politik und Verwaltung: Das Land Mecklenburg-Vorpommern entstand aus dem ehemaligen Freistaat Mecklenburg und dem westlichen Teil Pommerns. Nach der Kreisgebietsreform von 2011 setzt es sich aus sechs Landkreisen und den kreisfreien Städten Rostock und Schwerin zusammen. Landeshauptstadt ist Schwerin. Seit 2006 wird das Land von einer Großen Koalition regiert.

Religion: Der größte Teil der Bevölkerung in Mecklenburg-Vorpommern gehört keiner Konfession an. Etwa 18 % der Einwohner bekennen sich zur evangelischen Kirche, 3 % sind Katholiken.

Oben: Alleenlandschaft
Mitte: Windflüchter auf dem Darß
Unten: Bei der Bundesgartenschau
in Schwerin

sprochen. Das größte davon ist das Stettiner Haff an der Grenze zu Polen. Mit ihren zahllosen kleinen Buchten und vorspringenden Landzungen sind die Bodden- und Haffküsten um ein vielfaches länger als die Ostseeküste selbst.

Sandhaken und Kliffs

Wenn man so will, ist der Küstensaum der Ostsee ständig in Arbeit. An dem einen Strand trägt die Strömung Sand und Lockerungsmaterial ab und landet dieses an anderer Stelle zu neuen Sandhaken an. Ein Beispiel, wie sich die Landschaft in einer relativ überschaubaren Zeitperiode dramatisch veränderte, gibt die Halbinsel Darß. 1848 stand der Leuchtturm am Darßer Ort noch fast am Wasser, heute hat sich davor eine Anlandungszone von fast einem Kilometer gebildet. Und jedes Jahr kommen ein paar Meter Neuland dazu. Auch die berühmten Steilwände an Rügens Kreideküste sind nicht für die Ewigkeit gebaut. Kreideabbrüche kommen auf Rügen vor, seit es die Insel gibt. Langsam holt sich dort das Meer sein vor Jahrmillionen verlorenes Terrain zurück.

Nationalparks und Biosphärenreservat

Ein großer Teil der Ostseeküste steht unter strengem Naturschutz. Kurz vor der deutschen Einheit erklärte die DDR-Regierung als eine ihrer letzten Amtshandlungen zwei Regionen zu Nationalparks. Zwischen Fischland-Darß-Zingst und der Insel Rügen erstreckt sich der Nationalpark Vorpommersche Boddenlandschaft. Er umfasst einen mit Windwatten, Sandhaken, Dünen und Stränden vielfältig strukturierten Naturraum. Die zugehörigen Boddengewässer sind das bedeutendste Vogelschutzgebiet Mitteleuropas. Rund 160 Arten brüten im Parkgelände, etliche davon, wie der

Kennen Sie die Ostseeküste?

Austernfischer und die Zwergseeschwalbe, stehen auf der Roten Liste der vom Aussterben bedrohten Arten. Ein ornithologisches Highlight ist der Kranichflug. Im Herbst legen zehntausende der Großvögel auf ihrem Weg in die südlichen Winterquartiere einen mehrwöchigen Zwischenstopp an den Ufern der Boddengewässer ein. Mit dem Nationalpark Jasmund entstand an der Kreideküste von Rügen ein zweites Schutzgebiet. Alte Buchenwälder reichen bis an die aktive Kliffküste heran, sie wurden 2011 von der UNESCO zum Weltnaturerbe erklärt. Ebenfalls unter dem Schutz der UNESCO steht das Biosphärenreservat Südost-Rügen, zu dem mit dem Mönchgut eine der anmutigsten Naturlandschaften an der Ostsee gehört.

Strandlandschaften

Keine Frage, die weiten Sandstrände sind das große Kapital der Ferienregion. Als Badewanne der Berliner hat sich Usedom schon vor mehr als 100 Jahren einen Namen gemacht, die Außenküste der vorpommerschen Insel wartet mit einem 42 km langen durchgehenden Sandstrand auf. Mehr Strand gibt es in Deutschland nirgends. Auch die Seebäder auf Rügen, Fischland-Darß-Zingst und der mecklenburgischen Ostseeküste laden mit pulverfeinen hellen Stränden zu Badespaß und Wassersport ein. Die Wasserqualität gilt überall als gut bis sehr gut, vielerorts weht an den Stränden die Blaue Flagge. Das Gütesiegel bürgt nicht nur für sauberes Wasser. Um es zu erhalten, müssen die Badeorte auch bestimmte Sicherheitsstandards und Umweltanforderungen erfüllen.

Erster Badebetrieb im 19. Jahrhundert

Urlaub am Meer war ursprünglich kein Vergnügen. Die ersten Badegäste kamen auf ärztliches Anraten

Oben: Der Weststrand bei Vitte auf Hiddensee
Mitte: Rapsfeld im vorpommerschen Hinterland
Unten: Die Ostseeküste ist eines der wichtigsten Vogelschutzgebiete Mitteleuropas.

Oben: Am Türschmuck verraten die Küstenbewohner ihre Liebe zum Detail.
Unten: Binz auf Rügen ist eines der größten Seebäder an der Ostseeküste.

an die Ostsee. Man badete zunächst nicht im offenen Meer, sondern in eigens gebauten Badeanstalten. Das in großen Kübeln herangeschaffte Ostseewasser füllte dort Wannen und Becken. Als erstes deutsches Seebad eröffnete 1793 Heiligendamm den Badebetrieb, 1797 folgten Norderney an der Nordsee und 1803 Boltenhagen an der mecklenburgischen Ostseeküste. Die Badeanstalten und später auch die Strandabschnitte waren zunächst streng nach Geschlechtern getrennt. Die Frauen trugen mit Rüschen besetzte knielange Badekostüme, die Männer meist ebenfalls bis an den Hals reichende geringelte Badeanzüge. Bis noch vor gut 100 Jahren waren Badekarren groß in Mode. Sie dienten als Umkleidekabine und wurden dann von berittenen Pferden ins Meer gezogen. Die flach abfallenden Ostseestrände kamen dieser Art von Badevergnügen entgegen. Im tiefen Wasser ließ man sich dann diskret ins Wasser gleiten, auf keinen Fall durfte dabei das andere Geschlecht zugegen sein. Ein am Wagen angebrachtes dickes Tau diente Nichtschwimmern als Halteleine, Schwimmen konnten zu jener Zeit nur wenige Menschen. Für viele wurde so das Bad in der Ostsee zum echten Abenteuer. Sobald man »abgebadet« hatte, gab man mit einem Sonnenschirm ein Zeichen und ließ sich wieder an den Strand zurückziehen. 1902 ging Heringsdorf als eines der ersten Ostseebäder zum Familienbad über, in dem fortan alle Familienmitglieder gemeinsam an dem Badespaß teilnehmen konnten. Der Badekarren war damit Geschichte.

Verspielte Bäderarchitektur

Neben den aus heutiger Sicht skurrilen Badesitten brachte die Bäderzeit an der Ostsee auch eine außergewöhnliche Architektur hervor. Wer genügend Kleingeld hatte, sprich der Adel und das wohlhabende Bürgertum, ließ sich am Strand eine

mondäne Sommervilla errichten. Einem bestimmten Stil war man dabei nicht verpflichtet. Mit Anleihen aus Antike, Renaissance, Barock und Neoklassizismus entstand ein bunter Architekturcocktail, der die heutigen Badegäste in nostalgisches Schwärmen versetzt. Die Fassaden zieren Holzbalkone und Erker, manche Eingangstüren verbergen sich unter antiken Säulenvorhallen. Logierhäuser und Hotels stehen wie Paläste an der Seefront und strotzen nur so von Turmaufbauten, hölzernen Loggien und ornamentalem Zierrat.

In dem halben Jahrhundert DDR-Geschichte verrottete vieles davon, doch mit neuem Schwung und frischem Geld begann nach der Wende ein aufwändiger Sanierungsprozess, der mittlerweile fast abgeschlossen ist. Ob auf Usedom, Rügen oder in Kühlungsborn und Boltenhagen: überall

Oben: Die Ahl...
eines der A...
Bäderarch...
Unten: ...
sern ...
daz...

Oben: ...
Landsch...
Mitte: Ki...
an der Os...
Unten: Kais...
merschen L...
Greifswald

präsentieren sich die Seebäder im alten Glanz –
Kaiser Wilhelm hätte sicherlich seine Freude daran.

Kunst und Kultur an der See

Für Maler und Literaten war die Ostseeküste schon
immer eine Quelle der Inspiration. Viele nutzten
die Sommerfrische in den Seebädern regelmäßig
um aufzutanken, manche blieben für immer. Faszi-
niert vom ewigen Spiel der Wellen, von langen
Spaziergängen am Strand, auf Kliffs und entlang
der ruhigen Boddenufer fanden die Künstler dort,
was sie zu Höchstform auflaufen ließ. Sie nutzten
das besondere Licht, kombiniert mit dem Spiel der
Wolken, das die Küsten und das flache Hinterland
immer wieder neu in Szene setzt.

Im ausgehenden 19. Jahrhundert entstand in Ahrenshoop um den Landschaftsmaler Paul Müller-
Kaempff eine Künstlerkolonie, dessen Wirken bis
heute in dem Ferienort auf dem Darß spürbar ist.
Motive gab es mehr als genug, seine »Malweiber«
brachten Windflüchter, Weißkopfmöwen und
Sanddornsträucher auf die Leinwand. Auf Usedom
richtete sich Otto Niemeyer-Holstein ein Atelier in
einem ausrangierten Berliner S-Bahn-Waggon ein.
Lyonel Feininger fuhr auf dem Fahrrad durch die
Usedomer Schweiz und hielt Dörfer und Kirchen
auf seinem Skizzenblock fest, das Künstlerpaar
Marianne von Werefkin und Alexej Jawlensky malten im Sommer 1911 in Prerow. Und manch großer
Maler ist gar ein Kind der Ostsee, allen voran der
in Greifswald geborene Caspar David Friedrich und
der Wolgaster Philipp Otto Runge, die beide der
deutschen Romantik ein Gesicht gaben.

Malweiber gab es auch auf Hiddensee, doch Rügens kleine Schwesterinsel wird vor allem mit dem
Namen Gerhart Hauptmann in Verbindung gebracht. Sein Haus in Kloster wurde zum Treff von

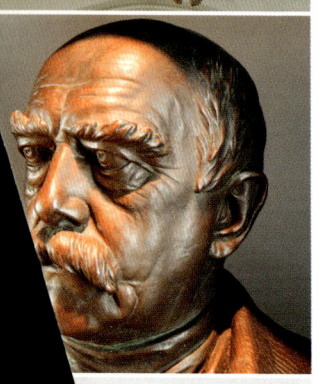

Bauernkaten prägen das
...aftsbild.
...chenliebhaber kommen
...seeküste auf ihre Kosten.
...er Wilhelm I. im Pom-
...andesmuseum in

Kennen Sie die Ostseeküste?

Literaten, Künstlern und Filmstars – Thomas Mann, Carl Zuckmayer, Gustav Gründgens, die dänische Stummfilmdiva Asta Nielsen und auch Albert Einstein, sie alle konnten sich dem Zauber Hiddensees nicht entziehen.

Festivals und Volkstheater

Auch heute hat die Ostseeküste kulturell mehr zu bieten als vielfach angenommen. Um die Sommergäste auch abseits vom Strandkorb zu unterhalten, wurden vor allem nach der Wende etliche hochkarätige Events auf die Beine gestellt. Einen Namen machten sich die 1990 gegründeten Festspiele Mecklenburg-Vorpommern. Die Spielorte der sommerlichen Klassikreihe sind über das ganze Bundesland verteilt, zu den Stars, die in den letzten Jahren vor großem Publikum auftraten, gehören unter anderem Anne-Sophie Mutter, Hilary Hahn und der Dirigent Kent Nagano. Auf Usedom begrenzt ist das Usedomer Musikfestival, das – ebenfalls immer hervorragend besetzt – im Spätsommer die Kirchen, Schlösser und Konzertsäle der Insel mit Klang erfüllt. Jedes Jahr wird schwerpunktmäßig die Musiktradition eines Landes aus dem Ostseeraum vorgestellt. 2014 war Polen an der Reihe, Einblicke in seine Musiktradition zu geben.

Vornehmlich an Opernfreunde richten sich die Schweriner Schlossfestspiele. Auf dem Alten Garten werden Werke von Bizet bis Verdi aufgeführt, für eine zauberhafte Kulisse sorgt natürlich das Schloss. Theater wird an der Ostsee auch gespielt. An erster Stelle müssen dabei die Störtebeker-Festspiele auf Rügen genannt werden, die mit rund 150 Mitwirkenden eines der größten und mit mehr als 300 000 Besuchern pro Saison auch eines der erfolgreichsten Freilichttheater Deutschlands sind. Im Schatten von Störtebeker werden in Zinnowitz die Vineta-Festspiele aufgeführt, dort dreht

Oben: Fassade des berühmten Cafés Marimar in Greifswald
Unten: Berühmter Kirchenschatz: das Rigafahrergestühl in der Stralsunder Nikolaikirche

15

sich alles um den Untergang der sagenhaften Ostseestadt Vineta.

Tourismus in der DDR

Der Zweite Weltkrieg und ein halbes Jahrhundert DDR an der Ostseeküste hinterließen tiefe Spuren. Das DDR-System erlaubte keine großen Sprünge ins Ausland, schon gar nicht ins westliche. So blieb außer Reisen in die sozialistischen Bruderländer nur der Urlaub im eigenen Land. Die Ostseeküste wurde zum Lieblingsplatz des staatlich geförderten Massentourismus. Doch wer an die See durfte, entschieden die Betriebe und der Freie Deutsche Gewerkschaftsbund (FDGB), dessen Feriendienst eigene große Ferienheime an der Küste unterhielt. An den »volkseigenen Stränden« wurden aus noblen Gründerzeitvillen Ferienheime für Stahlarbeiter aus Eisenhüttenstadt und Kumpels aus den Bergwerken in Thüringen. Hotels und Pensionen als Feriendomizil waren eher die Ausnahme, in der Aktion Rose wurden 1953 die meisten privaten Hoteliers enteignet. In Prerow und anderswo entstanden riesige staatlich betriebene Zeltplätze für mehrere tausend Camper.

Tourismus heute

In den ersten Jahren nach der Wende brach der Tourismus zunächst massiv ein. Die heruntergewirtschaftete Infrastruktur war nicht mehr wettbewerbsfähig und verlangte nach einschneidenden Maßnahmen. Die Treuhand hatte alle Hände voll zu tun, um für die abgewirtschafteten Hotels und Ferienheime neue Investoren zu finden. Kaum waren die ersten Betriebe saniert, setzte eine Art Goldgräberstimmung ein. Binnen eines Jahrzehnts avancierte die Ostseeküste zum liebsten Sommerziel der Deutschen. Die Anzahl der Gästebetten hat sich in den letzten 20 Jahren mehr als verdop-

Oben: Schöne Beispiele der Bäderarchitektur finden sich in den Seebädern auf Rügen und auf Usedom.
Unten: Gemütliche Hafenlandschaft

Kennen Sie die Ostseeküste?

pelt. In den Seebädern wurde nicht nur Altes saniert, sondern auch kräftig Neues gebaut. Mancherorts zu viel, wie Kritiker und Umweltschützer einwenden. Ein Stück ab von der ersten Reihe am Wasser stehen im stillen Hinterland dem Gast zudem stilvolle Gutshöfe und Schlösser offen. Von einigen angestaubten privaten Ferienwohnungen abgesehen ist das Unterkunftsgewerbe in Mecklenburg-Vorpommern heute das modernste in ganz Deutschland. Seebrücken und kilometerlange Seepromenaden laden zum Flanieren ein, jene auf Usedom ist mittlerweile bis ins polnische Swinemünde ausgebaut.

Alle vier Jahreszeiten

Der Frühling beginnt an der Küste etwas später als im Binnenland. Die Vorsaison gehört vor allem Radlern, Wanderern und Strandläufern, die noch nicht unbedingt ins Wasser springen müssen. Anfang Mai sorgen blühende Rapsfelder in der welligen Endmoränenlandschaft für gelbe Farbtupfer, in den Buchenwäldern strecken sich Frühblüher dem Licht entgegen. Die Badesaison beginnt nicht vor Anfang Juli. Doch dann dauert es nicht mehr lange, bis so manches der großen Seebäder am Rande der Kapazitätsgrenzen steht, viel los ist vor allem auf den Inseln Usedom und Rügen. Doch an der 340 km langen Außenküste wird sich immer ein Plätzchen finden, notfalls kann man an die ruhigeren Boddengewässer ausweichen.

Im Herbst, wenn die Tage kühler und kürzer werden, kehrt dann schlagartig Ruhe ein. Die Strandkörbe verschwinden im Depot. Es ist die Zeit für Strandgänger, Muschel- und Bernsteinsucher sowie all jene, die es ruhig haben wollen. Es ist aber auch die Zeit für Gäste, die das Besondere lieben und reife Sanddornbeeren kosten oder den Kranichzug erleben wollen. Im Winter gönnt sich die

Oben: Logenplatz über dem Strand von Kühlungsborn
Unten: Gespensterwald bei Niehagen

Oben: Spuren aus der Vergangenheit: eine slawische Wallanlage am Kap Arkona
Mitte: Blütenzauber im Frühjahr
Unten: Von der Ostseeküste nicht wegzudenken: der Korb am Strand

Ostseeküste eine kleine Auszeit. Etliche Hotels und Fischlokale haben dann geschlossen. Doch so mancher Gast lässt sich dennoch nicht von einem Winterspaziergang am dann vereinsamten Strand abhalten. Auf den Seebrücken wird das neue Jahr mit einem Silvesterfeuerwerk begrüßt. Das Anbaden am Neujahrstag hat sich mancherorts zum Spektakel entwickelt, wenn sich unerschrockene Badegäste im traditionellen Badekostüm mutig ins vier Grad Celsius kalte Wasser stürzen.

Damit die Ostsee zufriert, muss es schon ziemlich kalt sein. Doch wenn dann mal die Wasserstraße zwischen Rügen und Hiddensee von einem halben Meter dicken Eispanzer überzogen ist, hat die Ostsee ihr Wintermärchen. Letztmalig geschehen im Februar 2011, als sich tausende von Menschen zu Fuß auf die sechs Kilometer lange Strecke zwischen den beiden Inseln machten. Die Ostsee ist also auch im Winter ein Erlebnis!

Kuren und Wohlfühlen

Ein Kuraufenthalt, Gesundheit und Wohlfühlen spielen in den See- und Heilbädern an der Ostsee traditionell eine große Rolle. Mit Erfolg hat sich Mecklenburg-Vorpommern jüngst zu einem Gesundheitsland in Deutschland profiliert. Eine ambulante Badekur kann etwa das ganze Spektrum an Prävention und Therapie einbeziehen. Den Mittelpunkt dabei nimmt meist die Thalassotherapie ein, also Bäder, Trinkkuren und Inhalationen mit Meerwasser. Daneben stehen Meeresprodukte wie Schlick und Algen hoch im Kurs. Und Wellness gab es an der Ostsee bereits schon lange bevor es das passende Wort dazu gab. Als lokales Wundermittel für zarte Haut wird etwa die Rügener Heilkreide gepriesen. Es gibt heute ja kaum noch ein Spa, das nicht noch zusätzlich Gesundes aus Fernost anbietet, angefangen bei Ayurveda über Qigong bis zu einer klassischen Thai-Massage. Doch an der Ostsee kommt man auch gut ohne die nicht ganz billigen Wellnessangebote zurecht. Für viele Gäste ist ein Strandspaziergang in dem milden Reizklima die beste Naturmedizin. Vor allem für Allergiker und Menschen mit Hauterkrankungen bieten die frische Ostseeluft und das Meerwasser oft schnelle Linderung.

Das Erbe der Hanse

Kaum hatte das DDR-System das Zeitliche gesegnet, besannen sich die Hafenstädte an der Ostsee wieder auf ihre ruhmreiche Vergangenheit und schmückten sich mit dem Beinamen Hansestadt, allen voran Rostock, Stralsund, Wismar und Greifswald. Das urbane Gesicht dieser Städte wird bis heute weitgehend von der Hanse geprägt. Der

Oben: Blick vom Streckelsberg auf den Strand von Koserow auf der Insel Usedom
Unten: Vom einstmals wichtigsten Broterwerb zeugen noch heute etliche kleine Fischerhäfen.

Städtebund war ein Interessenverband von Kaufleuten, die durch gemeinsames Handeln ihre handelspolitischen Ziele durchzusetzen wussten. Um 1259 schlossen sich Lübeck, Wismar und Rostock zunächst zu einem Dreierbund gegen vagabundierende Piraten zusammen. Sie alle hatten zuvor etliche Schiffe an Seeräuber verloren. In der Blütezeit der Hanse zählten etwa 200 Städte zu dem Bund, von Flandern über die Nord- und Ostsee bis zum Finnischen Meerbusen. Überall an der Küste stellten die Kaufleute ihren Wohlstand mit prachtvollen Giebelfassaden ihrer Häuser zur Schau. Von den erwirtschafteten Überschüssen ließen sie monumentale Sakralbauten und repräsentative Rathäuser bauen. In die Zeit der Hanse fielen auch die Universitätsgründungen von Rostock und Greifswald. Es waren die ersten in ganz Norddeutschland.

Monumentale Backsteingotik

Ein Besuch in einer der Hansestädte wird zugleich zu einer Reise in die Welt des Backsteins. Die wuchtigen Sakralbauten von St. Marien in Rostock, St. Nikolai in Wismar oder der Dom St. Nikolai in Greifswald sind heute Teil der grenzüberschreitenden Europäischen Route der Backsteingotik. Nicht nur Kirchen und Klöster, auch Rathäuser, Tortürme und mittelalterliche Wehranlagen sind aus rotem Backstein gebaut.

Warum gerade Backstein? In der flachen norddeutschen Landschaft gab es praktisch nur einen Baustoff – Lehm. Dieser wurde zunächst von Hand geformt, später dann in Holzformen getrocknet und gebrannt. Backsteine waren der Grundstein für eine einzigartige architektonische Hochkultur. Zwar ging manches davon in den Wirren der Kriege unter, viele Bauten wurden jedoch nach originalgetreuen Vorlagen wieder aufgebaut. Auf

Oben: Ladegastorgel im Dom von Schwerin
Mitte: Der Alte Schwede am Markt in Wismar gehört zu den schönsten Beispielen profaner Backsteinarchitektur.
Unten: Auf dem Marktplatz in Schwerin findet man viele Buden.

Kennen Sie die Ostseeküste?

welch kunstvolle Art die acht Kilogramm schweren Ziegel sich verbauen lassen, zeigt sich nicht zuletzt an den Giebeln repräsentativer Bürgerhäuser. Statt figürlicher Plastik, die mit Backstein nicht machbar ist, zeichnen sich die Schmuckfassaden durch reiche Ornamentik und Flächengliederung mit vorspringenden Mauern, Türmchen und Pfeilern aus. Rot musste übrigens nicht die einzige Farbe sein, mit Glasuren ließen sich verschiedenfarbige Abstufungen erzielen. Zu den schönsten Beispielen profaner Backsteinkunst gehören etwa das Wulflamhaus in Stralsund, der Alte Schwede in Wismar und das heutige Marimar-Café in Greifswald. Nicht zuletzt war es der Backstein, der den Hansestädten Stralsund und Wismar 2002 zu ihrem UNESCO-Welterbestatus verhalf.

Mecklenburger Küche

Die Küche an der Ostseeküste gibt sich betont bodenständig. Sie lebt von dem, was die See, das Hinterland und die Wälder vor der Haustür hergeben und hat dennoch so manche Spezialität hervorgebracht. Wie es sich für einen Küstenstrich gehört, steht natürlich Fisch im Vordergrund.

Jahrhundertelang war der Hering der Brotfisch der Küstenanrainer. Saison für das »Silber der Ostsee« ist das Frühjahr, wenn den Fischern ganze Schwärme ins Netz gehen. Überall angeboten wird Zander aus den Boddengewässern, aus den mecklenburgischen Binnengewässern rund um die Müritz kommen Süßwasserfische wie Hecht und Maränen. Jenseits von Fisch wird deftige Landküche geboten. Landestypische Gerichte sind etwa Mecklenburger Rippenbraten und hausgemachtes Sauerfleisch. Zu beidem werden in der Regel Bratkartoffeln mit Speck gereicht. Die Portionen fallen meist ziemlich opulent aus, doch fasten kann man schließlich wieder zuhause.

Oben: Am Stadthafen in Rostock
Mitte: Hier wird der Kabeljau schön in Szene gesetzt.
Unten: Heringe und Lachs im Räucherofen

Oben: Auf Usedom sorgt ein Bäderzug für den öffentlichen Transport.
Mitte: Die Ahlbecker Seebrücke
Unten: Die Mecklenburgische Bäderbahn Molli ist von der Ostseeküste nicht wegzudenken.

Wirtschaft und Bevölkerung

Strände und viel Natur, Bäderarchitektur und monumentale Backsteingotik machen die Ostsee als Ferienland ungemein attraktiv. Das soll nicht heißen, dass die Küstenregion keine Probleme hätte. Auch mehr als 20 Jahre nach der Deutschen Einheit gestaltet sich die wirtschaftliche Lage als ausgesprochen schwierig, zumal der vorausgesagte »Aufschwung Ost« vielerorts noch immer auf sich warten lässt. Vor allem junge Menschen sehen in ihrer Heimat keine ausreichende Lebensperspektive und wandern nach wie vor in den Westen ab. Verbunden mit dem gesellschaftlichen Umbruch ist auch die Geburtenrate stark rückläufig. In Mecklenburg-Vorpommern ging seit der Wende die Bevölkerung um mehr als 10 % zurück. Selbst in vielen Seebädern nahm trotz des boomenden Tourismus die Einwohnerzahl ab. Allein in den Universitätsstädten Rostock und Greifswald zeichnet sich ein gegenläufiger Trend ab, dort hat sich die Einwohnerzahl stabilisiert, sie nimmt gar wieder leicht zu.

Lektüre zur Einstimmung

Alfred Andersch, *Sansibar oder der letzte Grund.* Schauplatz des Vierundzwanzig-Stunden-Romans ist das Ostseebad Rerik im Jahr 1937, Hintergrund eine geplante Flucht.
Elisabeth von Arnim, *Elisabeth auf Rügen.* Historische Reisebeschreibung aus den Anfängen des Bädertourismus.
Albert Burkhardt, *Vineta.* Sagen und Märchen vom Ostseestrand.
Lena Johannson, *Dünenmond – Ein Sommer an der Ostsee.* Leichte Sommerlektüre für den Strandkorb auf Hiddensee.
Claudia Rusch, *Mein Rügen.* Kindheitserinnerungen – viel liebevoller kann man die Heimatinsel kaum portraitieren.

Das ehemalige Kurhaus in Binz, heute eines der mondänsten Grand Hotels an der Ostsee

Geschichte im Überblick

Ab 600 dringen slawische Stämme in den durch die Völkerwanderung fast unbesiedelten Ostseeraum ein und legen erste von Wallburgen geschützte Siedlungen an.

995 wird das Land Mecklenburg (Mikilenburg) erstmals in einer Urkunde erwähnt.

Ab 1259 schließen sich an der Nord- und Ostseeküste Kaufleute zusammen, um gemeinsam gegen das Piratentum vorzugehen. Aus dem Bund entsteht die Städtehanse, die in ihrer Blütezeit im 14. Jahrhundert zu einem einflussreichen politischen Machtfaktor aufsteigt.

1419 wird die Universität Rostock gegründet, sie ist die erste in ganz Norddeutschland.

1534 wird in Vorpommern die Reformation eingeführt. 15 Jahre darauf bekennt sich auch Mecklenburg zum lutherischen Glauben.

1618–1648 leiden Mecklenburg und Vorpommern unter den Kampfhandlungen des Dreißigjährigen Krieges. Die kaiserlichen Truppen unter Oberbefehlshaber Wallenstein belagern zwei Jahre lang erfolglos die Stadt Stralsund, die sich 1630 dem schwedischen Königreich anschließt. Im Westfälischen Frieden werden Wismar, die Insel Poel und ganz Vorpommern einschließlich der Insel Rügen den Schweden zugesprochen.

1793 gründet der mecklenburgische Herzog Friedrich Franz I. in Heiligendamm das erste deutsche Seebad.

1815 fallen nach den Napoleonischen Kriegen die schwedischen Besitzungen in Vorpommern an Preußen.

1876 verbindet eine Bahnlinie Berlin mit Usedom und bringt fortan tausende von Sommerfrischlern auf die Insel.

1936 beginnt die nationalsozialistische Organisation »Kraft durch Freude« mit dem Bau des Seebades Prora. Die Planung sieht vor, ein Ferienbad für 20 000 Menschen zu schaffen. Nach dem Ausbruch des Zweiten Weltkriegs werden die Arbeiten eingestellt.

1942 wird in der Heeresversuchsanstalt Peenemünde unter der Leitung von Wernher von Braun die erste Rakete ins All abgeschossen. Zugleich werden mit Sprengköpfen ausgestattete Flugkörper zur Serienreife entwickelt, die im letzten Kriegsjahr vornehmlich auf englische Ziele abgefeuert werden und rund 8000 Zivilisten das Leben kosten.

1945 bombardieren die Alliierten Städteziele an der Ostseeküste, besonders stark betroffen sind Rostock, Stralsund und das Seebad Swinemünde.

1949 gründet sich auf dem Gebiet der Sowjetischen Besatzungszone die Deutsche Demokratische Republik (DDR).

1953 werden in der Aktion Rose vor allem in den Seebädern an der Ostseeküste hunderte von Pensionen und Hotels verstaatlicht und fortan von dem gewerkschaftlichen Feriendienst mit Feriengästen gefüllt.

1961 wird die Mauer gebaut. Um Fluchtversuche zu unterbinden, patrouillieren DDR-Küstenboote vor den Stränden, der Ausflugsverkehr auf dem Wasser kommt vielerorts zum Erliegen. Trotzdem versuchten bis 1989 mehr als 4000 DDR-Bürger die Flucht über die Ostsee.

1990 werden im wiedervereinigten Deutschland Mecklenburg und Vorpommern zum neuen Bundesland Mecklenburg-Vorpommern zusammengelegt. Im Rennen um die Landeshauptstadt erhält Schwerin den Vorzug vor Rostock. Wenige Wochen vor der Wiedervereinigung werden unter der letzten DDR-Regierung der Nationalpark Vorpommersche Boddenlandschaft und der Nationalpark Jasmund festgeschrieben.

1991 wird in den Seebädern mit der Sanierung der Bäderarchitektur begonnen. Binnen weniger Jahre avanciert die Ostseeküste zu einer der modernsten und beliebtesten Ferienregionen Deutschlands.

2002 werden die Altstädte von Wismar und Stralsund Weltkulturerbe der UNESCO.

2005 eröffnet Bundeskanzlerin Angela Merkel nach dreizehnjähriger Bauzeit die Ostseeautobahn (A 20). Sie verläuft im Hinterland der Küste von Lübeck über Rostock und Greifswald bis zum Autobahndreieck Uckermark nahe der polnischen Grenze.

2007 tagt in Heiligendamm der Weltwirtschaftsgipfel der G8-Staaten. In Rostock kommt es am Rande des Treffens zu Ausschreitungen zwischen demonstrierenden Globalisierungsgegnern und der Polizei.

2009 zieht die Bundesgartenschau in Schwerin fast zwei Millionen Besucher an.

2010 wird das zwei Jahre zuvor in Stralsund eröffnete Ozeaneum zum Europäischen Museum des Jahres gewählt.

2014 wird an der Heringsdorfer Seebrücke zum Saisonauftakt am 1. Mai der größte Strandkorb der Welt aufgestellt. Das von einer lokalen Korbfabrik angefertigte XXL-Modell bietet Platz für 91 Gäste.

2015 werden auf der Freilichtbühne von Ralswiek auf Rügen von Ende Juni bis Anfang September die Störtebeker Festspiele aufgeführt. Mit bis zu 400 000 Zuschauern pro Saison ist die Produktion eines der erfolgreichsten Open-Air-Theater Deutschlands. Auf der Nachbarinsel Usedom beginnt Anfang September das 23. Usedomer Musikfestival.

MECKLENBURGER BUCHT

1 Wismars historische Altstadt
Weltkulturerbe der UNESCO

Ehre, wem Ehre gebührt. Eine Ernennung zum Weltkulturerbe der UNESCO ist das größte Lob, mit dem eine Stadt ausgezeichnet werden kann. Die Altstadt von Wismar steht mit ihren gotischen Sakralbauten und historischen Giebelhäusern rund um den Marktplatz seit 2002 auf der UNESCO-Liste. In ihrer Geschlossenheit ist Wismar im Ostseeraum einzigartig, ein Stadtbummel wird zur Reise durch eine andere Zeit.

Egal ob man sich vom Land oder Wasser der alten Hansestadt (44 000 Einwohner) nähert: Stolz künden weithin sichtbar Backsteintürme von der durch den Seehandel zu Wohlstand gekommenen Stadt. Der geschlossene Kern mit rund 300 historischen Stadthäusern gab für die UNESCO den Ausschlag, die Hansestadt Wismar zusammen mit Stralsund in die Weltkulturerbeliste aufzunehmen. Trotz nicht unerheblicher Schäden aus dem Zwei-

Vorangehende Doppelseite: Die stolzen Giebelhäuser in Wismars Krämerstraße werden von der monumentalen Nikolaikirche überragt. **Mitte:** Der Alte Hafen von Wismar **Unten:** Brücke über dem künstlichen Wasserlauf.

> ## MAL EHRLICH
> ### STÄDTEBAULICHER BRUCH
> Der Gotische Winkel Wismars ist der älteste Teil der Stadt. Er wurde im Zweiten Weltkrieg fast völlig zerstört und hat sich davon bis heute noch nicht gänzlich erholt. Rund um den Turm der ehemals raumgreifenden Marienkirche gibt es ein städtebauliches Vakuum. Zwar wurde ein Ideenwettbewerb ausgeschrieben, wie der Marienkirchplatz am besten gestaltet werden kann, passiert ist bislang jedoch nichts. Bleibt nur zu hoffen, dass es nicht auf einen Parkplatz hinauslaufen wird.

Wismars historische Altstadt

Wasserkunst am Markt von Wismar

ten Weltkrieg konnte die fast kreisrunde Altstadt ihren ursprünglichen Grundriss weitgehend beibehalten. Formschöne Giebelhäuser, kopfsteingepflasterte Plätze und ehrwürdige Sakralarchitektur vermitteln ein idealtypisches Bild mittelalterlicher Stadtkultur aus der Blütezeit der Hanse.

Wasserkunst am Markt

Angesichts des prachtvoll herausgeputzten baulichen Ensembles weiß man gar nicht, wohin man zuerst schauen soll. Auf dem mit gut hundert mal hundert Metern außerordentlich großzügig konzipierten Platz sticht zunächst die Wasserkunst ins Auge. Der von einer Kupferhaube überdachte zwölfeckige Renaissancepavillon diente bis 1897 als zentraler Wasserverteiler. Er wurde von einer sechs Kilometer außerhalb gelegenen Quelle gespeist, deren Wasser in Holzrohren in die Altstadt floss. Rund 220 Häuser versorgten sich aus mehreren Schöpfstellen mit Brauchwasser. Zu allen vier Seiten rahmen reich verzierte Giebelhäuser den quadratischen Platz ein.

Der Alte Schwede an der Ostseite, 1380 erbaut, ist nicht nur eines der ältesten gotischen Bauten, mit seinem von Pfeilern gegliederten Staffelgiebel ist er zugleich eines der schönsten. Der Gastraum des im Erdgeschoss untergebrachten Traditionslokals weiß durch rustikale Eichenausstattung und

CAFÉ ALTE LÖWENAPOTHEKE

Wer vom Markt die Krämerstraße hinunterläuft, kann das 1645 erbaute Haus in der Bademutterstraße nicht verfehlen. Der namensgebende Löwe liegt über dem Portal des stolzen Giebelhauses. Eine Apotheke gab es darin nachweislich seit 1659. Sie durchlebte alle Wirren der Geschichte, bis sich vor einigen Jahren ein Szenecafé darin einrichtete. Es gibt ökologische Produkte aus der Region. Frühstück wird ab neun Uhr morgens serviert, über Mittag kommt aus der Bistroküche eine Tagessuppe mit frischem Landbrot. Und dann gibt es natürlich Trinkschokoladen, Tees und Wiener Kaffeespezialitäten, wie etwa den mit einem Spritzer Orangenlikör aromatisierten Grafencafé. Dazu gönnt man sich ein Stück von der opulenten Himbeerschichttorte. Erfrischende Sommerhits sind die hausgemachten Eistees, etwa Lemon-Orange mit Ingwer verfeinert. Draußen stehen die Tische leider nah an der Straße.

Alte Löwenapotheke
Bademutterstr. 2,
Tel. 03841/25 25 38,
www.alte-loewenapotheke.de

AUTORENTIPP!

WISMARER HERINGSTAGE

Mit dem kulinarischen Event wird
dem »Brotfisch« der Ostsee gehul-
digt, der über Jahrhunderte das
Hauptnahrungsmittel der Küstenbewohner war. Der Hering wurde eingesalzen und von den Wismarer
Kaufleuten in viele europäische Län-
der exportiert. Die Festivitäten beginnen Mitte März im Alten Hafen mit
der Anlandung des frisch gefangenen
Herings, der auf alte Heringskarren
verladen von den Köchen der Wismarer Gastronomiebetriebe in einem
von Blasmusik begleiteten Umzug
zum Marktplatz transportiert wird.
Dort wandert das »Silber des Meeres« als Brathering sogleich in die
Pfanne und darf verkostet werden. In
den folgenden zwei Wochen kann
man in den an der Aktion teilneh-
menden Restaurants typische He-
ringsgerichte genießen. Den Abschluss der Heringstage bilden ein
maritimer Fischmarkt und ein Angler-
wettbewerb.

Wismarer Heringstage.
www.heringstage-wismar.de

Rustikales Interieur im Gasthaus zum Alten Schweden

Sichtmauerwerk zu gefallen. Rechts neben dem
Alten Schweden steht das Reuterhaus, in dem sich
einst die Hinstorff'sche Hof- und Verlagsbuch-
handlung befand. In das nach dem mecklenburgischen Mundartdichter Fritz Reuter benannte spätbarocke Haus zog nach kompletter Rekonstruktion
ein nobles Stadthotel ein.

Gotischer Winkel

Der Name für das älteste Quartier der Stadt ist relativ neu. Erst seit etwa 25 Jahren wird es Goti-
scher Winkel genannt. Als Mittelpunkt fungiert
der 81 m hohe Turm der Marienkirche. Er diente
früher den Seefahrern als nautische Orientierung
für die Einfahrt in den Alten Hafen. In den letzten
Tagen des Zweiten Weltkriegs zerstörten alliierte
Luftangriffe die zugehörige dreischiffige Basilika.
Bis 1960 mahnten die Ruinen an die Katastrophe.
Trotz Protesten aus der Bevölkerung wurde das
Kirchenschiff letztendlich gesprengt. Seither reckt
sich der verwaiste Turm allein in den Himmel.
Wieder aufgebaut wurde dagegen das spätgotische Archidiakonat in der Sargmacherstraße. Der
von glasierten Ziegeln reich gegliederte Staffelgiebel ist ein Kleinod der norddeutschen Backsteingotik. Im ein paar Schritte von St. Marien
entfernten Fürstenhof residierten einst die mecklenburgischen Herzöge. Das als Hochzeitspalast

Stadtrundgang

Ⓐ Marktplatz – Der Mittelpunkt der Altstadt ist mit der Wasserkunst, dem Kommandantenhaus, dem Alten Schweden und weiteren historischen Bauten einer der schönsten Marktplätze Norddeutschlands. Mit seinen 10 000 m² gehört er auch zu den größten in Deutschland.

Ⓑ Alter Schwede – An dem gotischen Giebelhaus (1380) erinnert neben dem Namen ein Schwedenkopf im Portalbogen an die Schwedenzeit. Seit 1878 befindet sich darin eine Gaststätte.

Ⓒ Rathaus – Der klassizistische Bau (1819) steht anstelle eines gotischen Vorgängers, der ein paar Jahre zuvor an Altersschwäche einstürzte. Im unversehrt gebliebenen Rathauskeller mit schönem Kreuzrippengewölbe informiert eine Ausstellung über die Stadtgeschichte.

Ⓓ Turm von St. Marien – Eine Besteigung ist im Rahmen einer Führung möglich, April–Sept. tgl. 10–16 Uhr zu jeder vollen Stunde, im Winter 11–15 Uhr.

Ⓔ Archidiakonat – Hinter der aufwändigen Zierfassade des Eckhauses (um 1450) am Marienkirchhof wohnte einst der Stellvertreter des Bischofs.

Ⓕ Fürstenhof – Die frühere Sommerresidenz der mecklenburgischen Herzöge ist heute Sitz des Amtsgerichts.

Ⓖ Georgenkirche – Die im Zweiten Weltkrieg zerstörte Kirche wurde nach der Wende wieder aufgebaut und steht seit 2010 als Konzertkirche offen.

Ⓗ Zeughaus – Das Waffenarsenal und Munitionslager wurde 1701 von den Schweden erbaut. Heute beherbergt es die Stadtbibliothek.

Ⓘ Nikolaikirche – Die auf das 14. Jahrhundert zurückgehende Backsteinkirche glänzt mit herausragenden Kunstschätzen.

Ⓙ Schabbellhaus – Im ehemaligen Wohnhaus (1571) des Bürgermeisters Heinrich Schabbell hat das Stadtgeschichtliche Museum Platz gefunden (zurzeit wegen Sanierung geschlossen).

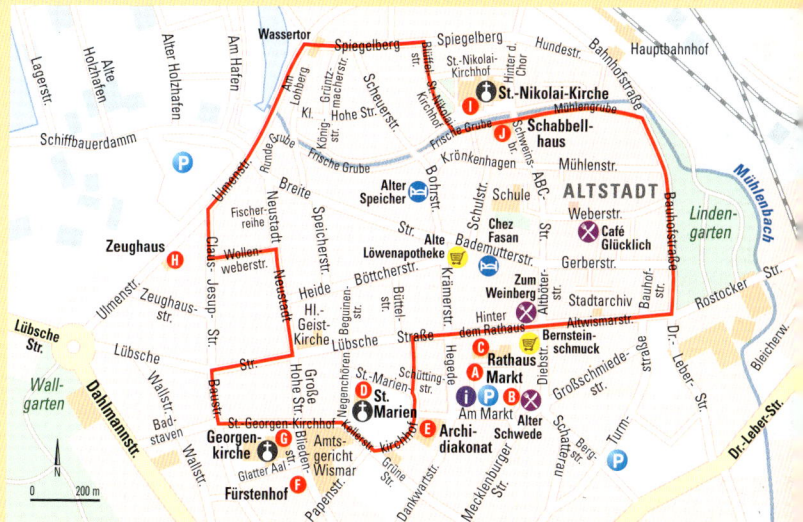

erbaute Schloss demonstriert beispielhaft den Übergang von der Gotik zur Renaissance. Während der Westflügel von 1513 noch im spätgotischen Stil gehalten ist, zeigt sich das 1554 erbaute und mit reichlich Terrakottaschmuck verzierte Neue Haus bereits im Stil eines oberitalienischen Renaissancepalazzos.

Schweden lässt grüßen ...

Wie fast überall in Europa riss der Dreißigjährige Krieg tiefe Wunden. Nach diesem fiel Wismar 1648 an Schweden. Die Skandinavier bestimmten fortan für mehr als 150 Jahre die Geschicke der Stadt, bis sie Wismar 1803 für 100 Jahre an das Herzogtum Mecklenburg verpfändeten. Das Pfand wurde nicht mehr eingelöst, so kam Wismar 1903 wieder zu Mecklenburg. Während ihrer Herrschaft bauten die Schweden Wismar zu einem Brückenkopf auf dem Kontinent aus. Aus dieser Zeit stammt beispielsweise das Zeughaus in der Ulmenstraße, das barocke Provianthaus gegenüber vom Alten Wasserturm und das Kommandantenhaus, das mit seinem prächtigen Doppelgiebel und dem schwedischen Königswappen über dem Hauptportal den Marktplatz ziert.

Im August wird mit dem Schwedenfest an die Zugehörigkeit zum schwedischen Königreich gedacht und die Rückgabe an Mecklenburg gefeiert. Der Marktplatz verwandelt sich dabei in ein historisches Heerlager. Viele Skandinavier kommen dann mal schnell zum Mitfeiern rüber, zu Gast sind auch militärhistorische Vereine aus Schweden. Auch die Gastronomie hat sich auf die Gäste aus dem hohen Norden eingestellt. Brathering und Rippenbraten gibt es für die Mecklenburger, mit Schwedentorte, Schwedenhappen und Schwedenteller kommt man dem Geschmack der schwedischen Gäste entgegen.

Oben: Brückenhaus über der Grube
Mitte: Historisches Ensemble am Markt, rechts der Staffelgiebel des Alten Schweden
Unten: Renaissanceportal im Fürstenhof

Infos und Adressen

INFORMATION
Tourist-Information. Am Markt 11,
Tel. 03841/194 33, www.wismar-tourist.de

ESSEN UND TRINKEN
Alter Schwede. Ein Hort Mecklenburger Küche,
Deftiges wie Rippenbraten und gefüllte Ente ließ
sich schon Königin Sylvia von Schweden munden.
Am Markt 22, Tel. 03841/28 35 52,
www.alter-schwede-wismar.de
Schwedenwache. Das mit viel Holz und Bleiglas-
fenstern ausgestattete Traditionslokal am Marktplatz hält zu regionalen und internationalen Spezialitäten auch eine gute Weinauswahl bereit. Am
Markt 9, Tel. 03841/227 33 70,
www.restaurant-cafe-schwedenwache.de
Café Glücklich. Sehr beliebtes Frühstückcafé mit
netter Atmosphäre, auch die Kuchen sind lecker.
Schweinsbrücke 7, Tel. 03841/796 93 77.

ÜBERNACHTEN
Alter Speicher. Viersterne-Altstadtquartier in
schmuckem Giebelhaus. Unterschiedliche Zimmer-
größen, hauseigene Garage. Bohrstr. 12 und 12a,
Tel. 03841/21 17 46, www.hotel-alter-speicher.de
Chez Fasan. Preisgünstige einfache Pension in
der Altstadt mit Parkmöglichkeit im Hinterhof. Bademutterstr. 20A, Tel. 03841/21 34 25,
www.unterkunft-pension-wismar.de

Historische Gaststätte: der Alte Schwede am Markt

Seehotel am Neuklostersee. Das gut geführte
Haus bietet einen gelungenen Mix aus Tradition
und Moderne. Seestr. 1, Nakenstorf,
Tel. 038422/45 70, www.seehotel-
neuklostersee.de (außerhalb der Karte)

SEHENSWÜRDIGKEITEN
PhanTechnikum. Seit Herbst 2012 präsentiert das
neue Technikmuseum u. a. Oldtimer und Kleinflug-
zeuge. Geöffnet Di–So 10–18 Uhr. Zum Fest-
platz 3, Tel. 03841/25 78 11,
www.phantechnikum.de

EINKAUFEN
Bernsteinschmuck. Seit 1903 wird mittlerweile in
vierter Generation Gold-, Silber- und Bernsteinschmuck hergestellt. Hinter dem Rathaus 4,
Tel. 03841/28 35 08, www.bernsteinfischer.de

Ausstellung im Marienkirchturm

2 Wismars Nikolaikirche
Monumentale Backsteingotik

Die nördliche Altstadt von Wismar wird von St. Nikolai dominiert. Die dreischiffige Basilika gilt als spätgotisches Paradebeispiel norddeutscher Backsteinbaukunst. Wie durch ein Wunder überstand sie nahezu unbeschadet den Zweiten Weltkrieg. Im Langhaus fanden etliche gerettete mittelalterliche Kunstschätze aus den zerstörten Nachbarkirchen der Hansestadt einen neuen Standort.

Was das Alter angeht, ist die Nikolaikirche nur die Nummer zwei unter Wismars Kirchen. Als Vorbild für den um 1380 begonnenen Sakralbau diente die ältere Marienkirche. An dem monumentalen Bauwerk wurde mehr als 100 Jahre gewerkelt. Bemerkenswert ist, dass trotz der langen Bauzeit am ursprünglichen Bauplan ohne Änderungen festgehalten wurde. Das Langschiff mit seinen imposant in die Höhe greifenden Pfeilern bringt es auf eine Höhe von 37 m. In Deutschland sind nur die Schiffe vom Kölner Dom, Ulmer Münster und der Lübecker Marienkirche höher. Der Turm wurde ursprünglich von einem Dachreiter abgeschlossen. Im Dezember 1703 brachte ein Jahrhundertsturm den Turm jedoch zum Einsturz. Er schlug durch das Dach des Mittelschiffs und zerstörte dabei bedeutende Ausstattungsstücke. Seither trägt der wieder neu aufgebaute Turm anstelle des ursprünglichen Helms nun ein einfaches Satteldach. Ein herausragendes Detail der Basilika ist der Schaugiebel der 1439 errichteten südlichen Vorhalle. Kunstvolle Zierfriese aus glasierten Ziegeln zeigen Fabelwesen und Marienfiguren, darüber besticht eine einem Sonnenrad nachempfundene Maßwerkblendrose.

Mitte: Monumentale Backsteingotik: die Südfassade von St. Nikolai
Unten: Ein Meisterwerk: die Orgel des sächsischen Orgelbauers Mende in St. Nikolai

Mittelalterliche Kunstschätze

Durch den Turmeinsturz im Jahr 1703 ging ein großer Teil der Ausstattung verloren. Von den ursprünglich 41 Altären blieb einzig der Schifferaltar erhalten, so benannt nach der Schifferbruderschaft, die ihn um 1500 in Auftrag gab. Nach dem Zweiten Weltkrieg fanden etliche aus den zerstörten Nachbarkirchen gerettete Kunstschätze in der Nikolaikirche einen neuen Standort. Der Hochaltar aus St. Georgen beeindruckt durch seine schiere Größe: Mit zehn Metern Breite und vier Metern Höhe ist er eines der imposantesten sakralen Kunstwerke an der Ostseeküste. Im Zentrum des monumentalen Flügelaltars wird die Marienkrönung dargestellt. Die Krönungsszene wird von 40 Heiligenfiguren eingefasst, jede davon steht unter einem Baldachin. Wie in der damaligen Zeit nicht unüblich, ließ sich der wohlhabende Stifter persönlich darstellen - und zwar mit einem gefüllten Geldbeutel unter dem Hauptbild.

Krämeraltar und Taufkessel

Als kunstgeschichtlich bedeutendstes Stück gilt der Krämeraltar von 1420. Er stand ursprünglich in der Marienkirche und hat nach dem Krieg im Chorumgang von St. Nikolai einen neuen Platz gefunden. Die Strahlenkranzmadonna in der Schreinmitte hält das eine Okarina spielende Christuskind im Arm, zur Seite stehen ihr der Heilige Mauritius und Michael der Drachentöter. In den Reliefflügeln werden die Verkündung (unten links), die Anbetung des Kindes, die Beschneidung Christi (unten rechts) und die Anbetung durch die Heiligen Drei Könige gezeigt. Ebenfalls aus der Marienkirche kam ein bronzener Taufkessel aus dem 14. Jahrhundert, der vermutlich aus einer Lübecker Werkstatt stammt. Der von drei knienden Engelfiguren getragene Kessel steht inmitten eines Umlaufgitters, dem sogenannten Teufelsgitter.

Infos und Adressen

INFORMATION

Nikolaikirche. Viele Veranstaltungen im Rahmen der Reihe »Turmerlebnis« beschäftigen sich mit dem Thema Kutur und Religion. Dazu werden regelmäßig Vorträge, anspruchsvolle Filme und Lesungen angeboten. Außerdem gibt es ein vielfältiges musikalisches Programm, von Juni–Sept. immer mittwochs um 20 Uhr. Sonntags findet eine Orgelmatinee statt.
Die Kirche ist geöffnet Mai–Sept. tgl. 8–20 Uhr, sonntags nach dem Gottesdienst ab 11 Uhr, übrige Zeit tgl. 11–16 Uhr, Spiegelberg 14, Tel. 03841/21 36 24, www.Kirchen-in-Wismar.de

Im Georgenaltar wird die Marienkrönung dargestellt.

3 Wismars Alter Hafen
Historisches Hanseflair

Wie es sich für eine Hansestadt geziemt, ist der Alte Hafen einer der Hauptanziehungspunkte von Wismar. 2011 wurde mit großem Tamtam der 800-jährige Geburtstag gefeiert. Wirtschaftlich spielt das alte Hafenbecken zwar keine Rolle mehr. Dafür kann man vor der Kulisse riesiger Speicherbauten typische Hafenatmosphäre schnuppern, kreischende Möwen über tuckernden Fischkuttern beobachten oder mit einem der Ausflugsschiffe der Weißen Flotte in See stechen.

Wie die Wismarer Altstadt hat sich auch der Alte Hafen seit dem Mittelalter kaum verändert. Den schönsten Zugang hat man durch das Wassertor. Zur Blütezeit der Hanse machten am Kai stolze Koggen und Lastensegler fest. Mit dem Bau des Überseehafens verlagerte sich ab 1895 der Warenumschlag in das neue Becken nördlich des Alten Hafens. Dieses wurde nach dem Zweiten Weltkrieg zum nach Rostock zweitgrößten Hafen der DDR ausgebaut.

Kleine Kutter vor großen Speichern

Sofern nicht gerade ein oder zwei Traditionssegler vor Anker liegen, werden im historischen Hafen heute kleine Brötchen gebacken. Doch lohnend ist ein Spaziergang entlang des Kais allemal. Vorher kann man sich frisch vom Kutter mit einem Dorschhappen im Knusperteig stärken. Ausflugsschiffe und Fischerboote bieten genug zum Schauen. Etliche große Speicherhäuser künden noch von der Wirtschaftskraft von früher. Manche sind bereits saniert, auf einem der monumentalen

Mitte: Immer was los – die Mole am Alten Hafen.
Unten: Wismars Markenzeichen: Schwedenkopf vor dem Bauernhaus am Alten Hafen

Wismars Alter Hafen

Backsteinbauten ist noch der verblasste Schriftzug vom »VEB Kombinat Getreidewirtschaft Betrieb Wismar« zu lesen. Zwischen den Speicherhäusern warten Brachflächen auf Bebauung. Den Anfang machte die allerdings nur wenig ins Bild passende Wohnanlage Schifferhus mit etwas einfallslos genormten Apartments. Die im Frühjahr 2011 mit einem bunten Ostermarkt eröffnete neue Markthalle passt sich dagegen harmonisch dem Umfeld an. Hinter der 52 m langen und 28 m breiten verklinkerten Fassade verbirgt sich das Stahlgerüst einer alten Waggonfabrik – ein beachtliches Beispiel moderner Recycling-Technik.

Baumhaus mit Schwedenköpfen

Am Ende des Kais überwachte einst die Schifffahrtaufsicht das Geschehen im Hafen. In dem barocken Bau aus der Mitte des 18. Jahrhunderts wohnte der *Bohmschlüter* (Baumschließer), der nachts und bei aufkommender Gefahr die Hafeneinfahrt mit einem langen Baumstamm abzusperren hatte. Später wurde das Langholz dann durch eine schwere Kette ersetzt. Vor dem Eingang des Baumhauses machen zwei Schwedenköpfe auf sich aufmerksam. Die überlebensgroßen Köpfe mit ihren elegant geschwungenen Schnauzbärten thronten ursprünglich auf Holzpfeilern an der Hafeneinfahrt. Welchen Zweck sie davor hatten, weiß man nicht. Vermutlich handelt es sich um Ruderköpfe, die als plastischer Schmuck das Heck von schwedischen Handelsschiffen zierten. Im Baumhaus werden heute Ausstellungen verschiedener Kunstrichtungen gezeigt. An dem Haus wird mit einer Hochwassermarke an das Jahrhunderthochwasser vom 13. November 1872 erinnert. Von der schweren Sturmflut wurden unter anderem Eckernförde, Prerow auf dem Darß und Peenemünde auf Usedom überflutet. In Wismar erreichte das Wasser einen historischen Höchststand von

AUTORENTIPP!

HAFENRUNDFAHRT IN DER WISMARBUCHT

Ostseewellen, Möwengeschrei und eine steife Brise an Deck – eine See- und Hafenrundfahrt von Wismar aus gehört einfach zu jedem Aufenthalt in der Welterbestadt dazu. Im Sommerhalbjahr starten die Boote der Reederei Adler-Schiffe zu Rundfahrten und Ausflügen nach Poel alle halbe Stunde. Die Boote legen vom Ostkai am Alten Hafen ab, vorbei am Baumhaus, dem Überseehafen und Holzterminal wird Kurs auf die in Sichtweite gelegene Insel Poel in der Wismarbucht genommen. Wenn man Fahrräder mitnimmt, kann man so auf Poel durch die Inseldörfer oder zu einem Strand radeln und mit dem nächsten Schiff wieder nach Wismar zurückfahren.

Adler-Schiffe. Tel. 01805/12 33 44, www.adler-schiffe.de

3,06 m über Normalnull. Vor dem Baumhaus hat die Poeler Kogge »Wissemara« ihren Liegenplatz. Im Sommer lädt sie zu Ein- und Mehrtagestörns auf der Ostsee ein. Es handelt sich um den Nachbau eines historischen Seglers, der 1999 in der Wismarbucht vor der Insel Poel entdeckt wurde.

Die Bierbrauer vom Lohberg

Am Lohberg lassen diverse Hafenlokale keine Versorgungsängste aufkommen. Die Häuserzeile über dem Ostrand des Hafenbeckens gilt zu Recht als eine der schönsten der Welterbe-Stadt. An den Giebelfassaden erinnern weiß-rot gestrichene Fensterläden an die Farben der Hanse. Das fünfstöckige Brauhaus am Lohberg macht durch seine Fachwerkbauweise auf sich aufmerksam, seine Baugeschichte geht bis auf das Jahr 1452 zurück. In den rustikalen Schankräumen kann man ein feinherbes Pils oder eine Wismarer Mumme probieren. Vor 600 Jahren gab es rund 180 Bierbrauer in der Stadt. Böse Zungen behaupten, dass zu jener Zeit das Trinkwasser in Wismar ungenießbar gewesen sein soll. Doch Wismarer »Mummenbier« war zur Hansezeit wegen seiner langen Haltbarkeit ein Exportschlager. Der dazu notwendige Hopfen wurde in den Gärten vor den Stadttoren kultiviert. An die Blütezeit der Bierexporteure erinnert der Fassumzug während der alljährlichen Wismarer Hafentage, dabei werden Bierfässer durch die Altstadt zum Hafen gerollt.

Oben: Im ehemaligen Zollhaus hat sich eine Pizzeria eingerichtet.
Unten: Das Wassertor ist ein Relikt der früheren Stadtbefestigung.

Infos und Adressen

ESSEN UND TRINKEN

Il Casale. Im ehemaligen Zollhaus wird leichte sizilianische Küche aufgetischt. Es gibt auch sehr gute Eiscreme, zum Beispiel die Sorte Joghurt-Orange. Wasserstr. 1a, Tel. 03841/22 73 61, www.ilcasale-wismar.de

Brauhaus am Lohberg. Unter einer rustikalen Balkendecke isst man hausgemachtes Sauerfleisch und anderes Deftiges aus der Mecklenburger Küche. Hausgemacht sind auch das Bier und ein im Eichenfass gereifter 40-prozentiger Bierbrand. Kleine Hohe Str. 15, Tel. 03841/25 02 38, www.brauhaus-wismar.de

Seeperle. Fischbrötchen und Räucherfisch direkt vom Kutter Minna. Am Alten Hafen, geöffnet tgl. 8.30–18 Uhr.

SEHENSWÜRDIGKEITEN

Baumhaus. Am Alten Hafen, geöffnet Mai–Okt. Di–So 10–20, übrige Zeit 10–17 Uhr, Tel. 03841/251 40 13

AKTIVITÄTEN

Koggenrundfahrt mit der Wissemara. Am Alten Hafen, Tel. 03841/30 43 10, www.poeler-kogge.de

Kähne und Koggen vor den Toren der Altstadt

VERANSTALTUNGEN

Wismarer Hafenfest. Hafenfest mit Volksfestcharakter, Traditionsseglern und historischem Fassumzug (jeweils Mitte Juni). www.hafenfest-wismar.de

Fischspezialitäten frisch vom Kutter

4 Klützer Winkel
Stille Region zwischen Lübeck und Wismar

Die an die Ostseeküste grenzenden welligen Hügel sind im Grunde unspektakuläres Bauernland, das dennoch auf vielfältige Weise bezaubert. Schmale Alleen durchziehen die Region, auf den Feldern blüht im Mai der Raps, im Sommer kann man durch wogende Kornfelder radeln und dabei verträumte Dörfer und alte Gutshäuser entdecken. Angesichts der fruchtbaren Gegend wird auch vom Speckwinkel gesprochen.

Hauptort des etwa 150 km² großen Winkels ist Klütz, ein verträumtes Ackerbürgerstädtchen mit 3000 Einwohnern. Die kopfsteingepflasterten Straßen werden von niedrigen Backsteinhäusern gesäumt, darüber erhebt sich stolz die spätromanische Marienkirche am Markt. Im Inneren der dreischiffigen Backsteinkirche lohnt ein Blick auf die Renaissancekanzel (1587) und den Taufbrunnen (1653). Beide zeichnen sich durch kunstvolles Schnitzwerk aus.

Mitte: Im Mai setzen Rapsfelder leuchtend gelbe Akzente.
Unten: Schlichtes Fachwerkhaus in Klütz

Unweit vom Marktplatz hat sich das Literaturhaus »Uwe Johnson« als Forum für Lesungen, Ausstellungen und Workshops etabliert. Ursprünglich als Getreidespeicher um 1890 errichtet beherbergt das wuchtige Gebäude auch die Stadtbibliothek und das Büro der Touristeninformation. Das Haus trägt den Namen des in Mecklenburg aufgewachsenen Schriftstellers Uwe Johnson (1934–1984), dem eine Dauerausstellung gewidmet ist. In seinen »Jahrestagen« erwähnt Johnson zwar den Klützer Winkel mit keinem Wort, doch braucht es nicht viel Fantasie, die fiktiven Schauplätze der

Klützer Winkel

Romantisches Erbe in der Marienkirche von Klütz

Handlung mit Klütz in Verbindung zu bringen. Am Stadtrand von Klütz setzt eine 100-jährige Holländerwindmühle eine weithin sichtbare Landmarke, die lange Jahre aus Gaststätte geführt wurde, derzeit jedoch einen neuen Pächter sucht.

Gartenkunst am Schloss Bothmer

Die größte barocke Schlossanlage an der deutschen Ostseeküste gehört nach wechselvoller Geschichte seit 2008 dem Land Mecklenburg-Vorpommern und wird nach umfassender Restaurierung voraussichtlich 2015 für die Öffentlichkeit zugänglich sein. Als Vorbild für den 1726 begonnenen und sechs Jahre später vollendeten Prachtbau diente der englische Blenheim Palace. Bauherr war Reichsgraf Hans Caspar von Bothmer, der zu jener Zeit im diplomatischen Dienst am englischen Königshof tätig war.

Die Anlage besteht aus 13 symmetrisch ausgerichteten Gebäudeteilen, die von einem Wassergraben umschlossen sind, der die ursprünglich feuchte Niederung entwässerte. In der DDR-Zeit war das Schloss ein Altenheim. Kurz nach der Wende musste es aus Sicherheitsgründen geschlossen werden und stand dann jahrelang leer. Schon

AUTORENTIPP!

ALLES BIO IM GUTSHAUS STELLSHAGEN

Das von der Hotelvereinigung Bio-Hotels zertifizierte Gesundheitshotel liegt inmitten von weitläufigen Wiesen und Feldern. Mit dem Auto sind es lediglich etwa zehn Minuten zum Ostseestrand, Klütz erreicht man auf einem Wanderweg in einer halben Stunde. Mittelpunkt des Anwesens ist das 1925 errichtete und nach der Wende baubiologisch restaurierte Gutshaus. Es wurde um mehrere modern gestaltete kleine Gästehäuser erweitert. Gelungen ist das Saunahaus: Nach jedem Gang kann man sich im unmittelbar vor den Kabinen liegenden Teich erfrischen. Für die vegetarisch ausgerichtete Küche werden überwiegend Bioprodukte verwendet. Früchte, Gemüse und Kräuter kommen aus eigenem Anbau – regionaler und frischer geht es nicht. Dem Gutshaus ist eine Naturheilpraxis angeschlossen, dazu gibt es u. a. Nordic Walking, Elektro-Bike-Touren und Kurse in Qigong, Yoga und vegetarischem Kochen.

Gutshaus Stellshagen. Stellshagen, Lindenstr. 1, Tel. 038825/440, www.gutshaus-stellshagen.de

mehrfach diente das Barockensemble als Filmkulisse, letztmalig in dem TV-Zweiteiler *Die Flucht* mit Maria Furtwängler in der Hauptrolle.

Auch wenn das Schloss Bothmer selbst noch geschlossen sein sollte, lohnt bereits die weitläufige Parkanlage einen Besuch. Die Attraktion ist eine 270 m lange Festonallee aus holländischen Linden, die, egal zu welcher Jahreszeit man dort ist, immer für ein pittoreskes Foto gut ist. Ein Freilichttheater im Schlosspark ist alljährlich stimmungsvolle Konzertbühne der Festspiele Mecklenburg-Vorpommern.

Zeugnisse aus der Frühgeschichte

Südlich von Klütz wurde in Kussow nach archäologischen Ausgrabungen ein rekonstruierter jungsteinzeitlicher Siedlungsplatz wieder zum Leben erweckt. Neben nachgebauten Hütten gibt es alte Haustierrassen zu sehen. Kinder können an Aktivitäten wie Weben und Töpfern teilnehmen.

Die frühgeschichtliche Besiedlung im Klützer Winkel wird auch durch die Großsteingräber östlich von Grevesmühlen bezeugt. Mitten durch den prähistorischen Friedhof führt die B 105. Die etwa vor 4000 Jahren aufgestellten Hünengräber liegen versteckt im Everstorfer Forst. Dank eines ausgeschilderten archäologischen Lehrpfads sind sie jedoch gut zu finden.

Von den 15 Gräbern ist ein erweiterter Dolmen südlich der Bundesstraße hervorzuheben. Dieser Megalith wird im Volksmund »Teufelsbackofen« genannt. Interessant ist auch ein 43 m mal 12 m großes Hünenbett mit Ganggrab. Nach dem Volksglauben konnte es nur von einem Riesen angelegt worden sein und wird von daher als das »Riesengrab« bezeichnet.

Oben: Großsteingrab im Everstorfer Forst
Mitte: Vorratsspeicher im Freilichtmuseum Kussow
Unten: Steinzeitliche Wohnkultur

Infos und Adressen

INFORMATION

Stadtinformation Klütz. Im Thurow 14,
Tel. 038825/222 95, www.kluetzer-winkel.de

ESSEN UND TRINKEN

Sophienhof. Altes Fachwerkhaus mit Café und
Garten. Wismarsche Str. 34, Tel. 038825/26 70 80,
www.landhaus-sophienhof.de

ÜBERNACHTEN

Schlossgut Groß Schwansee. Komfortabel ausgebauter Gutshof aus der Mitte des 18. Jahrhunderts, der um einen modernen Wohntrakt erweitert wurde. Tolle Alleinlage, unberührte Natur, ausgesprochene Gastfreundlichkeit, 16 km westlich von Klütz, durch eine Allee erreicht man in fünf Gehminuten die Ostsee. Groß Schwansee, Am Park 1, Tel. 038827/884 80, www.schwansee.de

SEHENSWÜRDIGKEITEN

Schloss Bothmer. Die Parkanlagen sind geöffnet von April–Sept. tgl. 10–20 Uhr, März und Okt. 10–18 Uhr, Nov. –Feb. 10–16 Uhr. Klütz, Am Park, www.mv-schloesser.de

Steinzeitdorf Kussow. Geöffnet April–Okt. tgl. 10–17 Uhr, Nov.–März Mo–Do 9–15 Uhr. Kussower Weg 9, Tel. 03881/71 50 55, www.steinzeitdorf-kussow.de

Literaturhaus Uwe Johnson. Geöffnet April–Okt. Di–So 10–17 Uhr, Nov.–März Do–So 10–16 Uhr, Klütz, Im Thurow 14, Tel. 038825/223 87, www.literaturhaus-uwe-johnson.de

Schmetterlingspark Klütz. Tropisch bepflanzte Freiflughalle, eine grüne Ausflugsoase. Im Palmencafé kann man sich stärken. Geöffnet Apr.–Okt. tgl. 9.30–17.30 Uhr. An der Festwiese 2.

Ein Picknickplatz vor einer rohrgedeckten Wohnhütte im Steinzeitdorf Kusow

5 Boltenhagen
Badekarren, Badekur und Buddelschiffe

Boltenhagen ist nach Heiligendamm und Travemüde das drittälteste Seebad an der deutschen Ostseeküste. An die Gründerzeit erinnern an der hübschen Strandpromenade noch etliche Häuser im Stil der Bäderarchitektur. Nach der Wende entstanden viele neue Unterkünfte, die bevorzugt von Familien gebucht werden. Als anerkanntes Seeheilbad ist Boltenhagen auch eine Adresse für medizinisches Wellness.

Die ersten Badekarren wurden 1803 an dem feinen Sandstrand aufgestellt. Ein früher Förderer des Badetourismus war Graf von Bothmer aus Klütz (1695–1765), der im Hinterland die ersten Badegäste unterbrachte.

Berühmte Kurgäste

Richtig los ging es, als 1845 das Hotel Großherzog von Mecklenburg eröffnete. Es zog besonders das betuchte Klientel aus ganz Deutschland an. Ein prominenter Gast der ersten Stunde war der mecklenburgische Mundartdichter Fritz Reuter. Er logierte ab 1855 wiederholt in dem niederdeutschen Hallenhaus in der Dünenstraße 13. Für Reuter, der später zum Nationaldichter des Landes aufstieg, war Boltenhagen der ideale Ort, um die »Nerven aufzufrischen« und seine »Sorgen wegzuwischen«. Ein Brief an einen Freund unterstreicht, dass sich Reuter in Boltenhagen pudelwohl fühlte: »Ich habe das Vergnügen, Ihnen zu melden, dass ich hier ein Leben führe wie die Fliege in der Buttermilch.« Zu seiner Ehre wurde 2010 seine Büste in der Nähe des Kurparks eingeweiht.

Mitte: Der feinsandige Familienstrand von Boltenhagen fällt flach ins Wasser ab.
Unten: Flanieren vor historischer Bäderarchitektur

Stadtgeschichte

Nach der Wende setzte in Boltenhagen eine Goldgräberstimmung ein. Binnen weniger Jahre wurde die Zahl der Gästebetten auf heute etwa 10 000 verdoppelt. Bereits 1992 eröffnete die 290 m lange Seebrücke, der Vorgängerbau wurde im strengen Winter von 1941 von Eismassen zerstört. Von der neuen Brücke legen Ausflugsschiffe nach Travemünde und zur Insel Poel ab. Vom Brückenkopf sollte man unbedingt zurückschauen und genießt so einen wunderbaren Blick auf den viereinhalb Kilometer langen Strand.

Ambulante Badekur

Boltenhagen darf sich seit 1998 staatlich anerkanntes Seeheilbad nennen. Viele Gäste kommen nicht als Urlauber, sondern als Kurgäste in das Heilbad. Verschiedene Therapiezentren bieten ambulante Kuren an, welche beispielsweise Krankengymnastik, Moorpackungen und Massagen beinhalten können.

Und was wäre ein Seeheilbad ohne Therme und Thalassotherapie? Die wenige Jahre nach der Wiedervereinigung eröffnete Ostseetherme liegt gleich neben zwei Fachkliniken am östlichen Ortsrand und erlaubt Badespaß unabhängig vom Wetter. Herzstück ist das Meerwasserthermalbecken, in dem das Wasser der Ostsee auf gut 30°C erwärmt wird. Dem Meerwasser werden entzündungshemmende und hautregulierende Effekte zugesprochen. Es enthält zudem viele Mineralien und Spurenelemente, die durch ein Bad direkt über die Haut aufgenommen werden können. An physiotherapeutischen Anwendungen können medizinische Wannenbäder in Anspruch genommen werden. Dazu gehören ein Solebad bei Rheuma oder ein Baldrianbad bei Nervosität und Schlafstörungen. Eine ambulante Badekur für jeden!

Paulshöhe und Buddelschiffe

Abseits vom Strand gibt es nicht allzu viel zu entdecken. In der Ostseeallee befindet sich die maritime Privatsammlung von Pensionär Jürgen Kubast, in dem etliche Buddelschiffe und Schiffsmodelle bewundert werden können. Dort erhält man auch eine Antwort auf die Frage, wie das Schiff in die Flasche kommt. Auf der Paulshöhe erinnert nahe der neogotischen Backsteinkirche ein Sturmflutdenkmal an den verheerenden Sturm im November 1872, als Wassermassen den Ort überfluteten und viele Häuser zerstörten. Die Einwohner retteten sich damals samt Kühen und Schweinen auf die Paulshöhe.

Halbinsel Tarnewitz

Etwa drei Kilometer östlich vom Zentrum entstand 2008 auf der Halbinsel Tarnewitz das neue Ferienquartier Weiße Wiek. Dazu gehören zwei komfortable Großhotels und ein Jachthafen mit 290 Liegeplätzen für Skipper und Wasserwanderer. Das Resort liegt am breiten Flachwasserstrand der Wohlenberger Wiek, an dem man hunderte von Metern ins Meer hinaus laufen kann und trotzdem erst einen Meter tief im Wasser steht. Für Gäste, die mal schnell eine Runde schwimmen wollen, ein weiter Weg, für Kleinkinder dagegen ideal. Die Flachwasserzone im Süden der Wiek ist ein beliebtes Wind- und Kitesurfrevier. Vor allem Einsteiger finden hier ideale Bedingungen, eine Wassersportschule bietet Kurse an. Den Nordteil der Halbinsel nimmt das 69 Hektar große Naturschutzgebiet Tarnewitzer Huk ein. Bis zur Wende wurde die breite Landzunge von der Nationalen Volksarmee als Schießplatz genutzt. Wegen eventueller Munitionsaltlasten ist sie noch heute für die Öffentlichkeit gesperrt. Ein Wegenetz existiert ohnehin nicht mehr, da die Natur seit Jahren sich selbst überlassen wird.

Oben: Einfach nur mal aufs Wasser schauen ist Enspannung pur.
Mitte: Von der Seebrücke starten Fahrgastschiffe nach Travemünde und Wismar.
Unten: Kleinstadtidyll – schmucke Fensterläden und viel Grün im Garten

Infos und Adressen

INFORMATION
Kurverwaltung. Ostseeallee 4, Tel. 038825/36 00, www.boltenhagen.de

ESSEN UND TRINKEN
Blinkfür. Maritim dekoriertes Fischrestaurant, vor dem Lokal steht ein kleiner Leuchtturm. Ostseeallee 64, Tel. 038825/221 14, www.blinkfuer-boltenhagen.de

ÜBERNACHTEN
Dorfhotel Boltenhagen. 2008 eröffnetes Familienhotel mit eigenem Strandabschnitt, Kinderschwimmbecken und Minigolfplatz. Mecklenburger Allee 1, Tel. 038825/38 40, www.dorfhotel.com

Villa Seebach. Die Fachwerkvilla aus der Gründerzeit des Bäderbetriebs liegt nur ein paar Schritte vom Strand entfernt. Mittelpromenade 28, Tel. 038825/31 50, www.villa-seebach.de

Die Promenade säumen Klinkerbauten.

Noble Villen aus der Gründerzeit

SEHENSWÜRDIGKEITEN
Buddelschiffmuseum. Geöffnet Mo–Fr 15.30–18 Uhr, Sa und So 13–18 Uhr. Ostseestraße 23.

AKTIVITÄTEN
Surf-Knopf. Wassersportschule, die Kurse für Windsurfen, Kitesurfen und Segeln anbietet. Wohlenberger Wiek 1, Tel. 0170/444 63 54, www.surfknopf.de

Tauchschule-Nord. Kursangebote für Einsteiger und Fortgeschrittene. Ab Juli werden Wracktouren angeboten, z.B. zum U-Boot der Serie Seehund in der Boltenhagenbucht. Weiße Wiek, Tarnevitz, Tel. 0171/486 81 48, www.tauchschule-nord.de

Ostseetherme. Meerwasser-Thermalbad mit dazugehöriger Sauna, im Angebot auch Massagen und medizinische Wannenbäder (nach Vereinbarung). Geöffnet tgl. 10–21 Uhr, Ostseeallee 106, Tel. 038825/493, www.ostsee-therme-boltenhagen.de

6 Insel Poel
Ostsee einmal ganz anders

Wer auf eine schicke Promenade mit Boutiquen aus ist und ein trendiges Strandcafé neben dem anderen erwartet, ist in Poel schlichtweg verkehrt. Die Insel in der Wismarbucht steht mehr für »Ostsee ein bisschen ab vom Schuss«. Dies soll jedoch nicht heißen, dass überhaupt nichts los ist – an warmen Sommerwochenenden hat man den tollen Hauptstrand in Timmendorf ganz sicher nicht für sich alleine. Für den Familienurlaub ideal.

Mit einer Fläche von 36 km² ist Poel nach Rügen und Usedom die drittgrößte Ostseeinsel. Von Wismar sind es nach Fährdorf lediglich 13 km. Eine Fähre setzt von dort allerdings schon lange nicht mehr über. Seit 1760 verbindet ein aufgeschütteter Damm die Insel mit dem Festland.

Am Hafen von Kirchdorf

Die knapp 2700 Insel-Einwohner verteilen sich auf 15 Ortsteile. Hauptort ist Kirchdorf, dessen von ei-

Mitte: Strandkorbidyll in Gollwitz am Nordufer von Poel
Unten: Kirchdorf mit seinem beschaulichen Hafenplatz, im Hintergrund spitzt die Bischofsmütze der mittelalterlichen Dorfkirche aus dem Grün heraus.

MAL EHRLICH

FISCHFÜHRER

Dass die Fischbestände auch in der Ostsee schrumpfen, ist ein offenes Geheimnis. Umweltverbände wie Greenpeace und der WWF empfehlen, bei einigen Arten kürzer zu treten, beispielsweise bei Scholle, Dorsch und Heilbutt. Als vertretbar gelten etwa Hering und Zander. Alternativen sind Fische aus nachhaltigem Fang und Aquakultur, sofern diese sich an ökologischen Prinzipien orientieren.

ner Bischofsmütze abgedeckter 47 m hoher Kirchturm eine vom Festland weithin sichtbare Landmarke setzt. Ursprünglich stand neben der um 1230 erbauten Backsteinkirche mal ein von einem Ringwall umgebenes Schloss. Als Festung Poel bekannt gaben sich dort Dänen, Schweden und die kaiserliche Armee unter Wallenstein die Klinke in die Hand, bis das Schloss nach dem Dreißigjährigen Krieg zunehmend verfiel und schließlich als Steinbruch genutzt wurde.

Von der Wallanlage fällt der Blick aufs Festland und den nur einen Steinwurf entfernten kleinen Hafen von Kirchdorf. Ein Kutter offeriert dort heißen Backfisch, für den größeren Hunger gibt es zwei einfache Hafenlokale. Der Hafen ist Anlegeplatz der Weißen Flotte und bringt vor allem Ausflügler aus dem nahe gelegenen Wismar. Näheres über die Inselgeschichte kann man in dem in der alten Schule untergebrachten Inselmuseum erfahren. Im Freigelände davor gibt es einen Miniaturenpark, in dem im Maßstab 1:5 die Dorfkirche und das ehemalige Schloss nachgebildet sind. Dazu kann ein Findlingsgarten besichtigt werden. Der schwerste Brocken unter den Geschieben ist ein aus Skandinavien per Gletscher herantransportierter Migmatit, geschätztes Alter eine Million Jahre.

Radeln, Wandern, Reiten

»Auf Poel kann man sich vor der von Staub und Bakterien gereinigten Seeluft gar nicht retten«, wusste der mecklenburgische Heimatdichter Fritz Meyer-Scharffenberg (1912–1975) zu erzählen. Die Insel ist staatlich anerkannter Erholungsort. An Sehenswürdigkeiten gibt es nicht allzu viel abzuhaken. Die flache Inseltopografie kommt vor allem Radlern entgegen. Vielerorts ist die Insel so platt, dass manche Insulaner meinen, man könnte schon am Samstag sehen, wer sich am Sonntag-

nachmittag zu Kaffee und Kuchen angemeldet hat. Die höchste Erhebung, der Kickelberg, liegt gerade mal 26 m über Null. Auch Reiten ist auf Poel beliebt. Ein Reiterhof bietet Ausritte, Ponyreiten und Kutschfahrten durch Wiesen und Rapsfelder an. Charakteristisch für das Landschaftsbild sind Salzwiesen. Auf den Böden hat sich eine spezialisierte Flora angesiedelt, welcher der hohe Salzgehalt nichts anhaben kann. Im Frühjahr und Herbst lassen sich auf den Salzwiesen Scharen von Zugvögeln beobachten. Da ist es gut, ein ordentliches Fernglas zur Hand zu haben.

Inselstrände

Den beliebtesten Strand gibt es in Timmendorf-Strand. Der Zugang dahin ist für den öffentlichen Verkehr gesperrt. Autofahrer finden fünf Gehminuten vor dem Ort einen Parkplatz. Für Familien mit Kleinkindern eignet sich besonders der sehr sanft abfallende Naturstrand am »Nordkap« bei Gollwitz. Durch die geringe Wassertiefe bringt die Sonne das Wasser schnell auf angenehme Temperaturen. Hier lohnt sich ein Bad im Meer.

Vom Strand kann man nach Langenwerder hinüberschauen. Die geschützte Vogelinsel ist allerdings für Besucher gesperrt und exklusiv für Schnatterenten, Wiesenpieper und Austernfischer reserviert. Dafür bietet sich eine Strandwanderung zum Leuchtturm an. Hüllenlos kann man die Ostsee an der Südwestküste bei Hinter Wangern genießen. Einen weiteren schönen Strand gibt es am Schwarzen Busch. Dort erinnert eine Gedenkstätte an die Opfer des im Mai 1945 kurz vor Kriegsende vor Poel untergegangenen Passagierdampfers Cap Arkona. Die Arkona und drei weitere Schiffe wurden irrtümlicherweise von englischen Jagdflugzeugen versenkt – an Bord waren mehr als 4000 KZ-Häftlinge, nur wenige davon überlebten.

Oben: Flache Salzwiesen prägen das Landschaftsbild.
Mitte: Vogelschutzgebiet Langenwerder
Unten: Am Schwarzen Busch, einem der schönsten Inselstrände

Infos und Adressen

INFORMATION

Kurverwaltung Insel Poel. Kirchdorf, Wismarsche Str. 2, Tel. 038425/203 47, www.insel-poel.de

ESSEN UND TRINKEN

Zur Poeler Kogge. Im Angebot sind überwiegend Fischgerichte. Ein Klassiker ist das Seelachsfilet an Rahmwirsing und Bratkartoffeln. Mit aussichtsreicher Terrasse über dem Fischerhafen. Timmendorf-Strand, Hafen 13, Tel. 038425/202 51.

Poeler Forellenhof. Große Auswahl an Fisch aus eigener Räucherei. Mit Verkauf und Imbiss. Niendorf 13, Tel. 038 425/42 00, www.poeler-forellenhof.de

Café Frieda. Kunstoase am Ortsrand von Kirchdorf. Mit Wechselausstellungen, Lesungen, Vorträgen und netter Gartenterrasse, doch ohne Meerblick. Oertzenhof 4, Tel. 038425/42 98 20, www.cafe-frieda.de

ÜBERNACHTEN

Gutspark Wangern. Mitten in einer weitläufigen Parkanlage gelegenes Gutshaus. Man wohnt in geräumigen Apartments mit Küchenzeile, kann sich jedoch auch mit Halbpension versorgen lassen. Wangern 17, Tel. 038425/44 40, www.insel-poel.com

SEHENSWÜRDIGKEITEN

Inselmuseum. Geöffnet vom 15. Mai–14. Sept. Di–So 10–16 Uhr, außerhalb der Saison Di, Mi und Sa 10–12 Uhr, Kirchdorf, Möwenweg 4.

AKTIVITÄTEN

Reiterhof Plath. Kutschfahrten, Reitunterricht und Strandausritte. Der Hof bietet auch Übernachtungsmöglichkeiten an. Timmendorf, Strandstr. 31, Tel. 038425/207 60, www.reitanlage-plath.de

Adler-Schiffe. Im Sommerhalbjahr verbindet ein Fährgastschiff dreimal täglich mit Wismar, www.adler-schiffe.de

Blick auf die kleine Inselmetropole Kirchdorf

Pferde, Weiden und viel Platz ...

7 Am Salzhaff
Stille Plätze zwischen Wismar und Rostock

Zwölf Kilometer ragt die Halbinsel Wustrow in die Ostsee hinein und schließt so ein großes Haff fast vom offenen Meer ab. Eine schmale Nehrung verbindet mit dem Festland. Hauptort an der Haffküste ist das ruhige Seebad Rerik, das viel von urlaubenden Familien besucht wird. Die Haffküste ist mit ihren Flachwasserzonen zudem bei Surfern beliebt, vor allem Anfänger finden in den ufernahen Stehrevieren ideale Bedingungen vor.

Alfred Andersch sicherte mit seinem Bestseller »Sansibar oder der letzte Grund« dem Ostseebad Rerik einen festen Platz in der Literaturgeschichte. In der 1937 spielenden Geschichte ist der Fischerort Rerik Fluchtpunkt des kommunistischen Funktionärs Gregor und der Jüdin Judith. Der Zeitraum von Anderschs Geschichte ist auf 27 Stunden begrenzt. Die meisten Gäste bleiben heute länger in dem vergleichsweise stillen Ostseebad.

Ostseebad Rerik

Rerik liegt genau dort, wo die Landzunge zwischen der Ostsee und dem Salzhaff am schmalsten ist. Die Nordseite des Seebades ist der Ostsee zugewandt, die Südseite dem Salzhaff. Genau das macht den besonderen Reiz aus. Den besten Überblick erlaubt der Schmiedeberg, auf dem die Slawen vor mehr als tausend Jahren einen Burgwall errichteten. Vor der 170 m langen Seebrücke führt ein Treppenweg zu einem Aussichtspavillon hinauf, von dem sich sowohl die Ostsee als auch das Haff sehen lassen. Der Treff in Rerik ist der Haff-

Mitte: Lange Sandstrände säumen das Salzhaff.
Unten: In der Hochsaison stehen die Strandkörbe dicht an dicht. Vor- und Nachsaison sind dagegen ausgesprochen ruhig.

anleger, an dem eine jüngst neu geschaffene Restaurantzeile Ausflügler und Gäste mit allem Notwendigem versorgt. Jeweils im September wird am Haffplatz ein Lichterfest gefeiert. Dann treiben tausende von Teelichtern und Schwimmkerzen auf dem Wasser, ein Segelboot-Corso formiert sich und die Reriker Heulbojen geben ihre Shantys zum Besten.

Die verbotene Halbinsel Wustrow

Die zwölf Kilometer lange Halbinsel hat eine bewegte Geschichte hinter sich. Für die Haffbewohner ist sie mittlerweile seit fast 80 Jahren *Terra incognita*. Bis in die 1930er-Jahre gab es auf Wustrow einige wenige Gutshöfe, die Landwirtschaft betrieben. Die Nationalsozialisten riegelten den Zugang ab und bauten eine Flakartillerieschule. Eine Garnisonsstadt mit bis zu 20 000 Soldaten war geplant. Doch ganz so weit kam es nicht. Nach dem Zweiten Weltkrieg zog die Rote Armee in die Garnisongebäude ein und blieb bis 1993. Danach stand die Halbinsel für Besucher zumindest kurzzeitig im Rahmen einer Führung offen, mittlerweile ist der Zugang wieder gesperrt. Wie die zukünftige Nutzung einmal aussehen soll, ist ungewiss. Es gibt Pläne für eine große Feriensiedlung samt Golfplatz und Jachthafen. Bislang tut sich jedoch nichts. Immerhin kann man mit einem Ausflugsschiff am Ufer entlang schippern.

Großsteingräber, Windmühlen und Schliemann-Gedenkstätte

Die Region am Salzhaff ist uraltes Siedlungsgebiet. Davon zeugen etliche jungsteinzeitliche Großsteingräber. Die Kurverwaltung in Rerik hält einen Flyer bereit, der bei der Suche danach behilflich ist. Ein Megalithgrab liegt direkt an der Straße von Rerik nach Garvsmühlen. Wer mehr

über die Hünengräber wissen will, kann sich einer von der Kurverwaltung organisierten fachkundigen Führung anschließen.

Ein Wahrzeichen der Haffregion ist die 1889 erbaute Holländerwindmühle im Weiler Stove. Unübersehbar thront sie am Ortsrand auf einer Anhöhe, von der man ganz nebenbei einen schönen Ausblick aufs Haff genießt. Bis 1977 wurde in der Mühle Korn gemahlen. Nach der Wende nahm sich ein Mühlenverein dem technischen Denkmal an. Die Mühle kann heute besichtigt werden und regelmäßig findet ein Schaumahlen statt. Eine zweite historische Windmühle steht in der Kleinstadt Neubukow. Dort kann man auch auf den Spuren von Heinrich Schliemann wandeln. Der 1882 im Neubukower Pfarrhaus geborene Entdecker von Troja wird im Bürgerhaus mit einer Gedenkstätte geehrt.

Leuchtfeuer über der Sandbank Hannibal

Zwischen Rerik und Kühlungsborn liegt die kleine Siedlung Bastorf, deren Leuchtturm ein viel besuchtes Ausflugsziel ist. Relativ ab von der Küste, doch weithin sichtbar steht er exponiert auf dem 78 m hohen Signalberg auf dem Höhenrücken der Kühlung. Sein Leuchtfeuer weist seit 1878 den Schiffen den Weg um eine Sandbank namens Hannibal. Vom Parkplatz am Ortsrand von Bastorf erreicht man den Turm nach einem fünfminütigen Spaziergang. An schönen Tagen kann die Aussichtsplattform bestiegen werden, »bi Schiddwetter ist tau« (bei schlechtem Wetter geschlossen). Am Fuß des Leuchtturms wäre auch die Aussichtsterrasse vom Café Valentins nicht schlecht, stünden in Richtung Ostsee nicht zwei Sendemasten im Weg. Glücklicherweise kann man zwischen beiden hindurchschauen.

Oben: Die Holländermühle in Stove ist noch voll funktionsfähig.
Mitte: Wogende Kornfelder über dem Salzhaff
Unten: Reriks neue Mitte – die Restaurantzeile am Haffanleger

Infos und Adressen

INFORMATION
Kurverwaltung Rerik. Dünenstr. 7,
Tel. 038296/784 29, www.rerik.de

ESSEN UND TRINKEN
Zur Steilküste. Die Aufmachung des Lokals erinnert noch stark an die Vorwendezeit. Der einfach zubereitete Fisch ist frisch und gut. Mo und Di Ruhetag. Rerik, Parkweg 10, Tel. 038296/783 86.
Café Valentins. Beliebtes Ausflugslokal mit Kuchen und Torten aus eigener Konditorei. Bastorf, Zum Leuchtturm 8, Tel. 038293/41 02 70, www.valentins-cafe.de

ÜBERNACHTEN
Haffidyll. Familiengeführtes einfaches Nichtraucherhotel Garni in guter Lage zwischen Ostsee (200 m) und Salzhaff (50 m); mit schönem Wintergarten. Haffstr. 13, Tel. 038296/704 56, www.haffidyll.de

SEHENSWÜRDIGKEITEN
Heinrich-Schliemann-Gedenkstätte. Geöffnet vom 15. Mai–14. Sept. Di–Fr 11–17 Unr, So 14–17 Uhr, übrige Zeit Di–Fr 10–16, Sa 14–16 Uhr. Neubukow, Am Brink 1.
Holländerwindmühle. Geöffnet in den Sommermonaten 10–18 Uhr. Mühlenstraße, Stove.

Geburtshaus von Heinrich Schliemann

Aufstieg zum Schmiedeberg

AKTIVITÄTEN
Surfschule Rerik. Das stehtiefe Revier an der Haffküste ist ideal für Surfeinsteiger, Schnupper- und Grundkurse gibt es auch für Kinder ab sechs Jahren. Bootsanleger Wilke (östlich vom Haffhafen), Tel. 0173/24 3 25 01, www.surfschule-rerik.de
Schiffsausflüge. Ab dem Haffanleger in Rerik lädt im Sommerhalbjahr die MS Ostseebad Rerik zu Hafffahrten ein. Fährverbindung mit der Insel Poel. Tel. 038296/747 61, www.ms-ostseebad-rerik.de

VERANSTALTUNGEN
Lichterfest. Anfang September schwimmen tausende von Teelichtern und Schwimmkerzen an der Haffpromenade im Wasser.

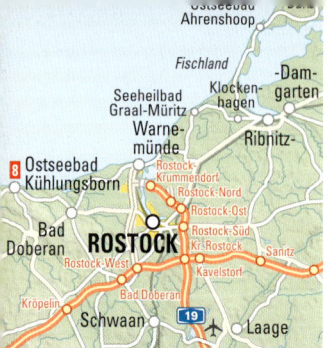

8 Kühlungsborn
Seebad mit Tradition

Das Ostseebad zwischen Wismar und Rostock gehört mit über 17 000 Gästebetten zu den größten Ferienorten an der deutschen Ostseeküste. Der Badeort punktet mit einem sechs Kilometer langen Sandstrand, dieser fällt flach ab und eignet sich bestens für Familien. In der Saison stehen am Wasser hunderte blau-weiß gestreifte Strandkörbe, je nach Sonnenstand und Windrichtung mal seewärts, mal landeinwärts ausgerichtet.

Den Namen Kühlungsborn gibt es seit 1938, als die Orte Arendsee (heute Kühlungsborn West), Brunshaupten (heute Kühlungsborn Ost) und Gut Fulgen zusammengelegt wurden – drei weiße Möwen im Stadtwappen symbolisieren die alten Ortschaften. Namensgeber für das Seebad wurde die Kühlung, eine im Hinterland sanft ansteigende Hügelkette, die mit dem 130 m hohen Diedrichshagener Berg ihren höchsten Punkt erreicht. Der 12 km lange und drei Kilometer breite Höhenzug entstand als Strauchmoräne in der letzten Eiszeit.

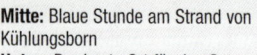

Mitte: Blaue Stunde am Strand von Kühlungsborn
Unten: Der beste Ort für den Sonnenuntergang ist die Promenade in Kühlungsborn West.

MAL EHRLICH

DEFTIGE KÜCHE

Mecklenburg ohne Rippenbraten und Labskaus wäre genauso wie Italien ohne Pizza und Pasta. Die mediterrane Kost kommt allerdings um einiges leichter daher als die mitunter deftige Bauernkost an der Ostsee. Doch zum Glück gibt es Alternativen. Vielerorts fegt ein frischer Wind durch die Restaurantlandschaft. So gibt es praktisch in allen größeren Seebädern Lokale, die eine verfeinerte Regionalküche anbieten. Unbedingt ausprobieren!

Kühlungsborn West

Die beiden Stadtteile verbinden eine gut drei Kilometer lange Strandpromenade. Parallel zum Strand verläuft die einseitig bebaute Ostseeallee, eine von Villen und Hotels der Bäderarchitektur gesäumte Prachtstraße, die dem traditionsreichen Badeort zu nostalgischem Flair verhilft. Kultureller Fixpunkt ist die Kunsthalle. In dem 1904 errichteten Jugendstilbau werden regelmäßig Wechselausstellungen gezeigt. Daneben ist die ehemalige Lesehalle auch Bühne für Kammermusiktage, einen Jazz-Treff und das Internationale Gitarrenfestival. Kulturgeschichtlich ist die Kirche St. Johannis an der Straße nach Kröpelin interessant. Die ältesten Bauteile der spätromanischen Feldsteinkirche gehen bis ins 13. Jahrhundert zurück.

Ein Haus mit Geschichte

Ein architektonisches Kleinod ist die Villa Baltic, die im neobarocken Stil um 1912 von dem jüdischen Rechtsanwalt Wilhelm Hausmann in bester Strandlage im damals noch Arendsee genannten Ortsteil erbaut wurde. Die Villa galt lange als eines der schönsten Beispiele der Kühlungsborner Bäderarchitektur. 1935 wurde das »Judenschloss am Meer« von den Nationalsozialisten geschlossen und enteignet. Als neuer Verwalter trat die »Goebbels-Stiftung für Bühnenschaffende« auf.

Nach dem Zweiten Weltkrieg kam das Haus kurzzeitig in den Besitz von Russland, nach Gründung der DDR nutzte man es als Pension. 1953 wurden im Rahmen der Aktion Rose DDR-weit Hotels, Erholungsheime und andere Dienstleistungsunternehmen verstaatlicht. Allein in Kühlungsborn waren davon etwa 50 Pensionsbesitzer und Hoteliers betroffen. Deren Besitz ging in das Eigentum des Freien Deutschen Gewerkschaftsbundes (FDGB) über, dessen Feriendienst die Unterkünfte im

Sommer mit Mitgliedern der Gewerkschaft füllte. Unter den enteigneten Objekten war auch die Villa Baltic. Kurz nach der Wende löste sich der FDGB auf. Seither steht die Villa leer.

Bewegung kam 2010 in die Geschichte, als ein neuer Investor die Villa erwarb – geplant ist ein nobles Fünf-Sterne-Resort. In Kühlungsborn ist man gespannt, wie sich die Sache weiterentwickelt und wann das Haus wieder im alten Glanz erstrahlen wird.

Kühlungsborn Ost

Zwischen dem westlichen und östlichen Stadtteil macht sich der 133 Hektar große Stadtwald breit, in dem der Kühlungsborner Kletterwald viele Parcours verschiedener Schwierigkeitsgrade anbietet. Das ist ein Spaß für die ganze Familie. In Kühlungsborn Ost ist die historische Bäderarchitektur weniger stark präsent. Dafür gibt es eine gleich nach der Wende errichtete 240 m lange Seebrücke und einen neuen Bootshafen, in dem neben alten Schonern schicke Jachten festmachen.

Flaniermeile ist die Strandstraße, ein verkehrsberuhigter breiter Boulevard, in dem sich Souvenirläden und Immobilienbüros, Broiler-Stände (DDR-deutsch für Hähnchen) und Dönerstuben aneinanderreihen. Sehr beliebt ist das Brauhaus, in dem seit 1999 Kühlungsborner Hefeweizen ausgeschenkt wird. In der Hauptsaison kommt hier ein bisschen Oktoberfestatmosphäre auf. Die Hausbrauerei kann auf Anfrage besichtigt werden, das Bier gibt es handabgefüllt in der Bügelflasche auch zum Mitnehmen. Mitunter kommen aus dem Sudhaus auch spezielle Festbiere. So wurde 2007 anlässlich des G8-Gipfels im benachbarten Heiligendamm ein alkoholreiches Mecklenburger Gipfelbock gebraut.

Oben: Die 240 m lange Seebrücke wurde bereits kurz nach der Wende eröffnet.

Mitte: Der Bootshafen in Kühlungsborn Ost ist unter Skippern ausgesprochen populär.

Unten: Flaniermeile in Kühlungsborn West

Infos und Adressen

INFORMATION

Touristik-Service. Haus des Gastes, Ostseeallee 19, Tel. 038293/84 90, www.kuehlungsborn.de

ESSEN UND TRINKEN

Fisch-Hus. Auf Fisch spezialisiertes Lokal mit Verkaufstheke. Sehr populär. Ostseeallee 50, Tel. 038293/438 55.

Brauhaus. Zum hauseigenen Bier wird deftiger Krustenbraten oder Sauerfleisch gegessen. Strandstr. 41, Tel. 038293/40 60, www.ostsee-brauhaus.de

Café Röntgen. Das populäre Kaffeehaus liegt zentral an der Bummelmeile des Seebades. Geboten werden u.a. Sanddornsahnetorte und Himbeertrüffel. Auch zum Frühstücken gut. Strandstr. 30a, Tel. 038293/781 36, www.classic-conditorei.com

Edel und Scharf. Das kultige Bistro im Jachthafen ist für seine Currywurst bekannt, dazu gönnt man sich ein Gläschen Champagner. Hafenstr. 4, Tel. 038293/49 08 55, www.edel-und-scharf.com

Nachbau des alten Kurhauses

allerdings sündhaft teuren Suite Deluxe kann man von gleich drei Balkonen die Aussicht auf die Ostsee genießen. Ostseeallee 21, Tel. 038 293/ 429 90, www.upstalsboom.de

Hotel Vier Jahreszeiten. Ein Klassiker der Bäderarchitektur, zu dem auch ein entspannender Spa-Bereich gehört. Ostseeallee 10-12, Reservierung unter Tel. 038293/810 00, www.4jahreszeiten-kuehlungsborn.de

EINKAUFEN

Galeria Mia. Das Angebot an Acrylmalerei und Silberschmuck mit Motiven von Kühlungsborn hebt sich wohltuend von anderenorts angebotener Massenware ab. Dünenstr. 1, www.galeriamia.de

AKTIVITÄTEN

Kletterwald Kühlungsborn. Neben einfachen Parcours für Kinder gibt es für »Adrenalin-Junkies« auch recht anspruchsvolle Elemente, angefangen bei einer 100 m langen Seilbahn bis zum Basejumping aus 10 m Höhe. Ostseeallee 25/26 (im Stadtwald), Tel. 038293/41 76 23, www.kletterwald-kuehlungsborn.de

Hübsch aufgefrischte Bäderarchitektur

ÜBERNACHTEN

Hotelresidenz & Spa Kühlungsborn. Das 2011 eröffnete neue Viersterne-Superior-Hotel der ostfriesischen Upstalsboom-Gruppe punktet mit modernsten Zimmern, die im Unterschied zu vielen Häusern im Stil der Bäderarchitektur über einen Balkon verfügen. Wer das Besondere mag: In der

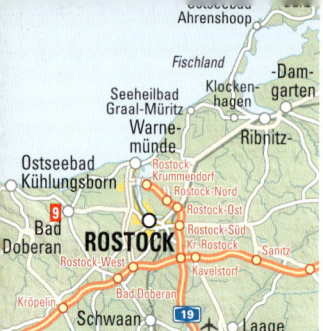

9 Bad Doberan
Mecklenburgs erstes Kloster

Die Geschichte des Heilbades ist eng mit zwei Namen verknüpft. Die Zisterzienser errichteten nur wenige Kilometer von der Küste entfernt den heute bedeutendsten Klosterkomplex Mecklenburg-Vorpommerns. Und vor gut 300 Jahren ließ Großherzog Friedrich Franz I. Doberan zur Sommerresidenz ausbauen. Das hochgotische Münster und die klassizistische Architektur rund um den Kamp ziehen jährlich zehntausende von Besuchern an. Eine Anerkennung als UNESCO-Weltkulturerbe wird angestrebt.

In dem bis auf einige Slawendörfer kaum bewohnten Landstrich entstand 1171 mitten im »Heidenlande« das erste Kloster in Mecklenburg. Die 1171 gebaute Abtei kam für das eben den Slawen abgerungene Land jedoch ein paar Jahre zu früh. Mecklenburg war noch nicht vollständig befriedet und ein Aufstand legte die Gebäude acht Jahre später in Schutt und Asche. Die Mönche mussten fliehen, etliche fanden den Tod.

Unberührt davon hielten die Zisterzienser an ihrer Mission fest. Sie kamen wieder und begannen 1186 etwa drei Kilometer nordwestlich vom alten Standort mit dem Bau eines neuen, weitaus größeren Klosters. Im Lauf der fast zweihundertjährigen Baugeschichte sollen rund fünf Millionen Backsteine verbaut worden sein. Bevor überhaupt der erste Stein auf den anderen geschichtet werden konnte, musste in dem sumpfigen Gelände zunächst ein tragfähiges Fundament geschaffen werden. Dazu dienten aus in der ganzen Region herbeigeschaffte Findlinge aus Granit.

Mitte: Ein schlanker Dachreiter bekrönt das wuchtige Kirchenschiff des Doberaner Münsters.
Unten: Die Mollistraße in Bad Doberan ist die erste Einkaufsadresse für Einheimische und Gäste.

Turmloses Münster

Das monumentale Münster fällt durch eine architektonische Besonderheit auf – es hat keinen Turm. Anstelle dessen schmückt ein schlichter Dachreiter die dreischiffige Basilika. Strenge, Funktionalität und einfache Formen prägten von jeher den Stil der Zisterzienser. Opulente Prachtentfaltung, wie sie später in Renaissance und Barock üblich wurde, lag den auch asketisch lebenden Mönchen fern. Das Münster in Bad Doberan ist in diesem Sinne nicht typisch. Auffällig sind die bemalten Säulen, an den Giebeln finden sich vielfach Rosetten und auch die Bogenfriese unter dem Dachansatz tragen durchaus zur Ausschmückung des Kirchenschiffes bei. Das Münster wurde weder von Bilderstürmern noch von Kriegen heimgesucht. So konnte sich die komplette Innenausstattung erhalten. Herausragend sind der vergoldete Hochaltar (um 1310), der aus Eiche geschnitzte fast zwölf Meter hohe Sakramentsturm (um 1360) und das spätgotische Chorgestühl aus dem Ende des 14. Jahrhunderts.

Die ehemalige Abteikirche umschließt eine fast anderthalb Kilometer lange Klostermauer, wie das Kloster selbst ist sie aus Backsteinen errichtet. Nach der Reformation drohte das Kloster zu verfallen. Vom Kreuzgang an der Südseite des Münsters zeugen lediglich noch ein paar Mauerfragmente, vom Wohnhaus der Mönche ist leider nichts mehr zu sehen. Gut erhalten ist das Beinhaus, das achteckige Türmchen steht an der Nordseite des Münsters.

Doberans klassizistische Mitte

Ursprünglich war der Kamp eine Viehweide. Heute zieren repräsentative Bauten die von Buchen, Roteichen und mittlerweile fast 200 Jahre alten Linden beschattete lichte Parkanlage. Das klassizistische

NOSTALGISCHE BÄDERBAHN

Unterwegs wie zu Kaisers Zeiten: Der Molli war vom ersten Tag an eine Sensation. Im Sommer 1886 eröffnet verband die Schmalspurbahn zunächst Bad Doberan mit dem Seebad Heiligendamm. 1910 wurde die Strecke dann bis Kühlungsborn West ausgebaut. Die 450-PS-starke Dampflokomotive (Baujahr 1932) zuckelt im Stundentakt mit maximal 50 km/h durch die Landschaft, die 15,4 km lange Strecke schafft sie in einer Dreiviertelstunde. Die Gäste genießen jede Minute davon, gerne auch im Salonwagen bei einem Tässchen Kaffee.

In der Hochsaison verkehrt abends der »hundertjährige Zug«, eine Spezialausstattung mit Holzlattensitzen, Fallfenstern und verglasten Oberlichtern. Sehr beliebt ist es, die Bahnfahrt mit einer Wanderung zu kombinieren. Von Bad Doberan nimmt man den Molli bis zur Endstation in Kühlungsborn, wandert dann am Strand entlang nach Heiligendamm und kehrt mit dem Molli wieder nach Bad Doberan zurück.

Mecklenburgische Bäderbahn Molli. Tel. 038293/43 13 31, www.molli-bahn.de

QUELLENTAL

Das Urstromtal bei Hohenfelde, drei Kilometer südlich von Bad Doberan, war bereits den Zisterziensermönchen wegen seiner Quelle bekannt. Sie transportierten das gute Wasser in großen Fässern ins Kloster und brauten daraus ihr Bier. Seit 1908 wird das Wasser in Röhren nach Bad Doberan geleitet, dort in Flaschen abgefüllt und als Glashäger Mineralwasser vermarktet. In der Talsohle steht ein kleiner klassizistischer Quelltempel, von dem das Wasser probiert werden kann. Das bei Wanderern und Radlern beliebte Ausflugslokal Quellental bietet dazu noch warme Küche. Das Tal passt sich reizvoll in eine von der letzten Eiszeit modellierte Endmoränenlandschaft ein. An den Hängen stehen alte Rotbuchen und Fichten, am Bachlauf Schwarzerlen und Eschen. Im späten Frühjahr kann man den Gefleckten Aronstab entdecken und im Quellholz verstecken sich etliche steinzeitliche Hügelgräber.

Ausflugsgaststätte Quellental.
Mo Ruhetag. Am Wege 5.
Tel. 038203/628 79.

Ensemble rund um den dreieckigen Platz geht wesentlich auf den Baumeister Carl Theodor Severin (1763-1836) zurück. Schaustück vom Kamp ist das Großherzogliche Palais (1806-1810) an der Ostseite. Der einstige Sommerwohnsitz von Großherzog Friedrich Franz I. glänzt mit einem monumentalen Viersäulenportikus, hinter dem sich der ovale Saal öffnet. Seine Wände werden von einer französischen Bildtapete geschmückt, auf der die antike Liebesgeschichte von »Amor und Psyche« dargestellt wird. Der Saal kann im Rahmen eines Kammerkonzerts oder einer Lesung besichtigt werden. In dem Salongebäude neben dem Palais gab es einst exklusive Geschäfte, gutbetuchte Sommergäste hielten dort einst nach Mitbringseln Ausschau.

Chinesisch inspiriert

Auch in Bad Doberan ist der Einfluss der Chinoiserie, die Europa im 18. Jahrhundert beherrschte, gut zu erkennen. Mitten auf der Grünanlage vom Kamp sind die beiden chinesischen Pavillons nicht zu übersehen. In dem von einem Säulenumgang eingefassten Weißen Pavillon spielte einst die Musik, heute kann man dort sehr gut essen. Im benachbarten pagodenförmigen Roten Pavillon wurden Wein und Bier ausgeschenkt, jetzt ist er für den örtlichen Kunstverein ein Forum für zeitgenössische Malerei.

Die nördliche Platzseite dominiert der Lindenhof. 1716 als Logier- und Gastwirtschaft erbaut gab es für den repräsentativen Bau seither ganz unterschiedliche Nutzungskonzepte. Er diente unter anderem als Poststation, war Sitz der Doberaner Spielbank und zu DDR-Zeiten das Haus der deutsch-sowjetischen Freundschaft. Seit 2005 wird das Gebäude nun als Rathaus und Büro der Tourist-Information genutzt.

Großbürgertum und Prominenz

Der großherzogliche Adelsclan samt gutbetuchtem Großbürgertum und Prominenz aus Literatur und Musik im Gefolge waren keine Kinder von Traurigkeit. In Bad Doberan und dem benachbarten Heiligendamm wurde viel gefeiert. Im Musikpavillon auf dem Kamp lauschte man Kurmusik, es wurde getanzt, viel gelacht und man genoss ausgiebig gutes Essen. Gesellschaftliche Treffs waren neben dem Schauspielhaus und diversen Bällen auch die Spielbank und die 1823 eröffnete Galopprennbahn – sie war zugleich die erste auf dem europäischen Kontinent. Wer Ostseeluft schnuppern wollte, nahm die Pferdekutsche und fuhr von Bad Doberan durch eine prächtige Lindenallee nach Heiligendamm und erfrischte sich in einem Badekarren im Wasser.

Von Gospel bis Zappa

Seit der Wende versucht man wieder an die Feierlaune der Bäderzeit anzuknüpfen, wenn auch auf teilweise ganz anderer Ebene. Das Münster ist fast ganzjährig Bühne für Orgel- und Chorkonzerte. Ein etwas anderes Publikum trifft sich immer Anfang Mai zum Bikergottesdienst. Tausende von Motorradfahrern lauschen dann der Predigt und starten danach zu einer gemeinsamen Ausfahrt ins Umland. Einzigartig in Deutschland ist die Zappanale, ein Musikfestival, mit dem jeweils im August an die Rocklegende Frank Zappa erinnert wird. Das Festival findet immer auf der Galopprennbahn statt. Im Sommer formiert sich dort der Autokorso der Schwanenrallye. Mit VW-Käfern, amerikanischen Straßenkreuzern und alten Feuerwehren ist sie einer der größten Oldtimertreffs in Norddeutschland. Es wird auch am Wasser gefeiert. An der Seebrücke von Heiligendamm eröffnet jeweils im Juni die Badesaison mit dem Anbaden im historischen Badekostüm.

Oben: Der vergoldete Hochaltar in der Klosterkirche ist einer der ältesten Flügelaltäre Deutschlands.
Unten: Das dekorativ ausgemalte Deckengewölbe der Bülowkapelle

Infos und Adressen

INFORMATION

Tourist-Information. Severinstr. 6,
Tel. 038203/621 54, www.bad-doberan.de

ESSEN UND TRINKEN

Zum Weißen Schwan. Gute Fischspezialitäten,
kleine Sonnenterrasse. Mo Ruhetag. Am Markt 9,
Tel. 038203/778 20, www.zumweissenschwan.de
Weißer Pavillon. Man sitzt im runden Speisesaal
unter Kronleuchtern und genießt internationale
Küche. Auf dem Kamp, Tel. 038203/623 26,
www.weisser-pavillon.de

Der Weiße Pavillon am Kamp

ÜBERNACHTEN

Hotel Prinzenpalais. Die ehemalige Sommerresidenz der Prinzenfamilie steht seit 2009 fein
restauriert als nobles Viersternehaus offen. Alexandrinenplatz 8, Tel. 038203/731 60,
www.prinzen-palais.de

SEHENSWÜRDIGKEITEN

Stadt- und Bädermuseum. Viel Geschichte rund
um das älteste Seebad Deutschlands, Schmuckstück im Außenbereich ist ein schneeweißer Badekarren. Geöffnet von Mitte Mai–Mitte Sept. Di–Fr
10–12 und 13–17 Uhr, Sa/So 12–17 Uhr, übrige
Zeit Di–Fr 10–12 und 13–16, Sa 12–16 Uhr.
Beethovenstr. 8, Tel. 038203/620 26,
www.stadtmuseum.moeckelhaus.de

Doberaner Münster. Geöffnet von Mai–Sept.
9–18 Uhr, März, April, Okt. 10–17 Uhr, Nov.–Feb.
10–16 Uhr. Klosterstr. 2, www.muenster-doberan.de

EINKAUFEN

Alexandrinenhof. Ateliers mit Keramik, Textilkunst
und Schmuck, dazu lädt ein Café zu Kaffee und
Kuchen. Nordenholzer Str. 24,
www.alexandrinen-hof.de

AKTIVITÄTEN

Moorbad Bad Doberan. Auf Rückenschmerzen,
Arthrose u. a. ausgerichtete Fachklinik. Schwaaner
Chaussee 2, Tel. 038203/930,
www.moorbad-doberan.de

VERANSTALTUNGEN

Bikergottesdienst. Anfang Mai im Münster.
Zappanale. Im Juli. Auf der Galopprennbahn.
www.zappanale.de
Schwanenrallye. Auf der Galopprennbahn.
www.schwanen-rallye.de

Hochgotisches Gewölbe in der Klosterkirche

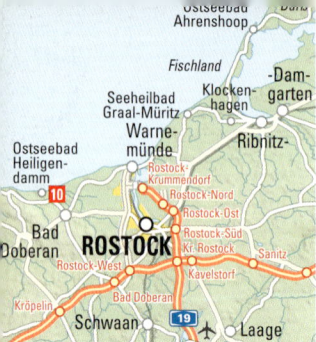

10 Heiligendamm
Erstes deutsches Seebad

Heiligendamm zeigt auch zwanzig Jahre nach der Wende an vielen Stellen noch ganz offen seinen morbiden Charme. Doch die einstige Perle unter den deutschen Seebädern nimmt wieder Fahrt auf. Die ersten historischen Bauten sind mittlerweile aufwändig saniert und ganz auf Noblesse und Luxustourismus ausgerichtet. Warum allerdings gerade dieser Ort 2007 für den G8-Gipfel ausgewählt wurde, bleibt ein Rätsel.

Am Kurplatz vor dem Kurhaus fällt ein ungewöhnlich großer Findling auf. Auf der darin eingravierten Inschrift ist zu lesen, dass hier Friedrich Franz I. das erste Seebad in Deutschland gründete. Als Jahreszahl ist 1793 angegeben. Den Granitfelsen ließ 1843 der mecklenburgische Hofbaumeister Georg Adolph Demmler aufstellen, der zu jener Zeit mit dem Ausbau des Seebades betraut war. Wie er später schrieb, war der Transport des 220 Tonnen schweren Felsblocks ein äußerst »schwieriges Geschäft«. Eigentlich kam die Anregung für das erste Seebad an der Ostsee von Samuel Gottlieb Vogel, dem Leibarzt von Friedrich Franz I. Dieser empfahl seinem Herzog ein heilendes Bad im Ostseewasser.

Mitte: Der Strand von Heiligendamm vor nobler Kulisse
Unten: Schiffe beobachten von der Seebrücke aus

Die Qualität des eher mittelmäßigen Strandes am »Heiligen Damm« spielte bei der Standortwahl keine Rolle, denn in der offenen See wollte vor 200 Jahren ohnehin kein Mensch baden. Nach dem ein erstes Bade- und Logierhaus fertig waren, avancierten Heiligendamm und das benachbarte Bad Doberan binnen weniger Jahre zum Treff des europäischen Hochadels und des gehobenen Bürgertums.

Zu den illustren Gästen gehörten der russische Zar ebenso wie Komponisten und Literaten, darunter Felix Mendelssohn-Bartholdy, Rainer Maria Rilke, Theodor Fontane und Hans Fallada. Später dann kamen aber auch Namen, die nicht im Tourismusprospekt stehen – Hitler und Mussolini. Nach dem Zweiten Weltkrieg wurde Heiligendamm ein Sanatorium für Werktätige. In der von Demmler 1848 im Tudor-Stil errichteten Burg Hohenzollern, damals »Haus Glück auf« genannt, kurten Bergleute aus dem Erzgebirge und Thüringen.

Mondänes Grand Hotel

Nach der Wende fand sich in dem zu Bad Doberan gehörigen Ortsteil zunächst niemand, der sich der marode gewordenen Bausubstanz der klassizistischen Bädervillen annehmen wollte. Bis schließlich die Treuhand 1996 fast das ganze Seebad plus 500 Hektar Land an einen nordrheinwestfälischen Investor veräußerte. Nach umfangreichen Sanierungsarbeiten fünf historischer Häuser eröffnete darin 2003 das Kempinski Grand Hotel Heiligendamm. In einem zweiten Bauabschnitt sollen nun die östlich vom Grand Hotel stehenden sechs großen Strandvillen, die sogenannte Perlenkette, saniert und später als luxuriöse Apartments und Ferienwohnungen genutzt werden. Zu dem restaurierten Komplex des Grand Hotels gehört auch das Kurhaus, in dem Sternekoch Ronny Siewert das ambitionierte Gourmetlokal »Friedrich Franz« führt. Der 1816 von Carl Theodor Severin entworfene Bau ist mit seiner klassizistischen Säulenvorhalle und dem Dreiecksgiebel darüber das Wahrzeichen von Heiligendamm.

Umstrittener G8–Gipfel

2007 machte der G8-Gipfel Heiligendamm und das Kempinski Grand Hotel über Nacht weltbekannt.

Oben: Die Burg Hohenzollern mit ihren luxuriösen Suiten ist eine Dependance des Grand Hotels.
Mitte: Entspannen im Promenadencafé
Unten: Schauplatz des G8-Gipfels: das Grand Hotel Heiligendamm

Doch es waren nicht nur positive Schlagzeilen. Das Seebad wurde mit einem zwölf Kilometer langen Stacheldrahtzaun und Überwachungskameras von der Außenwelt abgeriegelt. Für die Sicherheit der Staatsoberhäupter waren 16 000 Polizisten im Einsatz. An Kosten für die Durchführung des Gipfels kam das stolze Sümmchen von 92 Millionen Euro zusammen. Was mag dieser an allen Ecken und Enden sanierungsbedürftige Badeort bei den Mächtigen der Welt für einen Eindruck hinterlassen haben? Hatten Putin, Sarkozy und Co. in ihrem wie ein Hochsicherheitstrakt abgeschirmten Nobelhotel überhaupt etwas davon wahrgenommen?

Am Glanz der Superreichen schnuppern

Spätestens nach dem G8-Gipfel ist das Grand Hotel eine viel bestaunte Touristenattraktion. Zum ersten Tag der offenen Tür wollten 20 000 Schaulustige hinter die Kulissen der Nobelherberge schauen. Auch an ganz gewöhnlichen Wochenenden im Sommer belagern Hunderte von Ausflüglern den Außenbereich des Resorts. Die Hotelleitung ließ mittlerweile das Areal mit Zäunen umgeben. Nach Unstimmigkeiten mit dem Investor hat sich die Kempinski-Gruppe mittlerweile aus dem Geschäft zurückgezogen. Nach kurzzeitiger Insolvenz ging das Resort 2013 in die Hände eines neuen Privatunternehmers. Seither läuft es besser denn je.

Teuer ist das Fünfsternehaus und Mitglied der »Leading Hotels of the World« mit seinem exklusiven Spa nach wie vor. Eine Nacht in der Strandsuite kostet mehr als eine einwöchige Pauschalreise nach Mallorca. Aus einiger Entfernung, und ohne jemanden zu stören, kann das historische Ensemble übrigens schön von der 1993 eröffneten 200 m langen Seebrücke angeschaut werden. Man kann also ruhig einmal einen Blick werfen.

Infos und Adressen

INFORMATION
Tourist-Information. Im Molli-Bahnhof, Kühlungsborner Str. 4, Tel. 038203/41 50.

ESSEN UND TRINKEN
Friedrich Franz. Im historischen Kurhaus zelebriert Sternekoch Ronny Siewert klassische französische Küche. Reservierung erforderlich.
Tel. 038203/740 62 10,
www.grandhotel-heiligendamm.de
Herzoglicher Wartesaal. Gemütliches Restaurant, das sich von dem mit negativen Klischees besetzten Bahnhofslokalen absetzt. Im Bahnhof Heiligendamm, Kühlungsborner Str. 4,
Tel. 038203/77 37 00,
www.herzoglicher-wartesaal.de
Jagdhaus Heiligendamm. Wie es sich für ein Jagdhaus gehört, steht eine gute Auswahl an Wildgerichten auf der Karte. In der kleinen Pension mit lediglich vier Doppelzimmern kann auch übernachtet werden, sie liegt in ruhiger Alleinlage am Waldrand etwa 10 Minuten vom Strand entfernt.
Seedeichstr. 18b, Tel. 038203/73 57 75,
www.jagdhaus-heiligendamm.de
Coco Eismilchbar. Man hat die Wahl zwischen 20 Sorten Eiscreme aus eigener Herstellung, auch Softeis. Prof.-Dr.-Vogel-Str. 16,
www.coco-eismilchbar.de

Auf dem Uferweg von Heiligendamm

Strandleben in Heiligendamm

ÜBERNACHTEN
Grand Hotel Heiligendamm. Das krisengeschüttelte Luxusresort wechselte seit seiner Eröffnung 2003 mehrfach den Besitzer, geblieben ist das einmalige Ambiente. Mit einem Kinderclub versucht man neuerdings auch jüngere Gäste anzusprechen. Prof.-Dr.-Vogel-Str. 6, Tel. 038203/74 00,
www.grandhotel-heiligendamm.de

EINKAUFEN
Gut Vorder Bollhagen. In dem Hofladen des Ökobetriebs werden Kartoffeln, Eier, Wurst und andere Bioprodukte angeboten. Vorder Bollhagen, Hauptstr. 1, Tel. 038203/164 79.

VERANSTALTUNG
Ostsee-Meeting. Die Galopprennen auf der zwischen Doberan und Heiligendamm gelegenen Rennbahn finden jeweils Anfang August statt.
www.doberaner-renntage.de

AKTIVITÄTEN
Golf Resort Wittenbeck. 18-Loch-Parcours mit Ostseeblick und Kursangebot. Wittenbeck, Zum Belvedere, Tel. 038293/41 00 90,
www.golf-resort-wittenbeck.de

LANDES-HAUPTSTADT SCHWERIN

11 Schwerins Altstadt
Kleine Schöne am Wasser

Die kleinste Landeshauptstadt Deutschlands ist das kulturelle Zentrum Mecklenburg-Vorpommerns. 1160 von Heinrich dem Löwen gegründet ist die Metropole zugleich die älteste Stadt Mecklenburgs. Die Altstadt rund um den Markt zeigt sich nach der Wende frisch herausgeputzt und macht die »kleine Schöne« inmitten einer reizvollen Wasserlandschaft von sieben Seen zu einem attraktiven Städteziel.

»Klein« hat für Besucher durchaus Vorteile. Die Wege sind relativ kurz, fast alles, was es zu sehen gibt, liegt in Fußnähe. Als Residenz der mecklenburg-schweriner Herzöge knüpft Schwerin nach der Deutschen Einheit mit der Wahl zur Hauptstadt des neuen Bundeslands Mecklenburg-Vorpommern an seine Führungsrolle an. Das prunkvolle Schloss (siehe S. 78) gehört zweifelsohne zu den schönsten Büroräumen für ein deutsches Landesparlament. Und im klassizistisch geprägten Stadtbild zeigt sich vielerorts der repräsentative Charakter der kleinen Metropole.

Hommage an den Stadtgründer

Herzstück der Altstadt ist der Markt. Das dort 1995 aufgestellte Löwendenkmal erinnert an den Stadtgründer Heinrich den Löwen (1129–1195). Die von einer Löwenskulptur gekrönte Stele ist eine Arbeit des Konstanzer Bildhauers Peter Lenk, der sich auf den Reliefbildern des Sockels satirisch mit dem Sachsenkönig auseinandersetzt. Anstoß erregte die sogenannte Bardowicker Gesäßhuldigung, bei der der Künstler provokant unverhüllte Gesäßteile übereinander stapelte. Der Legende

Vorangehende Doppelseite: Das Schweriner Schloss vor romantischer Naturkulisse
Mitte: Der 117 m hohe Turm des Doms garantiert eine fulminante Fernsicht.
Unten: Auf dem Schlachtermarkt

nach sollen es die Bardowicker dem Löwenherr-
scher krumm genommen haben, dass er nicht ihre
Stadt, sondern Schwerin und Lübeck mit Privile-
gien ausstattete. Als er auf dem Weg nach England Bardowick besuchen wollte, machten die
Einwohner die Stadttore dicht und verweigerten
ihm die Durchreise. Mit entblößten Hinterteilen
auf der Stadtmauer sitzend zeigten sie ihm ihre
Referenz. Eine wohlwollende Hommage an den
Stadtgründer ist Lenks Kunstwerk sicherlich nicht.
Für Besucher ist die Skulptur dagegen trotzdem
eine viel fotografierte Attraktion.

Rathaus und Dom

Der Markt wird von mehreren repräsentativen
Bauten und Giebelhäusern eingefasst. Auffällig ist
das vom Schweriner Hofbaumeister Georg Adolph
Demmler im englischen Tudor-Stil erbaute Rathaus, in dem unter anderem die Touristeninformation untergebracht ist. Klassizistisch zeigt sich
das Neue Gebäude von 1785 an der Nordseite des
Platzes, wegen seiner Kolonnaden wird es von den
Schwerinern einfach Säulenhalle genannt. Zwischen den Säulen stehen Cafétische, von denen
man wunderbar das Geschehen vor dem Rathaus
beobachten kann. Dominiert wird der Markt vom
117 m hohen Turm des Doms. 220 Steinstufen
führen zur Aussichtsplattform in 50 m Höhe hinauf, von der sich die einzigartige Lage der Stadt
am Wasser offenbart. Die Mühe lohnt. Ein paar
Schritte westlich vom Markt schließt sich der
Schlachtermarkt an, auf dem vor der Kulisse von
Fachwerkhäusern ein Gemüse- und Blumenmarkt
abgehalten wird. Viel Fachwerk zeigt sich auch im
benachbarten Domhof, neben dem mit dem senf-
gelb gestrichenen Logenhaus ein weiteres Gebäude von Demmler steht. Der Hofbaumeister war
selbst ein Mitglied der Freimaurer und schenkte
das Gebäude 1846 seiner Loge.

**MIT BUSLINIE 100
INS UMLAND**

Eine Busrundfahrt mit der Linie 100
ist die einfachste Art, das reizvolle
Umland der Landeshauptstadt zu
entdecken. Der Name ist dem berühmten Berliner Vorbild entlehnt.
Anstelle von viel Stadt macht die
Schweriner Linie jedoch mit viel
Land bekannt. Los geht es am
Hauptbahnhof Schwerin, im Sommer
wochentags jeweils um 10.30 Uhr.
Entgegen dem Uhrzeigersinn wird
der Schweriner Innensee umrundet.
An 27 Haltestellen kann beliebig aus-
und zugestiegen werden. Es ist sogar
möglich, sein Fahrrad mitzunehmen.
Lohnende Stopps sind der Strand
von Zippendorf und das Freilichtmuseum Mueß. In Vorbeck bietet sich
ein Spaziergang entlang der jungen
Warnow an, in Kritzow können steinzeitliche Hügelgräber entdeckt werden.

Buslinie 100. Tel. 03888/616 10,
www.vl-p.de

Schlossbrücke zum Wasserschloss

Stadtrundgang Schwerin

A Dom – 1248 geweiht. Von der Innenausstattung sind der spätgotische Flügelaltar und die Ladegast-Orgel beachtenswert.

B Neues Gebäude – Das frühklassizistische Säulengebäude wurde 1785 als »Krambudenhaus«, sprich Markthalle, erbaut.

C Marktplatz – Dom, Rathaus und Säulengebäude dominieren den zentralen Platz. Vor dem Säulengebäude steht der an den Stadtgründer Heinrich den Löwen erinnernde Löwenbrunnen.

Kaffeepause unter Kolonnaden

D Altstädtisches Rathaus – Der von Türmen flankierte und von Zinnen gekrönte Bau im englischen Tudor-Stil erhielt 1835 sein heutiges Aussehen.

E Marstall – Die großherzogliche Reithalle wurde 1837 von Hofbaumeister Demmler auf einer in den Schweriner See hineinragenden Halbinsel erbaut.

F Alter Garten – Repräsentative Bauten, wie das Staatstheater und das Staatliche Museum, machen den Platz gegenüber vom Schloss zur Kulturmeile.

G Schweriner Schloss – In dem Prunkbau auf der Schlossinsel sind der Landtag, das Schlossmuseum und in der Orangerie ein schönes Café.

Alte Dame nahe des Schlossplatzes

H Marienplatz – Der Verkehrsknotenpunkt am Westrand der Altstadt ist zugleich das größte innerstädtische Einkaufszentrum.

I Arsenal – Am Pfaffenteich westlich der Altstadt setzt das ehemalige Zeughaus durch seine monumentale Größe einen architektonischen Akzent.

J Elektrizitätswerk – Im alten Elektrizitätswerk zeigt der Schweriner Kunstverein moderne Kunst. Im Puppentheater werden Märchen aufgeführt.

K Schelfkirche – Die Barockkirche ist u. a. Grablege von Königin Sophie Luise von Preußen.

L Schleswig-Holstein-Haus – Der Fachwerkbau ist ein Forum für Kunstausstellungen.

Warten auf das Fahrgastschiff

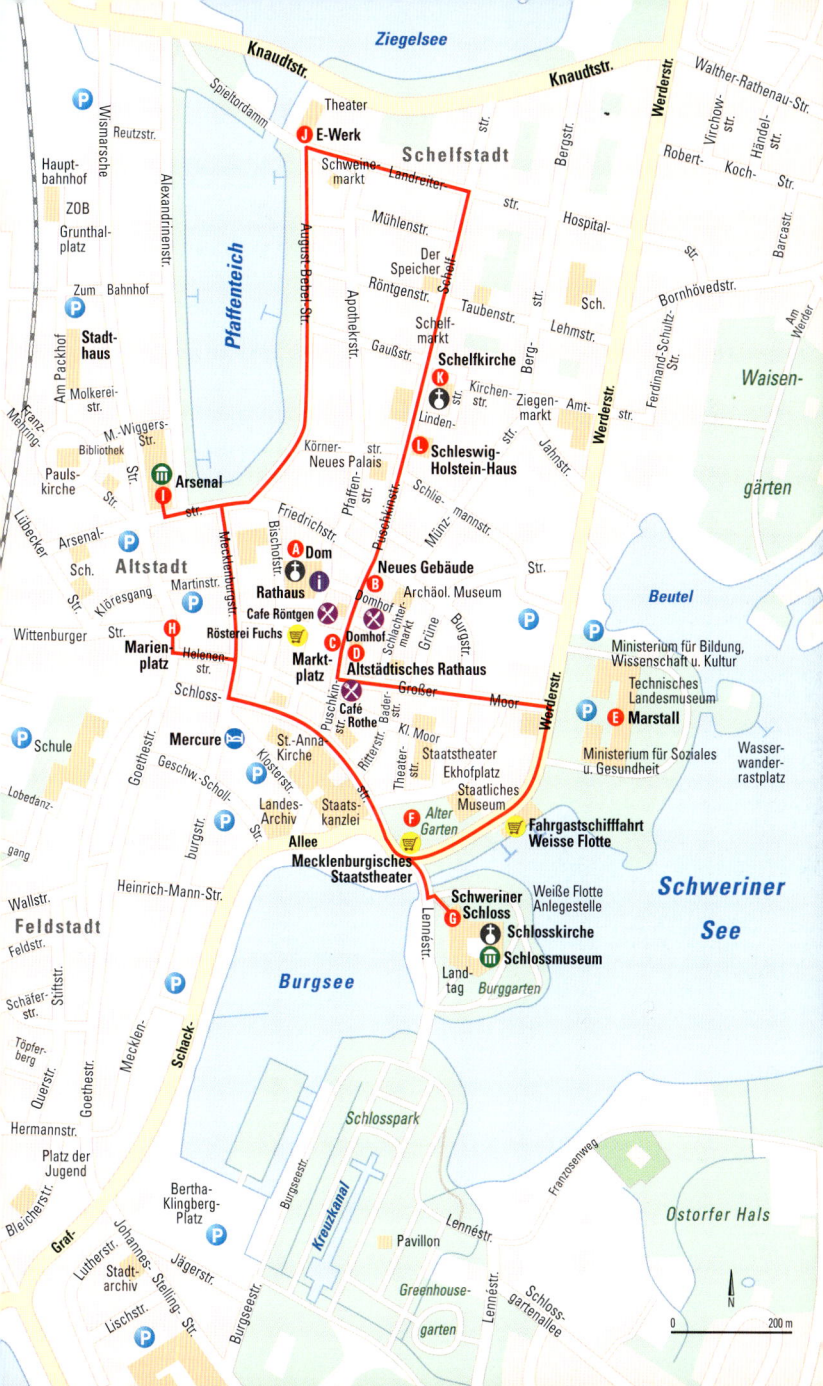

VIER-SEEN-TOUR

Wie keine zweite Stadt in Deutschland kann Schwerin mit Wasser punkten. Die Gewässer reichen bis in die Innenstadt hinein. Was liegt da näher als ein Schiffsausflug? Unter den sieben schiffbaren Schweriner Seen hat die Weiße Flotte vier Seen ausgewählt. Von Mai bis September bietet die Reederei täglich einen eineinhalbstündigen Ausflug an. Vom Anleger Werderstraße gegenüber vom Schloss geht es zunächst auf dem Schweriner Innensee nach Norden und dann ausgesprochen reizvoll durch den schmalen Kanal Stangengraben in den kleinen Heidensee, an dessen Ufer etliche Bootshäuser liegen. Nördlichstes Ziel ist der Ziegelaußensee im Stadtteil Frankenhorst. Höhepunkt der Tour ist die Rückkehr zum Schloss. Alternativ kann die »Große Insellinie« rund um die Inseln Kaninchen- und Ziegelwerder gebucht werden. Auf allen Fahrten hält das Bordbistro Kaffee, Kuchen und kleine Snacks bereit.

Fahrgastschifffahrt Weiße Flotte.
Anleger Schloss, Werderstraße 40, Tel. 0385/55 77 70,
www.weisseflotteschwerin.de

Vom Marienplatz zum Alten Garten

Am Marienplatz bündelt sich der Nahverkehr der Hauptstadt. Busse und Straßenbahnen bringen tausende von Einkaufslustigen ins Zentrum. Zusammen mit der autofreien Mecklenburgstraße avancierte das Viertel zu einem attraktiven innerstädtischen Einkaufsbereich, in dem neben großen Kaufhäusern und internationalen Modeketten auch noch viele kleinere Läden zu finden sind. Mit dem Schlossparkcenter und dem Wurm entstanden nach der Wende gleich zwei große Shoppingzentren. Vom Marienplatz führt die Schlossstraße durch das von Hofbaumeister Georg Adolph Demmler in der ersten Hälfte des 19. Jahrhunderts gestaltete Regierungsviertel zum Alten Garten und dem Schloss. Beherrschendes Gebäude ist das Kollegiengebäude. Bis 1919 verwaltete darin das Großherzogliche Staatsministerium das Land. Im Dritten Reich zog die NSDAP ein, zu DDR-Zeiten saß darin die SED. Heute ist es Staatskanzlei. Im pompösen Gebäudekomplex gegenüber logierte man einst im Hotel Nordischer Hof, seit 1990 werden darin die Finanzen des Landes geordnet.

Kulturmeile

Im Alten Garten steht das Alte Palais. Wer hier viel Grün sucht, wird enttäuscht. Dafür zeigt sich der dem Schloss vorgelagerte Platz als ein architektonisches Schmuckstück. Ursprünglich als Küchengarten, Reitbahn und Paradeplatz genutzt fungiert der Alte Garten heute als Mittelpunkt des kulturellen Lebens, auf dem jeden Sommer im Rahmen der Schlossfestspiele Opern von u. a. Verdi aufgeführt werden. An der Nordseite des Alten Gartens beherrscht das Mecklenburgische Staatstheater das Bild, nebenan führt eine große Freitreppe ins Staatliche Museum (siehe S. 28).

Infos und Adressen

INFORMATION

Tourist-Information. Hier ist das Schwerin-Ticket erhältlich, ein Erlebnispass, wahlweise für 24 oder 48 Stunden, mit Vergünstigen u. a. in Museen und auf Schifffahrten sowie freier Fahrt im öffentlichen Nahverkehr. Geöffnet Mo–Fr 9–18 Uhr, Sa und So 10–16 Uhr. Am Markt 14 (im Rathaus), Tel. 0385/592 52 12, www.schwerin.com

ESSEN UND TRINKEN

Café Röntgen. In zentraler Lage werden Kaffeespezialitäten, Trüffel und eine große Kuchenauswahl offeriert. Am Markt 1 (im Säulengebäude), Tel. 0385/59 38 97 59, www.classic-conditorei.com
Domhof. Das Restaurant setzt mit seiner Lounge einen postmodernen Kontrast zum angrenzenden Fachwerkhaus. Plus Bier- und Weinstube. Domhof 6, Tel. 0385/581 45 99, www.domhof-schwerin.de
Café Rothe. Das Traditionscafé mit eigener Konditorei wird in der dritten Generation geführt. Zentral an Markt und Dom. Am Markt 11/12, Tel. 0385/564148, www.cafe-rothe.de

ÜBERNACHTEN

Hotel Arte. Viersternehaus im von der Innenstadt 10 Autominuten entfernten Ortsteil Krebsförden-Dorf. Dorfstr. 6, Tel. 0385/634 50, www.hotel-arte-schwerin.de (außerhalb der Karte)

Moderne Kunst auf dem BUGA-Gelände

Der Marstall ist heute Ausstellungsraum.

Hotel Mercure. Zentral gelegener moderner Dreisterne-Neubau in der Altstadt, mit aussichtsreicher Dachterrasse. Klosterstr. 28, Tel. 0385/595 50, www.mercure-schwerin.de

EINKAUFEN

Rösterei Fuchs. Kaffeehaus schräg gegenüber vom Rathaus, sehr gefragt ist die Hausmischung No. 2 aus fünf verschiedenen Anbaugebieten. Mit angeschlossenem Bistro. Am Markt 4, Tel. 0385/593 84 44, www.roesterei-fuchs.de

AKTIVITÄTEN

Mecklenburgisches Staatstheater. Der Saisonhöhepunkt des Fünfspartentheaters sind die sommerlichen Schlossfestspiele. Alter Garten 2, Tel. 0385/530 00, www.theater-schwerin.de

12 Schweriner Schloss
Märchenresidenz der mecklenburgischen Adelsdynastie

Das Schweriner Schloss könnte durchaus in Disneyland stehen. Eine vergoldete Prunkkuppel sowie zahlreiche Erker und Türmchen geben dem Wahrzeichen der Landeshauptstadt einen betont verspielten Anstrich. Spektakulär ist die Lage: Das Schloss steht nämlich auf einer durch Brücken zugänglichen Insel. Daneben sind die im französischen Stil angelegten Gärten eine Attraktion, welche 2010 Schauplatz der Bundesgartenschau waren.

Die ehemalige Residenz der mecklenburgischen Herzöge und Großherzöge ist seit der Wende Sitz des Landtags von Mecklenburg-Vorpommern. Auf den ersten Blick wirkt das Wahrzeichen der Landeshauptstadt wie aus einem Guss. Auf dem Fundament einer slawischen Wasserburg errichtet wurde das Schloss ab dem 12. Jahrhundert mehrmals umgebaut und erweitert. Das heutige Gesicht verdankt das Ensemble vornehmlich den Baumeistern Georg Adolf Demmler, Friederich August Stüler und Hermann Willebrand. Vorbild für den ab 1843 grundlegend umgestalteten Bau war das französische Renaissanceschloss Chambord an der Loire. Die Schlosskirche ist geschickt in das Ensemble integriert, ihr filigraner Turm wird vom 70 m hohen Hauptturm des Schlosses überragt.

Mitte: Prunkvoller Thronsaal in der Festetage
Unten: Das Rauchzimmer im Schweriner Schloss

Prunkräume im Schlossmuseum

Der Haupteingang ins Schloss ist den Landtagsabgeordneten vorbehalten. Deshalb erfolgt der Zugang ins Schlossmuseum durch das kassettierte Holztor des Gartenportals. Im ersten Obergeschoss wird in den ehemaligen großherzoglichen Kinderzimmern eine wertvolle Porzellansammlung mit Geschirr, Vasen, Rokokofiguren und originellen Tierskulpturen gezeigt. Etliche der mehr als 3000 Exponate stammen aus der Gründerzeit der Meißner Manufaktur, etwa der »Handkuss« (1737). Aus der Arbeit der Königlichen Porzellanmanufaktur Berlin (KPM) ragt das mit Golddekor bemalte Frühstücksgeschirr (um 1810) heraus. Den Übergang von der traditionellen Porzellankunst zur Kunst des 19. Jahrhunderts wird mit der Plastik »Blinder Bettler« (um 1908) von Ernst Barlach symbolisiert.

In der Beletage im zweiten Obergeschoss wird der Schlossgeist namens Petermännchen Wirklichkeit, dessen materialisierte Form heute einen festen Platz in der Tourismuswerbung der Stadt Schwerin gefunden hat. Das zur Seeseite angrenzende Speisezimmer ist mit Wandfriesen und kanadischem Vogelaugenahorn furniert. Im Teezimmer dominieren kunstvolle Intarsienarbeiten aus Nussbaumholz und das runde Blumenzimmer glänzt durch seine mit Spiegeln verkleideten Fensternischen. Inmitten der Stuckdecke springt ein allegorisches Gemälde der Großherzogin Auguste (1822–1862) ins Auge.

Festetage mit Thronsaal

Die ohnehin schon mehr als pompösen Zimmerfluchten werden in der Festetage im dritten Obergeschoss vom Thronsaal in den Schatten gestellt. Prunkstück des im Stil der niederländischen Renaissance gestalteten quadratischen Saals ist der unter einem Baldachin platzierte vergoldete Thron (um 1750). Marmorsäulen tragen ein vorspringendes Gesims, dunkelroter Baumwollstoff bespannt die Wandflächen, goldene Putten präsentieren die Wappen von 40 mecklenburgischen Städten.

Und noch ein Tipp: Man sollte unbedingt einen Blick auf das werfen, worauf man steht – das Intarsienparkett ist umwerfend. Zu guter Letzt veranschaulicht die Ahnengalerie mit herzoglichen Portraits die mecklenburgische Dynastie.

Gartenkunst im Burg- und Schlossgarten

Für den Burggarten auf der Schlossinsel zeigte sich kein geringerer als der königlich preußische Gartendirektor Peter Joseph Lenné (1789–1866) verantwortlich. Mittelpunkt von dem in der Mitte des 19. Jahrhunderts angelegten kleinen, aber feinen Garten ist die Orangerie, von deren Dachfläche sich ein zauberhaftes Seepanorama öffnet.

Figürlicher Schmuck unterstreicht die kunstsinnige Einstellung der Herzöge: Zwei ursprünglich von Christian Daniel Rauch (1777–1857) für das Berliner Schloss Charlottenburg gefertigte Viktorien schauen mit Siegeskränzen in den Händen auf das Schloss. Zur Seeseite bändigt Herakles mit brachialer Gewalt den kretischen Stier. Wie es sich für eine Orangerie gehört, dürfen in dem ornamentalen Garten natürlich auch ein paar Zitronenbäumchen nicht fehlen. Dazu gesellen sich Platanen, Stieleichen, Rotbuchen und ein exotischer Trompetenbaum.

Vom Burggarten führt eine Kastanienallee in den weitläufigen barocken Schlossgarten. Ursprünglich war er einmal ein französischer Lustgarten und auch die Neugestaltung im 18. Jahrhundert durch den Gartenarchitekten Jean Laurent Legeay (1710-1786) lehnt sich stark an französische Vorbilder an. Blickfang des von einem Kreuzkanal durchzogenen Gartens sind 14 von Balthasar Permoser (1651–1732) geschaffene Skulpturen. Unbedingt empfehlenswert!

Oben: Im Teezimmer pflegte die feine Gesellschaft den Nachmittag zu verbringen.
Mitte: Die Gartenanlagen sind im Sommerhalbjahr eine Augenweide.
Unten: Im barocken Schlossgarten sind antike Skulpuren ein Blickfang.

Infos und Adressen

INFORMATION

Schlossmuseum. Geöffnet vom 15. April–14. Okt. Di–So 10–18 Uhr, 15. Okt.–14. April Di–So 10–17 Uhr. Lennéstr. 1, www.museum-schwerin.de

Schleifmühle. In der historischen Wassermühle am Faulen See wurde u. a. Granit für das Schweriner Schloss geschnitten und poliert. Geöffnet von April–Nov. tgl. 10–17 Uhr. Schleifmühlenweg 1, www.schleifmuehle-schwerin.de

Schlosskirche. Begleitete Besichtigung Mi, Fr, Sa 15 und 16 Uhr, Tel. 0385/56 25 67, www.schlosskirche-schwerin.de

ESSEN UND TRINKEN

Café und Restaurant in der Orangerie. In der mit Fächerpalmen begrünten Orangerie werden unter Kristalllüstern Sacherschnitten und Joghurttörtchen gereicht, vom Außenbereich im Burggarten blickt man auf die Trauerweiden am Ufer des Schweriner Sees. Lennéstr. 1, Tel. 0385/525 29 15, www.schweriner-schloss-localitaeten.de

Café Prag. Das älteste Kaffeehaus der Stadt blickt auf ein Vierteljahrtausend Geschichte zurück. Neben Kuchen und Torten wird durchgehend warme Küche geboten. Schlossstr. 17, Tel. 0385/56 59 09, www.restaurant-cafe-prag.de

ÜBERNACHTEN

Pension am Theater. Preisgünstige Pension in unmittelbarer Nachbarschaft zum Staatstheater und nur wenige Schritte vom Schloss entfernt. Theaterstr. 1-2, Tel. 0385/59 36 80, www.schwerin-pension.de

Pension Toscana. Die Pension mit eigenem Parkplatz liegt in Fußnähe zu Schloss und Altstadt. Wer es ruhig mag, sollte nach einem Zimmer zur Hofseite fragen. Steinstr. 1, Tel. 0385/589 05 20, www.pension-toscana.com

Zur gepflegten Orangerie gehört auch eine sonnige Außenterrasse.

13 Schwerins Staatliches Museum
Kleine Metropole, große Kunst

Zusammen mit dem benachbarten Schloss und den umliegenden Gartenanlagen gibt die Kunstsammlung im Alten Garten eine einzigartige Gesamtschau in die von Renaissance, Barock und Historismus geprägte großherzogliche Epoche. Weltruf genießt das Haus durch seine erlesene Sammlung niederländischer Malerei des 17. und 18. Jahrhunderts. Der Bestand des Museums beläuft sich auf über 4000 Gemälde, dabei kommt auch die Moderne nicht zu kurz.

Die mecklenburgischen Herzöge hatten ein sicheres Gespür für große Kunst. Mit gut gefülltem Portemonnaie schickten sie Akquisiteure durch halb Europa, sie hatten die Aufgabe, das Beste vom Besten aufzuspüren und in die wachsende Sammlung einzuverleiben.

Herzogliche Sammelleidenschaft

Im ausgehenden 17. Jahrhundert umfasste der Bestand schon fast 700 Gemälde. Für den Mecklenburger Hochadel war Kunst eine Plattform, um sich zu repräsentieren. Er gab Künstlern aus ganz Europa Brot und Arbeit. Vor allem Christian Ludwig II. (1683–1756) machte sich als kenntnisreicher Mäzen einen Namen. Er war es, der 1736 im Schweriner Schloss eine erste Gemäldegalerie einrichten ließ, die zwar nicht öffentlich war, doch von Gästen, Künstlern und Gelehrten besichtigt werden konnte. Das Schloss konnte schon bald die wachsende Sammlung nicht mehr aufnehmen. Als neuer Standort drängte sich der Alte Garten

Mitte: Das Staatliche Museum Schwerin ist im Besitz einiger der bedeutendsten Kunstkollektionen. **Unten:** Die hiesige Porzellansammlung präsentiert Kunsthandwerk auf höchstem Niveau.

Die Sammlung der holländischen und flämischen Meister gehört zu den Hauptattraktionen des Museums.

Hier erfreuen Werke alter und neuer Meister aus dem 17. und 18. Jh. das Auge des Besuchers.

gegenüber geradezu auf. Ursprünglich sollte an dessen Ostseite ein großherzogliches Palais entstehen. Doch durch Geldmangel geriet das Projekt ins Stocken.

Als dann durch die französischen Reparationszahlungen nach dem Deutsch-Französischen Krieg von 1870/71 die Kasse wieder voll war, änderte man kurzerhand die Pläne und entschloss sich für den Bau einer Staatsgalerie. 1882 eröffnet wurde das Haus sogleich als bahnbrechender Museumsbau gefeiert. Es verfügte über eine ausgeklügelte Heizungs- und Lüftungstechnik und nicht zuletzt rückte die gelungene Beleuchtung die Kunstwerke ins rechte Licht.

Holländische und flämische Malerei

Besonders die holländische und flämische Malerei hatte es den Mecklenburgern angetan. Trotz gravierender Verluste durch Kriege und Brände umfasst davon der heutige Bestand etwa 550 Gemälde. Publikumslieblinge sind zwei von Frans Hals (ca. 1580-1666) gemalte kleinformatige Knabenbildnisse. Der eine hält ein Weinglas in der Hand, der andere lacht dem Maler offen ins Gesicht.

Das vielleicht bekannteste Werk des Museums ist die »Torwache« von Carel Fabritius (1622–1654). Es ist eines von acht signierten Werken des Rembrandtschülers und späteren Lehrers von Vermeer. Altmeister Rembrandt (1606–1669) selbst ist mit dem »Bildnis eines alten Mannes« vertreten, einer für ihn typischen Hell-dunkel-Komposition.

Die flämische Malerei findet mit Arbeiten von Jan Breughel d. Ä. (1568–1625) und Peter Paul Rubens' (1577–1640) Gemälde »Lot und seine Töchter« ihren Höhepunkt.

Schwerins Staatliches Museum

Weitere wichtige Maler

Unter den altdeutschen Meistern sei an erster Stelle Lucas Cranach d. Ä. (1475–1553) genannt, der mit dem »Bildnis eines jungen Mannes mit rotem Barett« und der genialen »Venus mit Amor als Honigdieb« gleich mit zwei hochkarätigen Arbeiten vertreten ist. Die deutsche Romantik repräsentiert die »Winterlandschaft« von Caspar David Friedrich (1774–1840).

Nach der Wende wurde der Bestand durch Ankäufe erweitert. Herausragende Neuerwerbungen sind neben einem Picasso die Sammlung Marcel Duchamp (1887–1968). Ihr wurde ein eigener Saal gewidmet. Die zeitgenössische Kunst reicht von Daniel Spoerri (geb. 1930) bis Sigmar Polke (1941–2010). Durch eine Schenkung des Industriellen Ludwig Bölkow kann das Haus auch mit einer Werkgruppe von Ernst Barlach (1870–1938) aufwarten. Der subtile Humor des ansonsten stark von Kriegserlebnissen geprägten Bildhauers kommt u. a. in der »Lachenden Alten« zum Ausdruck.

Ein weiterer Höhepunkt der Sammlung sind die 34 monumentalen Tiergemälde des französischen Malers Jean-Baptiste Oudry (1686–1755), viel bewundert wird die Nashorndame.

Kupferstiche und Münzen

Zum Staatlichen Museum gehört auch das in der Werderstraße untergebrachte Kupferstichkabinett. Aus der grafischen Sammlung ragt wiederum die holländische Kunst heraus, die allein rund 4000 Blätter umfasst. Von internationalem Rang sind die schon vor etwa 300 Jahren erworbenen 168 Radierungen von Rembrandt. Das ebenfalls in der Werderstraße verwahrte Münzkabinett lässt die Herzen eines jeden Numismatikers höher schlagen – im Bestand finden sich rund 32 000 Münzen!

Infos und Adressen

INFORMATION

Galerie Alte & Neue Meister Schwerin. Geöffnet vom 15. April–14. Okt. Di–So 10–18 Uhr, 15. Okt.–15. April Di–So 10–17 Uhr. Alter Garten 3, Tel. 0385/595 80, www.museum-schwerin.de
Öffentliche Führungen. Jeden Sa um 12 Uhr und So um 11 Uhr zu wechselnden Themen. Anmeldung unter Tel. 0385/595 82 37.
Kupferstich- und Münzkabinett. Besuch nach vorheriger Anmeldung, Werderstr. 141, Tel. 0385/595 81 74, www.museum-schwerin.de

Der Werkgruppe von Marcel Duchamp ist ein eigener Saal gewidmet.

14 Pfaffenteich und Schelfstadt
Jenseits der Altstadt

Die Landeshauptstadt von Mecklenburg-Vorpommern hat weitaus mehr zu bieten als ein märchenhaftes Schloss. Neben dem Altstadtquartier um den Markt gibt es östlich vom Pfaffenteich auch eine sehenswerte Neustadt. Ihre Entwicklung begann vor gut 300 Jahren in der Schelfe, einer noch bis ins Mittelalter hinein sumpfigen Niederung. Sehr reizvoll ist ein Spaziergang um den Pfaffenteich.

Der Pfaffenteich lässt sich auf breiten Uferwegen in einer guten Stunde bequem umrunden. Eilige können auf den Pfaffenteichkreuzer zurückgreifen, der seit 1879 im Pendelverkehr von vier Anlegern aus startet. Per pedes ist die Pfaffenteichtreppe am Südufer ein guter Einstieg. Auf den Treppenstufen erholen sich im Sommer die Schweriner von ihren Einkäufen in der Mecklenburgstraße. In dem zur Seeseite gewandten Haus Ecke Arsenalstraße wohnte Hofbaumeister Georg Adolph Demmler (1804–1886), der das Stadtbild von Schwerin mit einer Vielzahl klassizistischer Bauten bereicherte.

Rund um den Pfaffenteich

Die Alexandrinenstraße wird von großräumigen Bauten gesäumt. Nicht zu übersehen ist das Arsenal, das mit seinen Zinnen und Türmen wie eine Burg das Südwestufer des Pfaffenteichs beherrscht. Für den von Demmler 1840 entworfenen Monumentalbau sollen sechs Millionen Backsteine verbaut worden sein. Im Dritten Reich war im Arsenal, es hieß damals Adolf-Hitler-Kaserne, das

Mitte: Der Turm des Doms erlaubt ein reizvolles Panorama auf den Pfaffenteich.
Unten: In der Schelfstadt schmücken Jugendstilmotive so manche Hausfassade.

Pfaffenteich und Schelfstadt

Fachwerkhäuser säumen die Mecklenburgstraße.

DRACHENBOOTFESTIVAL

Drachenboote in Mecklenburg? Das hört sich doch eher nach etwas Fernöstlichem an. Tatsächlich stammt die Idee der Drachenbootrennen aus China. Mittlerweile wird der Sport weltweit ausgeübt, eine der Hochburgen in Deutschland ist Schwerin. Seit 1992 treffen sich jedes Jahr im August rund 3000 Aktive nationaler und internationaler Teams auf dem Pfaffenteich, rund 50 000 Besucher verfolgen die Regatten. Charakteristisch für die besonders langen Paddelboote sind die dekorativen Elemente. Ein Boot kann mit bis zu 50 Paddlern besetzt sein, dazu kommen ein Steuermann und ein Trommler. Die Vorläufe finden vormittags statt, Entscheidungen oft am späten Abend. Das Spektakel wird von einem bunten Rahmenprogramm mit Live-Bands, Akrobatik und Feuerwerk begleitet. Der genaue Termin des Festivals ist über die Tourist-Information Schwerin zu erfragen.

12. Artillerieregiment stationiert. Durch die Moritz-Wiggers-Straße kann man einen Blick auf die Paulskirche in der Paulsstadt werfen. Von hier aus zeigt sich der 117 m hohe Turm des Doms in seiner ganzen Größe. Und weiter geht es! Nach dem Hotel Niederländischer Hof wird das ehemalige Großherzogliche Amtshaus (1842–1845) passiert. In dem spätklassizistischen mehrflügeligen Bau hat sich heute die Evangelische Fachschule für Sozialpädagogik eingerichtet.

Kultur am Nordufer

Am Nordufer trennt der Spieltordamm den Pfaffenteich vom Ziegelsee. Die Aufschüttung erfolgte bereits im 12. Jahrhundert, wenige Jahre nachdem Heinrich der Löwe den Grundstein zur Stadtgründung legte. Pittoresker Blickfang ist ein von einer hohen Schaufassade und Türmchen gezierter Backsteinbau, der eher wie ein Renaissanceschlösschen als ein Elektrizitätswerk aussieht. Das alte E-Werk versorgte von 1904 bis 1944 Schwerin mit Strom, heute steht es ganz im Dienst von Kunst und Kultur. Der Schweriner Kunstverein zeigt darin wechselnde Ausstellungen und ein Puppentheater lässt die Märchen von Rotkäppchen

Jugendstil in der Mecklenburgstraße

und Rumpelstilzchen lebendig werden. Das Haus ist zugleich eine Spielstätte des Mecklenburgischen Staatstheaters. Gleich daneben lohnt das kunstvolle Eingangsportal zum ehemaligen Standesamt eine eingehende Betrachtung. Ein Stückchen weiter am Südostufer erlaubt die Kaffeeterrasse vom Restaurant Friedrichs nochmals eine beschauliche Gesamtschau auf den Teich. Ein paar Schritte davon entfernt stehen seit 1973 die »Schirmkinder«, eine originelle Skulptur des Berliner Bildhauers Stefan Horota.

Schelfstadt

Die Neustadt östlich vom Pfaffenteich war lange Zeit ein heruntergekommenes Viertel der armen Leute. Erst zu Beginn des 18. Jahrhunderts zeichnete sich unter der Herrschaft von Herzog Friedrich Wilhelm ein städtebauliches Konzept ab. Der Herzog verhalf Kaufleuten und Handwerkern zur Ansiedlung. Viele der damals errichteten Bürger- und Fachwerkhäuser blieben erhalten und zeigen sich seit der Wende teils aufwändig erneuert von ihrer besten Seite. Zu den gefälligsten Bauten gehört das Schleswig-Holstein-Haus in der Puschkinstraße. Seinen jetzigen Namen erhielt das Fachwerkensemble 1995, als es mit finanzieller Förderung des Nachbarlandes Schleswig-Holstein denkmalgerecht saniert und als Kulturforum eröffnet wurde. Mit viel beachteten Ausstellungen, etwa zu Hundertwasser, Matisse und Dalí, machte sich das Haus unter Kunstliebhabern schnell einen Namen. Ein weiterer Anlaufpunkt in der Puschkinstraße ist das Weinhaus Wöhler. Der Klinker-Fachwerkbau aus dem Anfang des 19. Jahrhunderts beherbergt neben Hotel und Weinstube ein historisches Weinkontor. Den Mittelpunkt der bis 1832 selbständigen Schelfstadt bildet der Schelfmarkt mit dem Neustädtischen Rathaus und der barocken Schelfkirche.

Oben: Blick aus der Vogelperspektive auf die Schelfstadt
Mitte: Schmucke Häuserzeile in der Schelfstadt
Unten: Straßencafés laden zum Verweilen ein.

Infos und Adressen

ESSEN UND TRINKEN

Weinstube Wöhler. Die historische Stube ist ein Hort der Gemütlichkeit und guten Küche. Bei schönem Wetter sitzt man draußen im Weingarten. Puschkinstr. 26, Tel. 0385/55 58 30, www.weinhaus-woehler.de

Friedrichs. Gute internationale Küche im neoklassizistischen Ambiente des Kückenhauses. Die Sommerterrasse erlaubt eine wunderbare Sicht auf den Pfaffenteich. Friedrichstr. 2, Tel. 0385/55 54 73, www.restaurant-friedrichs.com

Lukas. »Fisch und Mehr« heißt das Motto des schon zu DDR-Zeiten als Gastmahl des Meeres bekannten Fischlokals. Im Sommer sitzt man auf der Terrasse, in der kühleren Jahreszeit im Wintergarten. Großer Moor 5, Tel. 0385/56 59 35, www.restaurant-lukas.de

ÜBERNACHTEN

Hotel Niederländischer Hof. Komfortables Traditionshotel am Westufer des Pfaffenteichs: englisches Interieur, Himmelbetten und Marmorbäder. Alexandrinenstr. 12-13, Tel. 0385/59 11 00, www.niederlaendischer-hof.de

SEHENSWÜRDIGKEITEN

Schleswig-Holstein-Haus. Puschkinstr. 12, Tel. 0385/55 55 24, www.schwerin.de
Kunstverein Schwerin. Spieltordamm 5, Tel. 0385/521 31 66, www.kunstverein-schwerin.de
Puppentheater. Im E-Werk, Spieltordamm 1, Tel. 0385/530 00, www.theater-schwerin.de

EINKAUFEN

Zigarrenhaus Otto Preussler. 1924 eröffnet gehört der Zigarrenladen zu den Schweriner Traditionsgeschäften, in dem sich sowohl innen als auch außen bis heute nicht viel verändert hat. Allein die Fassade ist bereits sehenswert. Friedrichstr. 10.

AKTIVITÄTEN

Ausflüge mit dem Pfaffenteichkreuzer. Im Sommerhalbjahr Di–So 10–18 Uhr.

Überfahrten von Ufer zu Ufer mit dem Pfaffenteichkreuzer

15 Schweriner See
Sommerfrische der Hauptstädter

Den Schweriner See vor der Haustür, zur Ostsee in 35 Fahrminuten. Die Schweriner haben die Qual der Wahl. Wer zu Fuß oder mit dem Rad unterwegs ist, entscheidet sich für das Naheliegende. Nach der Müritz ist der Schweriner See mit einer Wasserfläche von fast 62 km² das zweitgrößte Binnengewässer von Mecklenburg-Vorpommern, deutschlandweit belegt er immerhin den vierten Platz. Erstaunlich, dass er überregional relativ wenig bekannt ist.

Der 1842 aufgeschüttete Paulsdamm teilt den Schweriner See in den südlichen Innensee und den bis nach Bad Kleinen reichenden Außensee im Norden. Die über den Damm führende Bundesstraße sorgt für eine schnelle Verbindung in die Mecklenburgische Schweiz, am Westufer entlang kommt man auf der B 106 in einer halben Stunde an die Ostsee. Von der nördlichen Spitze des Außensees erlaubt der Wallensteingraben eine Verbindung in die Wismarbucht. Geübte Wasserwanderer können so von Schwerin bis zur Ostsee paddeln. Verbindungen gibt es zudem zum Ziegelsee, dem Heidsee und an die Elde-Müritz-Wasserstraße – für Wassersportler also ein kleines Paradies. Innen- und Außensee sind mit dutzenden von Anlegern und Liegestellen auch ein populäres Segelrevier.

Zippendorfer Strand

Vom Schloss aus erreicht man in ein paar Schritten die Seepromenade, von der man auf einem Radweg vorbei am Zoologischen Garten den Badeort Zippendorf erreicht. Der dortige Sandstrand

Mitte: Es muss nicht immer die Ostsee sein, auch der Schweriner See hat schöne Badeplätze.
Unten: Die Bauernkaten im Freilichtmuseum Mueß können auch von innen besichtigt werden.

ist eines der beliebtesten Naherholungsziele der Schweriner. Der kleine Stadtteil am Südufer des Innensees wurde schon früh als Ausflugsort erschlossen. Bereits 1775 konnte Prinzessin Charlotta auf einem Spazierweg die reizvolle Uferlandschaft um den Ort erkunden. Bald kamen gutsituierte Berliner und Hamburger nach Zippendorf. Um 1910 entstanden ein erstes Strandhotel und ein Kurhaus, das heute allerdings vom Verfall bedroht ist. Die 100-jährigen Strandvillen sind dagegen hübsch restauriert und nach wie vor ein begehrtes Seedomizil. Der mehrmals ausgebaute Strand kann bis zu 4000 Badegäste aufnehmen und ist auch für Beachvolleyball breit genug. Viele Strandbars laden zum Verweilen ein.

Ausflugsinsel Kaninchenwerder

Vom Anleger setzen in den Sommermonaten Ausflugsboote zur Insel Kaninchenwerder über. Die winzige, unbewohnte Insel steht schon seit 1935 unter Naturschutz, ist jedoch frei zugänglich. Ornithologen zählten rund 50 Vogelarten, die auf Kaninchenwerder regelmäßig brüten, darunter Blässhühner, Haubentaucher und Teichrohrsänger. Auch Wildschweine, Füchse und Fledermäuse finden auf dem größtenteils bewaldeten Eiland Schutz – Kaninchen gibt es allerdings keine. Vom Bootsanleger führen Wanderwege und ein Naturerlebnispfad kreuz und quer über die Insel und zu einem Aussichtsturm, von dem das Schweriner Schloss zu sehen ist. Es gibt eine Badestelle mit Liegewiese und einer Gastwirtschaft.

Ein Dorf als Museum

Östlich von Zippendorf gibt im Ortsteil Mueß ein Freilichtmuseum Einblicke in die ländliche Wohnkultur von anno dazumal. Zu dem Museumsdorf gehören 17 Gebäude. Schmuckstück ist ein rund

250 Jahre altes niederdeutsches Hallenhaus mit zugehöriger Scheune. Dazu gesellen sich unter anderem eine Schmiede und eine Dorfschule. Was Mueß von manch anderem Museumsdorf dieser Art unterscheidet: Alle Gebäude stehen an ihrem angestammten Platz, wurden also nicht anderswo abgetragen und wieder neu aufgebaut. Seit 1965 wurde Zug um Zug ein halbverfallenes kleines Dorf wieder zu neuem Leben erweckt und in seinen ursprünglichen Zustand versetzt.

Natürlich können die mit originalgetreuem Mobiliar ausgestatteten Häuser auch von innen in Augenschein genommen werden. Wer will, kann von Mueß aus auf einem romantischen Pfad das kaum berührte Görslower Ufer auf der Ostseite des Innensees erwandern.

Kunst im Schloss

Am Westufer des Außensees ist Schloss Wiligrad eine beliebte Anlaufstelle. Der 1898 von Herzog Johann Albrecht erbaute Prachtbau kann auf eine bewegte Geschichte zurückblicken. Nach dem Zweiten Weltkrieg dienten die Räumlichkeiten der Roten Armee als Typhuslazarett, in der DDR-Zeit war Wiligrad eine Parteischule der SED und nicht öffentlich zugänglich. Nach der Wende nahm sich ein Kunstverein dem Schloss an und stellt seither in temporären Ausstellung neben der Mecklenburger Kunstszene auch Arbeiten ausländischer Künstler vor.

Eine Augenweide ist der Schlossgarten mit altem Baumbestand, unter dem sich gut zwei Dutzend moderne Skulpturen verteilen. An sonnigen Tagen lassen sich hier gut und gerne einige Stunden verbringen. Den Picknickkorb nicht vergessen. 2009 war der Schlossgarten eine viel besuchte Außenstelle der Bundesgartenschau.

Oben: Abstecher ins reizvolle Hinterland der Landeshauptstadt zur Rapsblüte im Mai
Unten: Das Freilichtmuseum Mueß kann von Schwerin aus auf einem schönen Radweg erreicht werden.

Infos und Adressen

ESSEN UND TRINKEN

Strandperle. Strandlokal mit großer Kaffeeterrasse an der Promenade von Zippendorf. Am Strand 14, Schwerin-Zippendorf, Tel. 0385/20 05 33 11, www.strandperle-zippendorf.de

ÜBERNACHTEN

Seehotel Frankenhorst. Viersternehaus in ruhiger Parkanlage am Nordufer des Ziegelsees. Mit Bibliothek, Kaminecke und eigenem Bootsanleger. Frankenhorst 5, Tel. 0385/59 22 20, www.seehotelfrankenhorst-schwerin.de

Der Schweriner See ist ideal für Ruderer.

AKTIVITÄTEN

Freilichtmuseum für Volkskunde. Mueß, Alte Crivitzer Landstr. 13, Di–So 10–17 Uhr, www.schwerin.de/freilichtmuseum

Zoo Schwerin. Mit großen Naturgehegen für Braunbären, Wölfe und Raubtiere, dazu gibt es Giraffen, Breitmaulnashörner und rund 120 andere Arten. Geöffnet von April–Okt. Mo–Fr 9–17 Uhr, Sa und So 9–18 Uhr, übrige Zeit 10–15 Uhr. An der Crivitzer Chaussee 1, Tel. 0385/39 55 10, www.zoo-schwerin.de

Schweriner Fernsehturm. Der Aussichtsumgang in 97,5 m Höhe erlaubt ein fulminantes Panorama auf das Schweriner Seengebiet. Stadtteil Neu Zippendorf, Hamburger Allee 72–74, Tel. 0385/201 00 20, www.fernsehturm-schwerin.de

Winston Golf. Eines der besten Golfresorts, mit zwei 18-Loch-Plätzen und einem 9-Loch-Platz. Vorbeck, Kranichweg 1, Tel. 03860/50 20, www.winstongolf.de

Der Eingang zum Freilichtmuseum Mueß führt durch einen alten Bauernhof.

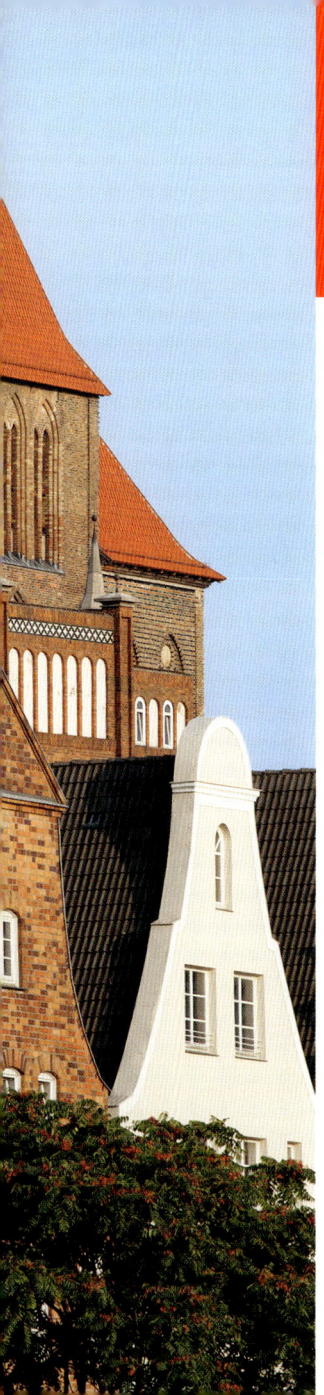

ROSTOCK UND WARNEMÜNDE

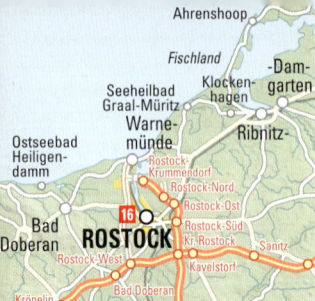

16 Rostock

Hafenmetropole mit Großstadtflair

Die größte Stadt in Mecklenburg-Vorpommern ist zugleich mit gut 200 000 Einwohnern die einzige Großstadt an der Ostseeküste des Landes. Trotz kriegsbedingter Zerstörungen finden sich im Stadtbild der 800 Jahre alten Hansestadt schöne Beispiele norddeutscher Backsteingotik. Mit der Hanse Sail und der Warnemünder Woche steht die Hafenstadt alljährlich im Mittelpunkt von gleich zwei maritimen Großereignissen.

Der Turm der Petrikirche bestimmt maßgeblich die Silhouette der Hafenstadt. Mit der Grundsteinlegung für die älteste Pfarrkirche Rostocks wurde vermutlich schon im ausgehenden 12. Jahrhundert begonnen. Den Turm gibt es seit 1500, seinen im letzten Krieg zerstörten Spitzhelm erhielt er erst wieder im Jahr 1994. Die Aussichtsplattform in 45 m Höhe ist mit dem Lift in 26 Sekunden erreichbar, auch für Rollstuhlfahrer.

Am Neuen Markt

Schon bald nach der Gründung expandierte die Stadt nach Westen – in der Mittelstadt entstand ab 1232 der Neue Markt, der binnen weniger Jahre zum neuen Zentrum der aufstrebenden Hafenstadt avancierte. Bis zum Zweiten Weltkrieg säumten 34 Giebelhäuser das fast quadratische Geviert, nur sieben davon überstanden die Luftangriffe relativ unbeschadet. Doch diese sind ein besonders schöner Anblick. Besonders gefällig zeigt sich die Ratsapotheke, ein typisch spätgotisches Giebelhaus, das vor gut 200 Jahren im klassizisti-

Vorangehende Doppelseite: Giebelhäuser in der Wokrenter Straße
Mitte: Der Alte Markt war die Keimzelle der Hansestadt. Hier finden sich noch etliche alte Fachwerkhäuser.
Unten: Terrakottareliefs am Kerkhoffhaus

Rathausfassade am Neuen Markt

schen Stil umgebaut wurde. In der Nummer 12 links daneben wohnten mehrere Generationen von Bürgermeistern und Ratsherren. Sie hatten es nur ein paar Schritte zu ihrem Arbeitsplatz. Das Rathaus (1270) an der Ostseite vom Markt war ursprünglich ein Kaufhaus, in dem Händler ihre Waren lagerten und verkauften. Die siebentürmige gotische Schaufassade versteckt sich zum Leid aller Fotografen allerdings größtenteils hinter einem barocken Vorbau.

Hinter dem dennoch stolzen Bau erhebt sich die nach Lübecker Vorbild errichtete Marienkirche. Dank der vollen Kassen der Rostocker Kaufleute wurde sie zu einem der imposantesten Werke der deutschen Backsteingotik.

Mittelalterliche Tore und Bastionen

Im späten Mittelalter umgab sich Rostock mit einer mächtigen ovalen Befestigungsanlage aus Mauern, Wiekhäusern und Toren. Trotz des Bombardements im Zweiten Weltkrieg und den verkehrstechnischen Herausforderungen einer Großstadt blieb davon noch erstaunlich viel erhalten. Und von den ursprünglich 22 Stadttoren überdauerten

Oben: Das im Stil der Renaissance erbaute Steintor markierte einst den südlichen Zugang zur Altstadt.
Mitte: Aufstrebende Gotik in der Marienkirche
Unten: Anstelle der einstigen Stadtbefestigung gibt es nun eine Grünanlage mit Spazierwegen.

immerhin vier. Beeindruckend ist das 56 m hohe Kröpeliner Tor, welches die Altstadt ursprünglich nach Westen absicherte. In dem siebengeschossigen Backsteinbau würdigt die Geschichtswerkstatt Rostock in einer Dauerausstellung die historischen Befestigungsanlagen. Einen Eindruck von der über einem Fundament aus Feldsteinen gemauerten bis zu fünf Meter hohen Stadtmauer gibt das noch erhaltene Stück zwischen Kröpeliner Tor und Heiliggeistkloster. Auch zwischen dem Kuhtor (um 1262), dem ältesten Torturm der Stadt, und dem nach dem Krieg wieder restaurierten Steintor zeigen sich noch Relikte aus dem ausgehenden Mittelalter.

Eher ein Kuriosum ist das der Hafenfront zugewandte Mönchtor. Rostocks jüngstes Stadttor entstand 1805, zu einer Zeit, als schon lange keine Verteidigungsfunktion dieser Art mehr notwendig erschien – schön anzuschauen ist der im klassizistischen Stil gehaltene Bau dennoch.

Wokrenter Straße und Schnittmannstraße

Die Stadtmitte verbinden etliche Querstraßen mit dem Stadthafen am Warnowufer. In der nach einer alten Ratsherrenfamilie benannten Wokrenter Straße findet sich eine der schönsten Giebelzeilen der Stadt, etliche der Häuser wurden nach dem Krieg rekonstruiert. Als einer der ältesten Profanbauten gilt mit seinem Blendstaffelgiebel das Hausbaumhaus in der Wokrenter Straße 40.

Bekannter ist allerdings das Eckhaus Zur Kogge. Das frühere Schifferhaus beherbergt eine maritime Gaststätte, in der man meist mehr Touristen als Rostocker trifft. In musealem Ambiente lässt man es sich bei Labskaus oder einem gedämpften Dorschfilet gut gehen.

Stadtrundgang durch die Altstadt

A Petrikirche – Die gotische Backsteinbasilika am Alten Markt wurde nach dem Krieg samt 117 m hohem Turm wieder aufgebaut. Fulminante Ausblicke garantiert die Aussichtsplattform in 45 m Höhe.

B Kerkhoffhaus – Das Staffelgiebelhaus (1470) an der Rückseite vom Rathaus wird von fein gearbeiteten Terrakottareliefs geschmückt.

C Rathaus – Pate für den anfänglich als Kaufhaus genutzten Bau am Neuen Markt stand das Rathaus von Lübeck. Im gewölbeartigen Ratskeller befindet sich das älteste Gasthaus der Stadt.

D Marienkirche – Die monumentale Pfarrkirche am Ziegenmarkt gehört zu den wichtigsten Sakralbauten der norddeutschen Backsteingotik. Von der Innenausstattung ragen eine Bronzetaufe (1290) und die astronomische Uhr (1472) heraus.

E Brunnen der Lebensfreude – Das skurrile Wasserspiel am Universitätsplatz ist das moderne Wahrzeichen der Hansestadt.

F Universität – Das Hauptgebäude am Universitätsplatz entstand zwischen 1866 und 1870 im Stil der Neorenaissance.

G Kloster zum Heiligen Kreuz – In dem 1270 gegründeten Zisterzienserinnenkloster zeigt das Kulturhistorische Museum eine umfangreiche Sammlung.

H Kröpeliner Tor – Der Torturm (um 1270) am Westrand der Altstadt gehört zu den noch vier erhaltenen Befestigungstürmen der mittelalterlichen Stadtanlage.

I Lange Straße – Neben der Kröpeliner Straße die zweitwichtigste Ost-West-Achse der historischen Altstadt. Sie wurde nach dem Krieg mit wuchtigen Backsteinbauten stalinistischer Prägung bebaut.

J Zur Kogge – Das maritime Lokal an der Hafenfront ist eine der ältesten Gaststätten Rockstocks. Rotes Eckhaus in der Wokrenter Straße. 27, Tel. 0381/493 44 93, www.zur-kogge.de

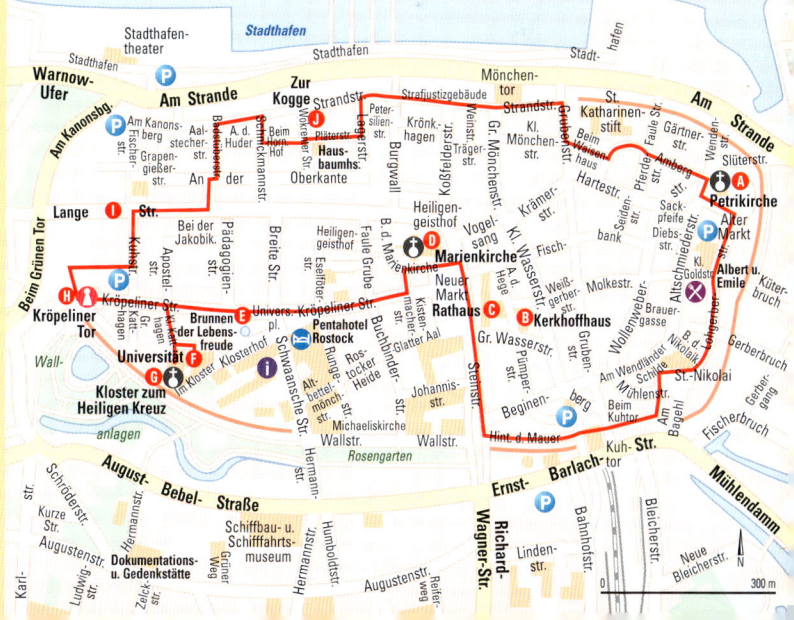

ROSTOCKER WEIHNACHTSMARKT

Es duftet nach Glühwein und gebrannten Mandeln, an den Ständen liegen Lebkuchen und Mistelzweige aus und selbstverständlich wird sich auch manch originelles Geschenk finden. Von Ende November bis kurz vor Heiligabend verwandelt sich die Fußgängermeile zwischen Neuem Markt und Universität zum attraktivsten Weihnachtsmarkt an der Ostseeküste. Die Kulisse stellen die historischen Giebelhäuser. Der Markt beginnt mit der Ankunft des Weihnachtsmanns. Ganz der maritimen Tradition der Hafenstadt verpflichtet kommt er mit einem Traditionssegler am Stadthafen an. Im stimmungsvollen Hof des Heiliggeistklosters ist ein mittelalterlicher Handwerkermarkt aufgebaut, auf dem gefilzt, geschnitzt und geschmiedet wird. Für die Kleinen drehen sich Karussells und ein Riesenrad.

Rostocker Weihnachtsmarkt.
www.rostocker-weihnachtsmarkt.de

Neoklassizistische Bauten rahmen den Universitätsplatz.

Die parallel zur Wokrenter Straße verlaufende Schnittmannstraße erhielt ihr heutiges Gesicht in den 1980er-Jahren durch die sogenannte Flächensanierung. Was sich aus damaliger Sicht nicht mehr zu restaurieren lohnte, fiel der Abrissbirne zum Opfer und wurde durch Plattenbauten ersetzt. Doch es hätte die Straße schlimmer treffen können. Die Häuser entsprechen in Größe und Form den historischen Altbauten, die nachempfundene Backsteingotik wirkt durchaus gefällig.

Stasi-Vergangenheit

Ein Stück Vergangenheit! Am südlichen Altstadtrand kann man ins Gefängnis gehen. In der einstigen Untersuchungshaftanstalt der Staatssicherheit wird eine sehenswerte Ausstellung über die Machenschaften der Stasi gezeigt. Dokumente und Videos zeigen, mit welchen Methoden Oppositionelle, Regimekritiker und andere überwacht und ausspioniert wurden. Von 1960 bis 1989 durchliefen etwa 4800 Personen die Haftanstalt. Im Rahmen der Besichtigung kann ein Blick in die siebeneinhalb m² kleinen Zellen und den Freihof geworfen werden. Außerdem gibt es einen Gefangenentransporter zu besichtigen.

Infos und Adressen

INFORMATION

Tourist-Information. In dem Büro gibt es die Rostock Card, die neben freier Fahrt in öffentlichen Verkehrsmitteln auch Nachlässe in Museen u.a. gewährt. Universitätsplatz 6 (Barocksaal), Tel. 0381/381 22 22, www.rostock.de

ESSEN UND TRINKEN

Albert und Emile. Abendlokal mit französischer Küche; hübsches Ambiente, im Sommer mit kleinem Hofgarten. So und Mo Ruhetag. Altschmiedestr. 28, Tel. 0381/493 43 73, www.albert-emile.de

ÜBERNACHTEN

Pentahotel Rostock. Designerhotel in bester Altstadtlage im ehemaligen Rostocker Hof. Mit Tiefgarage. Schwaansche Str. 6, Tel. 0381/497 09 96, www.pentahotels.de

SEHENSWÜRDIGKEITEN

Dokumentations- und Gedenkstätte. Der Eintritt in das ehemalige Stasi-Gefängnis ist frei. Di–Sa 10–17 Uhr. Hermannstr. 34b (Zugang über Augustenstr./Grüner Weg), Tel. 0381/498 56 51, www.bstu.bund.de

Kröpeliner Tor. Dauerausstellung zur historischen Stadtbefestigung. Geöffnet tgl. 10–17 Uhr.

Eine Zelle im Rostocker Stasi-Gefängnis

Tel. 0381/121 64 15, www.geschichtswerkstatt-rostock.de
Hausbaumhaus. Di–Fr 11–15 Uhr, Eintritt frei. Wokrenter Str. 40.
Petrikirche. Am Alten Markt. Turmbesteigung Mai–Okt. 10–18, übrige Zeit 10–16 Uhr.

AKTIVITÄTEN

Zoo Rostock. Größter Tierpark an der Ostsee, eine der vielen Attraktionen ist das Südamerikahaus mit Kapuzineräffchen und Nasenbären. Geöffnet von Mai–Aug. 9–18 Uhr, übrige Zeit 9–16 Uhr. Barnstorfer Ring 1, Tel. 0381/208 20, www.zoo-rostock.de

Auf den Überbleibseln des mittelalterlichen Wallgrabens wuchert heute üppiges Grün.

17 Rostocks Kröpeliner Straße
Flanier- und Shoppingmeile

In der von den Rostockern kurz und salopp »Kröpi« genannten Einkaufsstraße mischt sich Tradition und Moderne zu einem bunten städtebaulichen Cocktail. Die autofreie Straße ist die beliebteste Bummelmeile der Rostocker Bevölkerung und spiegelt zugleich ein Stück des urbanen Lebensgefühls der Hansestädter wider. Ein Ruhepol ist auf halbem Weg zwischen Neuem Markt und Kröpeliner Tor der von alten Linden und Kastanien beschattete Universitätsplatz.

Wenn man vom Neuen Markt zum Universitätsplatz spaziert, kann man die Architektur und die Stimmung Rostocks genießen.

Vom Neuen Markt zum Universitätsplatz

Auf dem Weg zum Universitätsplatz gehört die ehemalige Rostocker Bank (Haus Nr. 84) mit ihrem figürlichen Schmuck zu den auffälligsten Gebäuden der Einkaufsstraße. Die Geldgeschäfte haben mittlerweile die Deutsche Bank und ein Modekaufhaus übernommen. Zwei Häuser weiter zeigt das Haus Ratschow, wie schön profane Backsteinarchitektur sein kann. Der gotische Treppengiebel aus dem 15. Jahrhundert wird von Zinnen bekrönt, schön anzuschauende Terrakottareliefs und Medaillons zieren die Giebelfront. Doch das heutige Domizil der Stadtbibliothek ist ein rekonstruierter Neubau – das Original brannte kurz vor Kriegsende aus. Kurz vor dem Universitätsplatz glänzt der Rostocker Hof (Haus Nr. 26) mit prunk-

Mitte: Am Universitätsplatz öffnet sich die Bummelmeile zu einem breiten Boulevard.
Unten: In dem Kaufmannshaus Ratschow hat heute die Stadtbibliothek ihre Räumlichkeiten.

Rostocks Kröpeliner Straße

voller Fassade im Stil der Neorenaissance. Viel
mehr alte Bausubstanz ist von dem 1888 erbauten
Hotel, in dem später die SED-Zentrale und die Be-
zirksverwaltung der Staatssicherheit untergebracht waren, nicht mehr erhalten. Hinter der
Fassade des entkernten Baus öffnet sich eine von
einer Glaskuppel überdachte moderne Einkaufs-
passage mit Boutiquen, Fischimbiss und einem
Eiscafé. Das Fünffingergiebelhaus an der Ecke zur
Breiten Straße kann und will seinen modernen
Charakter nicht verhehlen. Der verklinkerte Plat-
tenbau steht an der Stelle des abgebrochenen
Heiliggeistspitals. Mit seinen fünf Giebeln passt
sich der 1986 errichtete Bau dennoch harmonisch
ins Stadtbild ein. Sollte es gerade Punkt zwölf Uhr
mittags sein, überrascht im Sommer täglich ein
Glockenspiel und lässt die Bummler innehalten.

Uni mit Lebensfreudebrunnen

Die Rostocker Uni glänzt mit einem Superlativ:
1419 von den mecklenburgischen Herzögen gegründet ist sie die älteste Universität im Ostseeraum. Etwa 15 000 Studenten streben an zehn Fakultäten nach Master- und Bachelorgraden.
Berühmte Persönlichkeiten, die in Rostock studier-
ten, promovierten oder lehrten sind unter anderen
der Troja-Entdecker Heinrich Schliemann sowie
der Begründer der anthroposophischen Bewegung
Rudolf Steiner. Aus dem Fachbereich Germanistik
gingen mehrere bekannte deutsche Schriftsteller
hervor, darunter Arnold Zweig, Erich Kästner und
Uwe Johnson. Am Universitätsplatz vor dem lang-
gestreckten Hauptgebäude der Uni ist der Brunnen der Lebensfreude (1980) ein ruhender Pol im
Großstadtgetriebe. An dem künstlerischen Wahrzeichen der Hansestadt erholt man sich vom Ein-
kaufen, Kinder nutzen den Brunnen an warmen
Sommertagen für ein erfrischendes Bad. Etliche
der von den Bildhauern Jo Jastram und Reinhard

AUTORENTIPP!

**IGA-PARK MIT
SCHIFFFAHRTSMUSEUM**
Im von Plattenbauten dominierten
Stadtteil Schmarl erstreckt sich am
Ufer der Warnow eine für die Internationale Gartenausstellung (IGA)
2003 geschaffene Parklandschaft
mit Rosengarten, Rhododendrenhain
und Sanddornsträuchern. Hier lässt
sich Natur erleben. Verschiedene
Abteilungen spiegeln die Gartenkunst
in China, Japan und anderen Ländern wider.
Botanisches Highlight ist der Weiden-
dom aus bogenförmig gewachsenen
Weiden. Bei schönem Wetter kann
auf einem Barfußpfad die Natur sinn-
lich erfahren werden. Attraktion ist
der 1953 auf der Warnowwerft vom
Stapel gelaufene 10 000-Tonnen-
Hochseefrachter MS Dresden, der
jetzt Traditionsschiff Typ Frieden
heißt. Auf dessen fünf Decks hat ein
Schiffbau- und Schifffahrtsmuseum
Platz gefunden.

IGA-Park. Geöffnet April–Okt. tgl. 9–
18 Uhr, Nov.–März 10–16 Uhr.
Schmarl-Dorf 40,
Tel. 0381/12 83 13 00,
www.iga-park-rostock.de

Schiffbau- und Schifffahrtsmuseum.
www.schifffahrtsmuseum-rostock.de

Dietrich geschaffenen Bronzeskulpturen stehen splitternackt zwischen den sprudelnden Fontänen – die Rostocker verpassten dem Kunstwerk deshalb den Namen »Pornobrunnen«.

Kultur im Heiligkreuzkloster

Nur ein paar Schritte neben dem Unigebäude lädt im Kloster zum Heiligen Kreuz das Kulturhistorische Museum zum Besuch. Die Sammlung spannt den Bogen von mittelalterlicher Kunst bis zu nostalgischen Bürocomputern des VEB-Kombinats Robotron. Für manche Besucher sind die Räumlichkeiten des von einer Mauer eingefassten Klosterbezirks spannender als die Exponate. Der zweigeschossige Kreuzgang ist in den Ausstellungsbereich integriert. Während des Rundgangs kann man auch einen Blick in die ehemalige Dominikanerkirche werfen.

Jenseits vom Kröpeliner Tor

Ihren westlichen Abschluss findet die Kröpeliner Straße am Kröpeliner Tor. Neben dem 54 m hohen Torturm trumpft die Rostocker Einkaufswelt nochmals richtig auf. Wo früher ein Teil der mittelalterlichen Stadtbefestigung stand, lockt seit 2007 das Kröpelin-Tor-Center auf drei Etagen mit Filialisten, Boutiquen, verschiedenen gastronomischen Einrichtungen und einem großen Biofrischmarkt. Westlich vom Stadttor schließt sich die Kröpeliner-Tor-Vorstadt an. Abseits von Backsteingotik hat sich hier ein lebhaftes Szeneviertel etabliert. In den Straßen rund um den Doberaner Platz gibt es etliche Studententreffs und Cafés. Statt Mecklenburger Rippenbraten dominieren Kebab, Sushi und Asia Food. Im Haus der Demokratie in der Wismarschen Straße haben die Umweltaktivisten von BUND, Greenpeace und den Bündnisgrünen ihre Büros.

Oben: Bummeln auf der Kröpeliner Straße
Mitte: Im Klosterhof vom Heiligen Kreuz ist nichts von der Hektik außerhalb der Klostermauern zu spüren.
Unten: Brunnen der Lebensfreude am Uniplatz

Infos und Adressen

ESSEN UND TRINKEN

Kaminstube. Populäres Lokal mit einem erfrischenden Mix von Soljanka bis zu thailändischen Currys. Im Sommer ist die Dachterrasse sehr beliebt. Geöffnet ab 18 Uhr, So und Mo Ruhetag. Burgwall 17, Tel. 0381/313 37, www.kaminstube-rostock.de

Café Kloster. Von den DRK-Werkstätten geführte ruhige Oase mit Kaffee- und Teespezialitäten. So Ruhetag. Klosterhof 6, Tel. 0381/375 79 50, www.wfbm-rowe.de

Silo 4. Das Panoramalokal unter Leitung der Steigenberger-Gruppe befindet sich in der 7. Etage des Hansespeichers. Die zugehörige Bar liegt noch ein Stockwerk höher. Am Strande 3d, Tel. 0381/497 31 36, www.silo4.de

ÜBERNACHTEN

Trihotel am Schweizer Wald. Dieses schicke Wellness- und Kulturhotel bietet auch noch eine

Blücherdenkmal auf dem Uniplatz

erstklassige Late-Night-Show. 1,5 km vom Stadtzentrum entfernt. Tessiner Str. 103, Tel. 0381/659 70, www.trihotel-rostock.de

Hotel Verdi. Kleines Mittelklassehotel an der Petrikirche. Wollenweberstr. 28, Tel. 0381/25 22 40, www.hotel-verdi.de

SEHENSWÜRDIGKEITEN

Haus Ratschow/Stadtbibliothek. Geöffnet Mo, Di, Do, Fr 10–18 Uhr, Mi 12–18 Uhr und Sa 10–14 Uhr. Kröpeliner Str. 82. Tel. 0381/381 28 40.

Kulturhistorisches Museum Rostock. Neben den kunstgeschichtlichen Exponaten sind auch die Räumlichkeiten des Klosters selbst interessant. Geöffnet Di–So 10–18 Uhr, Eintritt frei. Kloster zum Heiligen Kreuz, Klosterhof 7, Tel. 0381/20 35 90, www.kulturhistorisches-museum-rostock.de

EINKAUFEN

Kröpelin-Tor-Center (KTC). Mo–Sa 9–20 Uhr. Kröpeliner Str. 54, www.ktc-rostock.de

Rostock hat viele Einkaufsmöglichkeiten.

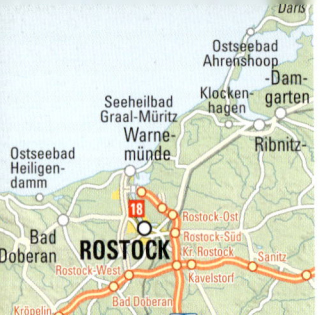

18 Rostocks Hafencity
Die Kreuzfahrer kommen

In Rostock ist Hafen nicht gleich Hafen. Denn davon gibt es gleich fünf. Im Stadthafen dümpeln nur noch Jachten und Museumsschiffe im Wasser, dafür löschen im Überseehafen richtig große Pötte ihre Ladung. Die Musik spielt jedoch am Passagierkai in Rostock-Warnemünde, der jüngst zum Dreh- und Angelpunkt der deutschen Kreuzfahrtschifffahrt avancierte. An manchen Tagen machen dort gleich zwei oder drei der großen Luxusliner fest.

»Ohne Hafen wäre Rostock ein Kaff«, sagte Max Drese, seines Zeichens erster Hafendirektor des 1960 eröffneten Überseehafens. Doch was war das für ein Hafen, den man nur in eine bestimmte Richtung, sprich in die benachbarten Bruderländer Polen und Sowjetunion, verlassen konnte? Für die meisten Rostocker, wie für alle anderen Normalbürger der DDR, blieb die weite Welt jahrzehntelang ein Sehnsuchtsziel. Seit der Deutschen Einheit hat sich der Wind gedreht. Auch das Frachtgutaufkommen konnte sich vom Einbruch in den ersten Jahren nach der Wende gut erholen, die Zeichen stehen auf Wachstum. Mit rund 12 000 Arbeitsplätzen ist die Hafenwirtschaft eines der wichtigsten Standbeine der Hansestadt.

Verblasster Glanz am Stadthafen

Mitte: Riesige Speicherhäuser zeugen von der einstigen Bedeutung des Stadthafens.
Unten: Der Stadthafen von Rostock ist ein beliebter Treff.

Häfen sind im Grunde nur schön anzusehen, wenn das Hafenbecken mit Schiffen gut gefüllt ist. Der Stadthafen an der Unterwarnow hat damit so seine Probleme. Er musste 1960 seine Stellung als wichtigster Handelplatz der Hansestadt an den weiter nördlich ausgebauten Überseehafen abge-

Rostocks Hafencity

Heute liegen Museumsschiffe an der Mole.

ben. Der historische Hafenplatz, an dem jahrhundertelang stolze Koggen festmachten, fiel so über Nacht ins zweite Glied zurück. Nach der Wende wurden die Hafenanlagen bis auf einige wenige Liegeplätze demontiert. Übrig blieb ein großer Brückenkran, neben dem ein paar Museumsschiffe Platz gefunden haben. Von einem kleineren Anleger starten Ausflugsschiffe der Blauen Flotte nach Warnemünde, im Segelboothafen liegen schicke Jachten des Rostocker Segelvereins. Das ist es schon. Dafür gibt es jetzt am Warnowufer genügend Platz zum Bummeln, etliche neue Lokale kommen diesem Bedürfnis entgegen. Und am Warnowufer 55 schafft die Spielstätte der Compagnie de Comédie mit modernem Theater einen kulturellen Fixpunkt.

Überseehafen und Fährterminal

Der Überseehafen ist ein Kind der deutschen Teilung. Auf der Standortsuche nach einem leistungsstarken neuen Hochseehafen fiel die Wahl auf das Südufer des Breitlings etwa sieben Kilometer nördlich vom Stadthafen. Die dort boddenartige Ausdehnung der Warnow bot Platz genug für neue Kais und Werften. Am Fährterminal werden heute jährlich zwei Millionen Passagiere abgefertigt, Linienschiffe verbinden mit Dänemark, Schweden, Finnland und Polen. Die richtig großen

MIT DEM LINIENSCHIFF NACH WARNEMÜNDE

Los geht es im Rostocker Stadthafen in Höhe vom Restaurant Kogge. Von der Warnow aus bietet sich sofort ein großartiger Ausblick auf die Silhouette der Rostocker Altstadt. Nach dem Museums- und Jachthafen wird ein Stück weiter flussabwärts der IGA-Park am westlichen Warnowufer passiert. Dass dann der Warnowtunnel überfahren wird, würde ohne die Ansage aus dem Bordlautsprecher gar nicht auffallen. Nach diesem öffnet sich die Warnow zum Breitling hin, an dessen Südufer die Kais vom Seehafen liegen, bis schließlich nach zweistündiger Fahrt die Passagierkai in Warnemünde erreicht ist. Die Linienschiffe der Blauen Flotte sind mit einer Länge von 29 m und Platz für 250 Passagiere nicht gerade die kleinsten Boote. Doch wenn am Passagierkai gerade ein Kreuzfahrtschiff festmacht, kommt man sich darin vor wie in einer Nussschale. Extratipp: Beim Auslaufen eines Luxusliners dabei sein nach Voranmeldung.

Blaue Flotte. Tel. 0381/69 09 53, www.hafenrundfahrten-in-rostock.de

Räucherfischkate am Stadthafen von Rostock

Rostocks Hafencity

Kähne löschen an den Terminals für Stück- und Schüttgut sowie im Ölhafen ihre Ladung. Frischen Fisch gibt es natürlich auch. Eine gute Adresse ist der Rostocker Fischmarkt am Warnowpier. Außer Ostseefisch ist auch Süßwasserfisch aus der Müritzregion im Angebot. Das fachkundige Personal gibt Auskunft darüber, ob es sich um Zucht- oder Wildfisch handelt. In der angeschlossenen Fischbratstube kann die Ware praktischerweise gleich verkostet werden.

Hotelschiffe anschauen

Rostock-Warnemünde ist mit 365 000 Passagieren im Jahr mittlerweile nach Hamburg der zweitgrößte deutsche Kreuzfahrthafen. Jedes Jahr machen am Passagierkai, dem Warnemünde Cruise Center, wie es seit 2005 heißt, etwa 170 Luxusliner fest. Vor allem im Sommerhalbjahr stehen die Chancen gut, einen der Riesen zu Gesicht zu bekommen. Einen wesentlichen Anteil an dem Aufschwung hat die Rostocker Reederei AIDA Cruises, die von ihrem Hauptsitz in einem schicken neuen Speicherbau im Rostocker Stadthafen die global operierende Flotte steuert. Seit der Gründung des Unternehmens 1996 avancierte die »Kussmaul-Flotte« schnell zum deutschen Marktführer im Kreuzfahrtsegment. Mit ihrem Konzept aus Städtereise, Wellness und Entertainment auf hoher See scheint der Reederei ein Glücksgriff gelungen zu sein. Mittlerweile ist die Flotte auf zehn Clubschiffe angewachsen, weitere sind im Bau. Regelmäßig in Rostock-Warnemünde zu Gast ist die 2011 vom Stapel gelaufene AIDAsol, die vom Passagierkai aus die Häfen in Kopenhagen, Oslo und Hamburg ansteuert. Jedes Mal, wenn die 252 m lange schwimmende Hotelburg mit Deckaufbauten von über 40 m Höhe in der Hafeneinfahrt auftaucht, bleiben die Ausflügler staunend auf der Mole stehen.

Infos und Adressen

INFORMATION
Rostock Port. Die Webseite der Hafen-Entwicklungsgesellschaft informiert u. a., welche Schiffe aktuell im Hafen liegen und welche erwartet werden. www.rostock-port.de

ESSEN UND TRINKEN
Zur Kogge. Maritime Gaststätte mit musealem Interieur. Wokrenter Str. 27, Tel. 0381/493 44 93, www.zur-kogge.de
Carlo 615. Trendiges Hafenlokal ohne Hausmannskost und maritimen Schnickschnack, dafür mit gehobener internationaler Küche. Warnowufer 61, Tel. 0381/778 80 99.

ÜBERNACHTEN
Steigenberger Hotel Sonne. Im Zentrum mit Nichtraucheretage, Sauna und Fitnessraum. Die Komfort- und Superiorzimmer sind großzügig geschnitten und stilvoll möbliert. Neuer Markt 2, Tel. 0381/497 30, www.steigenberger.com

EINKAUFEN
Rostocker Fischmarkt. Die erste Adresse für Fischliebhaber. Fischverkauf: Mo–Fr 8–17, Sa 8–14 Uhr; Fischbratküche: Di–Fr 11–15, Sa 10–14 Uhr. Warnowpier 431, Tel. 0381/811 12 21, www.rostocker-fischmarkt.de

AKTIVITÄTEN
Hafenrundfahrt. Mit den Ausflugsschiffen der Blauen Flotte nach Warnemünde. Hauptsaison ist von Ostern bis Oktober. Tel. 0381/686 31 72. Fahrpläne unter www.blaueflotte.de
Compagnie de Comédie. Warnowufer 55. Tel. 0381/203 60 84. www.compagnie-de-comedie.de

19 Warnemünde
Rostocks schöne Tochter

Lange ist es her, als Warnemünde noch ein verschlafenes Fischernest an der Warnowmündung war. Der Stadtteil von Rostock gehört heute zu den quirligsten Seebädern an der Ostseeküste und ist mindestens genauso bekannt wie die große Hansestadt selbst – in der sommerlichen Hauptsaison gleicht die Promenade am Alten Strom einem Bienenstock. Was von früher blieb, ist der maritime Charme. Den haben mittlerweile auch die Kreuzfahrtanbieter entdeckt.

Die exponierte Lage an der Warnowmündung musste einfach Begehrlichkeiten wecken. Die aufstrebende Hansestadt Rostock kaufte 1323 kurzerhand das Fischerdorf auf und verschaffte sich so für seine Großsegler eine ungehinderte Durchfahrt. Jahrhundertelang dämmerte Warnemünde im Windschatten von Rostock vor sich hin. Das kleine Heimatmuseum in der Alexandrinenstraße erzählt so manches von der nicht immer einfa-

Mitte: Am Alten Strom drängen sich Fischkutter dicht an dicht.
Unten: Am Strand von Warnemünde

MAL EHRLICH

ZIEMLICH ÜBERLAUFEN

Warnemünde ist eines der beliebtesten Ausflugsziele an der Ostseeküste. An manchen Tagen ist die Mole am Alten Strom hoffnungslos überlaufen. Wenn dann noch ein Kreuzfahrtschiff festmacht und sich 2000 Passagiere zu einem Landgang entschließen, heißt es schnell, sich noch ein Fischbrötchen besorgen und dann in einem Café in einer stillen Seitenstraße abwarten, bis sich die Lage wieder beruhigt hat. Im Sommer sollte man vor allem die Wochenenden meiden.

chen Zeit der Fischer und Seeleute. Das Fischerhäuschen aus dem Jahr 1767 macht zugleich damit bekannt, wie in Stube und Küche gelebt wurde. Spätestens 1886 kam Leben in den Ort, als
eine fauchende Dampflok Ausflügler von Rostock
und Berlin an die Warnow brachte.

»Guck mal, Warnemünde!«

Die ersten Sommergäste kamen vor fast 200 Jahren. Vom feinen Sandstrand und der exponierten
Lage an der Warnowmündung angezogen waren
darunter viele Berliner. Nicht alle äußerten sich
wohlwollend über Warnemünde: »Es wäre reizend,
wenn es nicht so reizlos wäre«, schrieb Theodor
Fontane nicht gerade schmeichelhaft im Jahr
1870 über seine damalige Sommerfrische. Auch
der norwegische Maler Edvard Munch hatte so
seine Probleme. Zu spießig soll ihm das Leben dort
gewesen sein. Immerhin hielt er es anderthalb
Jahre aus. Da hört sich Kurt Tucholskys 1931 erschienene Sommergeschichte Schloss Gripsholm
ganz anders an: »... am Strom lagen lauter kleine
Häuser, eins beinahe wie das andre, windumweht
und so gemütlich. Segelboote streckten ihre Mas-
ten in die graue Luft, und beladene Kähne ruhten
faul im stillen Wasser.« Stimmungsvoller kann
man den Alten Strom nicht in Worte fassen. Allzu
viel hat sich seither gar nicht verändert. Die niedlich anzuschauenden Kapitänshäuschen sind fein
herausgeputzt und beherbergen kleine Läden, Ferienwohnungen und Restaurants. Und die Brötchen mit Räucherware frisch vom Kutter schme-
cken bestimmt genauso gut wie früher, nur etwas
teurer sind sie wohl geworden.

Leuchtturm und Teepott

Seit 1897 wacht der 37 m hohe Leuchtturm an
der Einfahrt zum Alten Strom, dessen Aussichts-

AUTORENTIPP!

ROBBEN AN DER MOLE

Im Marine Science Center der Universität Rostock beschäftigen sich
Biologen, Physiker und Veterinärme-
diziner intensiv mit dem Verhalten
von Seehunden. Das Zentrum gilt
weltweit als eine der größten For-
schungsanlagen für die putzigen
Robben. Es befindet sich an der Ost-
mole im Jachthafen Hohen Düne.
Besucher können gegen eine Eintrittsgebühr die wissenschaftlichen
Versuchsaufbauten von einem Son-
nendeck verfolgen. Tierversuche,
werden manche kritisch eingestellte
Beobachter denken. Doch den Seehunden wird kein Haar gekrümmt.
Sie sind fit und freuen sich natürlich
nach jedem gelungenem Versuch
über eine kleine Belohnung. Wer
über das bloße Beobachten hinaus
Kontakt mit den Robben pflegen
möchte, kann dies nach telefonischer
Voranmeldung tun. Auch Führungen
mit einem der wissenschaftlichen
Leiter können vereinbart werden.

Marine Science Center. April–Nov.
10–16 Uhr (So keine Experimente).
Am Jachthafen 3A, Hohe Düne,
Tel. 0381/50 40 81 81,
www.marine-science-center.de

Oben: Alte Kapitänshäuser erzählen vom Broterwerb von einst.
Mitte: Moderne Kunst an der Strandpromenade
Unten: Mit seiner kühnen Schalenbauweise ging der Teepoot in die Architekturgeschichte ein.

plattform bestiegen werden kann, über Warnemünde. Nur vom 64 m hoch gelegenen Panoramacafé im Hotel Neptun ist der Blick noch besser. Doch weder Leuchtturm noch das Neptun avancierten zum Wahrzeichen von Warnemünde, sondern der Teepott. 1968 erbaut gelang dem Bauingenieur Ulrich Müther ein außergewöhnlicher Rundbau. Drei Stahlbetonpfeiler tragen die kühn geschwungene muschelförmige Dachverschalung. Wie eine Teekanne sieht das architektonische Schmuckstück allerdings nicht aus. Der Bau hat seinen Namen von einem früher an gleicher Stelle stehenden Teepavillon übernommen. Selbstverständlich kann man hier auch Tee trinken. Dazu hat man bei einem Tässchen Darjeeling freie Aussicht auf die See.

Vom Leuchtturm nach Heiligendamm

Direkt hinter Leuchtturm und Teepott lockt der Strand. Sage und schreibe 150 m ist er breit, viel breiter geht es an der gesamten Ostseeküste nicht. Eine Strandwanderung drängt sich geradezu auf. Wer will, kann bis ins 15 km entfernte Heiligendamm spazieren. Es geht immer am Strand entlang. Sehr reizvoll ist der Abschnitt durch das Naturschutzgebiet Stoltera, einer von Küstenwald bestandenen fast 20 m hohen Kliffküste, in der Uferschwalben brüten. Ein erster Zwischenstopp bietet sich nach einer Stunde im Ausflugslokal Wilhelmshöhe an, in dem man sich mit dem hauseigenen Kräuterlikör »Kliffkieker« stärken kann. Eine weitere Stunde braucht man bis in den Gespensterwald von Nienhagen, bis schließlich über Börgerende die klassizistischen Villen von Heiligendamm erreicht werden. Dort steht die Schmalspurbahn Molli bereit, mit der man nach Bad Doberan kommt und von dort per Bus oder Bahn zurück nach Warnemünde fährt.

Infos und Adressen

INFORMATION
Tourist-Information. Am Strom 59/Kirchenstr., Tel. 0381/54 80 00, www.warnemuende.de

ESSEN UND TRINKEN
Herr Ober. Nicht nur die Lage am Alten Strom ist gut, auch die fischorientierte Küche vom Ostseedorsch bis zu mediterranen Spaghetti mit Orangen-Thymian-Sauce kann sich sehen lassen. Am Strom 90/91, Tel. 0381/700 70 00, www.hr-ober.de
Seekiste zur Krim. Das Lokal nennt sich stolz die älteste Seefahrerkneipe im Ort. Geboten wird gute Fischküche, der Renner ist das Dorschfilet in Senfbuttersauce. Sa und So ab 12 Uhr, unter der Woche ab 17 Uhr. Am Strom 47, Tel. 0381/521 14, www.seekiste-zur-krim.de

ÜBERNACHTEN
Yachthafenresidenz Hohe Düne. Wellnessresort der Extraklasse in exponierter Lage auf einer Landzunge an der Warnowmündung, mit exklusivem Spa, nostalgischem Ballsaal und dem von Sternekoch Matthias Stolze geführten Feinschmeckerlokal Butt. Am Jachthafen 1, Tel. 0381/504 00, www.hohe-duene.de

Der Leuchtturm von Warnemünde

Ehemaliges Kapitänshaus

Ostsee Art Hotel. Wunderschönes kleines Haus in ruhiger Seitenstraße. Alexandrinenstr. 124, Tel. 0381/54 83 10, www.vogel-hotel.de

SEHENSWÜRDIGKEITEN
Heimatmuseum. Geöffnet April–Sept. Di–So 10–17 Uhr, übrige Zeit nur Mi–So. Alexandrinenstr. 30/31, Tel. 0381/526 67, www.heimatmuseum-warnemuende.de
Leuchtturm. An der Seepromenade. Geöffnet Ende April–Okt. 10–19 Uhr.

EINKAUFEN
Warnemünder Schokoladenhaus. Eine verführerische Auswahl an süßen Sachen. Am Strom 63, Tel. 0381/440 53 86, www.schokoladerie.com

AKTIVITÄTEN
Hafenrundfahrt mit Käpp'n Brass. In der Saison mehrmals täglich, Anlaufpunkte sind u. a. Kreuzfahrtkai, Fährterminal und Seehafen. Am Alten Strom, Tel. 0381/541 72, www.fahrgastschifffahrt.de

VERANSTALTUNG
Warnemünder Woche. Maritimes Großereignis mit Regatten, Drachenbootrennen und Shantysingen (Juli).

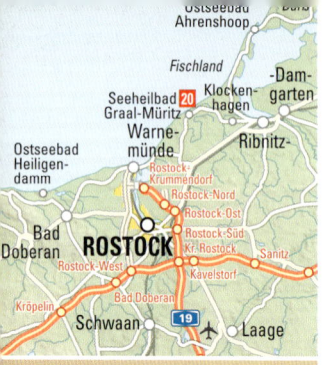

20 Graal-Müritz
Seeheilbad mit Wald und Moor

Die Kombination von Wald, Meer und Hochmoor schafft ideale Voraussetzungen für das besondere Heilklima von Graal-Müritz. Und auch der fünf Kilometer lange Strand kann sich sehen lassen. Er ist breit genug, dass man dort Beachvolleyball spielen, Frisbees werfen und im Herbst Lenkdrachen steigen lassen kann. Fischerkaten erinnern an den ehemaligen Haupterwerbszweig, Bürgervillen vom aufstrebenden Badetourismus.

In Hotels, Pensionen, Ferienhäusern und Privatzimmern stehen heute mehr als 6000 Gästebetten bereit – mehr als Graal-Müritz Einwohner hat. Ein Heimatmuseum zeigt die Entwicklung vom Fischerdorf zum Seebad auf. Das Haus, in dem es untergebracht ist, ist selbst ein Teil davon. Es beherbergte einst das Warmbad. Die ersten Badegäste kamen bereits 1819. Damals waren Graal und Müritz noch zwei eigenständige Dörfer, die schließlich 1938 zu einem Doppelort zusammengelegt wurden und heute durch eine lange Strandpromenade miteinander verbunden sind. Bis zum extrem kalten Winter 1941/42 gab es drei Seebrücken, durch Eisgang wurden alle zerstört. Danach musste das Seebad fünfzig Jahre ohne auskommen, bis 1993 eine neue 350 m lange Brücke eingeweiht werden konnte. Jedes Jahr im Juli wird mit einem großen Brückenfest samt Feuerwerk an die Eröffnung erinnert.

Heilbad mit Tradition

Graal-Müritz ist bereits seit 1960 Ostseeheilbad. Das Seeklima wusste schon Franz Kafka zu schät-

Mitte: Auch in Graal-Müritz darf eine Seebrücke nicht fehlen.
Unten: Man kann auf ihr wunderbar über der Ostsee flanieren.

Der Rhododendronpark lädt zum Spazieren ein.

zen. Der tuberkulosekranke Dichter verliebte sich 1923 während eines Kuraufenthalts in Graal-Müritz in das Fräulein Dora Diamant. Doch selbst die neue Liebe und die gute Luft halfen nicht gegen die Krankheit. Kafka starb nicht einmal zwölf Monate später im jungen Alter von 41 Jahren, die Kindergärtnerin Dora Diamant blieb bis zum letzten Atemzug an seiner Seite. Die Therapieangebote in Graal-Müritz reichen von Moor- und Strandwanderungen bis zu Fasten- und Schrothkuren. Und natürlich Thalassotherapie mit Bädern, Trinkkuren und der Inhalation von Meerwasser. Prävention und Rekonvaleszenz liegen in der Hand von drei nach der Wende gebauten Kliniken: einer Fachklinik für Allergien und Atemwegserkrankungen, einer nur 200 m von der Seebrücke entfernten Mutter-Kind-Klinik und einer Kinderklinik. Ein Kinderhospital öffnete bereits 1884.

Rhododendrenblüte

Besonders reizvoll zeigt sich Graal-Müritz in der Vorsaison, im Mai und Juni, wenn der Rhododendron

ROSTOCKER HEIDE

Buchen, Kiefern und urtümliche Feuchtmoore reichen stellenweise bis an die Ostseedünen heran. Das 6000 Hektar große geschlossene Waldgebiet erstreckt sich von Markgrafenheide bei Rostock bis zum Ostseebad Graal-Müritz. Mit weitläufigen Wander-, Rad- und Reitwegen ist die grüne Lunge im Hinterland von der Küste ein beliebtes Naherholungsgebiet. Früher war die Heide ein wichtiger Holzlieferant. Davon zeugt das versteckt gelegene Jagdschloss Gelbensande, ein im englischen Landhausstil Ende des 19. Jahrhunderts erbautes Anwesen. Ein Café lädt dort zu Cappuccino und Apfelkuchen. Wem der Sinn nach einer »Försters Mahlzeit« steht, ist in der ehemaligen Revierförsterei Schnatermann gut aufgehoben.

Café im Jagdschloss Gelbensande. Tel. 038201/475, www.jagdschloss-gelbensande.de

Schnatermann. Rostock-Stuthof, Tel 0381/66 99 33, www.der-schnatermann.de

blüht. Und davon hat das Seebad einen ganzen Park voll. In dem Rhododendronpark, der in den 1950er-Jahren von dem Rostocker Gartenbauarchitekten Friedrich-Karl Evert angelegt wurde, können mehr als hundert verschiedene Arten entdeckt werden. Auf viereinhalb Hektar verteilen sich rund 2500 dieser ursprünglich in Asien beheimateten immergrünen Sträucher, die teilweise eine Höhe von sechs Metern erreichen können.

Aktivitäten

An architektonischen und kulturgeschichtlichen Sehenswürdigkeiten gibt es in dem Seebad nicht allzu viel zu entdecken. Die meisten Gäste verbringen ihre Ferientage sportlich. An erster Stelle steht naturgemäß das Strandwandern, doch auch Radfahren auf dem durch Graal-Müritz führenden Ostseeradweg ist sehr populär. In Markgrafenheide wartet der Kletterwald Hohe Düne – einer der größten Klettergärten Norddeutschlands – mit Parcours von leicht bis anspruchsvoll. 2007 eröffnete in Graal-Müritz ein Nordic-Walking-Park mit vier ausgeschilderten Routen von jeweils vier bis fünf Kilometer Länge. Zwei davon beginnen am Aquadrom, einem Bade-, Sport- und Wellnesszentrum, das vor allem an weniger schönen Tagen großen Zulauf hat.

Botanisch Interessierte können eine Exkursion ins Müritz-Ribnitzer Hochmoor unternehmen. Das ökologisch intakte Feuchtgebiet reicht im Osten bis an das Seebad heran. Von der Touristeninformation werden fachkundig geführte Touren angeboten. Wer auf eigene Faust auf einem Naturpfad über federnden Schwingrasen die Moorlandschaft erkunden will, startet am besten vom Informationszentrum bei Klein-Müritz. Zu entdecken gibt es beispielsweise seltene Pflanzen wie den fleischfressenden Sonnentau.

Oben: Im Rhododendronpark blüht nicht nur Rhododendron.
Mitte: Das Wegenetz im Stadtpark ist ein beliebtes Radlerrevier.
Unten: Der lange Sandstrand ist das Aushängeschild des Seebades.

Infos und Adressen

INFORMATION

Tourist-Information. Rostocker Str. 3,
Tel. 038206/70 30, www.graal-mueritz.de

ESSEN UND TRINKEN

Caféstübchen Witt. Unter den hausgemachten Konditorwaren sind die Riesenkirschwindbeutel der Hit. Mo Ruhetag. Am Tannenhof 2,
Tel. 038206/772 21.

Düne 27. Mediterran inspirierte Gerichte mit regionalen Produkten. Kurstr. 27, Tel. 038206/12 07 74, www.duene27.de

ÜBERNACHTEN

IFA Graal-Müritz. Das Viersterne-Superior-Hotel gehört zu den besten am Platz. Ruhige Lage, nur durch einen schmalen Waldgürtel und die Düne vom Meer getrennt. Waldstr. 1, Tel. 038206/730, www.ifa-graal-mueritz-hotel.com

Strandhotel Deichgraf. Viersternehaus in guter Strandlage, mit Wellness-Oase und Sauna. Tipp: Man sollte nach einem Balkonzimmer mit Meerblick fragen. Strandstr. 61, Tel. 038206/13 84 13, www.strandhoteldeichgraf.com

AKTIVITÄTEN

Fahrt mit der MS Baltica. Von der Seebrücke legen Ausflugsschiffe nach Warnemünde ab, und auch eine Mini-Kreuzfahrt ist im Angebot, die Fischland zum Ziel hat. Tel. 0381/510 67 90, www.msbaltica.de

Aquadrom. Bade- und Wellnesszentrum, mit Badminton, Tennis und Basketball. Geöffnet tgl. 9.30–21.30 Uhr, Buchkampenweg 9,
Tel. 038206/879 00, www.aquadrom.net

Heimatmuseum. Gibt Einblicke in die Stadtgeschichte. Geöffnet April–Dez. jeweils Di, Do 9–12, 15–18 Uhr, Mi, Fr 15–19 Uhr, Sa 15–18 Uhr, jeden zweiten So 15–18 Uhr. Parkstraße 21,
Tel. 038206/745 56.

Kletterwald Hohe Düne. Warnemünder Str. 20, Tel. 0162/410 93 49, www.kletterwald.de

Der Aquadrom ist ein beliebtes Erlebnis- und Erholungsbad.

FISCHLAND-DARSS-ZINGST

21 Der Ostseeküsten-radweg
Von Travemünde zur polnischen Grenze

Der Ostseeküstenradweg zwischen Trave-münde und der Insel Usedom ist einer der beliebtesten Fernradwege Deutschlands. Feine Sandstrände, Buchten, Haffs und Boddengewässer fügen sich zu einer fa-cettenreichen Küstenlandschaft zusammen – die See ist fast immer im Blick. Und in den stolzen Hansestädten Wismar, Ros-tock, Stralsund und Greifswald warten großartige Monumente der norddeutschen Backsteingotik entdeckt zu werden.

Entgegen gängiger Klischees ist das Hinterland an der Ostsee keineswegs überall flach. Vielerorts modellierten eiszeitliche Gletscher eine sanft ge-wellte Endmoränenlandschaft, in der durchaus et-liche Höhenkilometer zusammenkommen. Richtig lange und schweißtreibende Anstiege, wie etwa in einem deutschen Mittelgebirge, gibt es jedoch nicht. Eine andere Sache ist der Wind. Bekannter-maßen bläst an der See mitunter eine steife Brise. Sollte diese mal aus der falschen Richtung kom-men, gilt es etwas mehr Energie zu mobilisieren. Doch praktischerweise weht der Wind meist aus West, sprich man radelt überwiegend mit Rückenwind.

Bevor es losgeht

Eilige schaffen die 670 km lange Strecke bis Use-dom in acht Tagesetappen. Wer es mit 30 bis 50 gefahrenen Kilometern pro Tag etwas gemütlicher angehen will, ist zwei bis drei Wochen unterwegs. Dabei bleibt dann genügend Zeit zum Genießen, für Besichtigungen und ausgiebige Schwimm-

Vorangehende Doppelseite: Mit der Pferdekutsche durch Ahrenshoop **Unten:** Schiebestellen auf sandigen Wegen sind eher die Ausnahme.

Der Ostseeküstenradweg

In Born radelt man an stilvollen Rohrdachhäusern vorbei.

pausen als Ausgleichssport. Lässt man die lohnende Schleife rund um Rügen weg, sind es nur
noch 410 km. Angesichts guter Verkehrsanbindun-
gen sind auch Tagesetappen mit Rückkehr zu
einem festen Standort möglich. Die meisten Tou-
ristenbüros in den Seebädern haben Flyer mit
Tourenvorschlägen. Auf Rügen gibt es sogenannte
RADzfatz-Busse mit Fahrradanhängern. Der Transport ist auch mit den Kleinbahnen Molli, Rasender
Roland und der Usedomer Bäderbahn möglich.

Die Streckenbeschaffenheit reicht von teils sehr
gut ausgebauten Radwegen über sandige Waldwege und holprige Betonplatten bis hin zu mitunter stark befahrenen, aber nur kurzen Straßenabschnitten. Nicht überall weist das blau-grün-gelbe
Logo den Weg. Mancherorts fehlen die Schilder.
Deshalb empfiehlt es sich, eine gute Radkarte oder
ein GPS-Gerät dabei zu haben. Für Vogelbeobachtungen gehört unbedingt ein Fernglas ins Gepäck.

Attraktionen am Weg

An erster Stelle steht das Naturerlebnis. Zwischen
den lebhaften Seebädern radelt man oft an nur

UNTERKÜNFTE
IM VORAUS BUCHEN

Die gesamte Strecke des Ostseeküstenradwegs verläuft durch eine vom
Tourismus geprägte Ferienregion.
Entsprechend gut ist die Infrastruktur
ausgebaut. In den Städten und Seebädern gibt es ein vielfältiges Angebot an Unterkünften, angefangen
beim günstigen Privatzimmer bis
zum noblen Vier- und Fünfsternehaus. Dennoch setzt die Radwande-
rung vor allem in der Hochsaison
eine sorgfältige Planung voraus. Für
die Sommerferien sollte man zeitig
disponieren. Manche Zimmervermie-
ter nehmen ungern Eine-Nacht-Gäs-
te auf, so dass man mancherorts auf
ein etwas teureres Hotel oder auf einen Campingplatz angewiesen ist.
Für Radfahrer sind vor allem vom All-
gemeinen Deutschen Fahrrad-Club
(ADFC) als fahrradfreundlich zertifizierte Unterkünfte interessant. Diese
verfügen meist auch über einen ab-
schließbaren Fahrradraum.

Unterkünfte an der Strecke. Einen
Überblick über die verschiedenen
Übernachtungsmöglichkeiten geben
www.bettundbike.de und www.auf-
nach-mv.de/radwandern

Im bäuerlichen Hinterland der Küste

Radwanderung an der Ostseeküste

INFORMATION

An- und Abfahrt: Vom Hauptbahnhof Lübeck (ICE-Verbindungen u. a. von Hamburg, München, Berlin) verkehren Züge im Stundentakt zum Stadtteilbahnhof Travemünde-Hafen. Für den Rückweg ab Usedom bietet sich die Usedomer Bäderbahn an. Diese fährt ganzjährig mehrmals täglich ab Seebad Ahlbeck auf das Festland nach Züssow (ICE-Haltepunkt), in der Saison stündlich.

Ausgangspunkt: Bhf. Lübeck-Travemünde-Hafen

Wegbeschaffenheit: Die Streckenbeschaffenheit reicht von teils sehr gut ausgebauten Radwegen über sandige Waldwege und holprige Betonplatten bis hin zu mitunter stark befahrenen, doch nur kurzen Straßenabschnitten.

Länge: 670 km

Beste Jahreszeit: Mitte Juni bis Mitte September. Im Frühjahr und Herbst können an der See die Tage mitunter kühler sein als im Binnenland.

Ausrüstung: Wind-, Regen- und Sonnenschutz sind zu jeder Jahreszeit angezeigt. Für Vogelbeobachtungen empfiehlt sich ein Fernglas.

Verpflegung: Einkaufsmöglichkeiten und Restaurants gibt es in allen Etappenorten.

Schönste Radtourzeit ist das späte Frühjahr.

Radkarte: Nicht überall weist das blau-grün-gelbe Logo des Ostseeküstenradwegs den Weg. Eine gute Radkarte und/ oder ein GPS-Gerät sind hilfreich. Empfehlenswert: ADAF-Radtourenkarten Ostseeküste/Mecklenburg, Blatt 3, 1:150 000.

WICHTIGE STATIONEN

Ⓐ Travemünde – Bevor es losgeht, ist die Besichtigung der Weltkulturerbestadt Lübeck ein Muss.

Ⓑ Wismar – Für die attraktive Hansestadt, ebenfalls UNESCO-Erbe, sollte man einen extra Tag einplanen.

Ⓒ Ostseebad Kühlungsborn – Der Badeort lädt mit seiner perfekten Infrastruktur zur Rast und bietet tollen Ostseestrand.

Ⓓ Rostock/Warnemünde – Für den Abstecher nach Rostock bietet sich ein Fahrgastschiff an. Von Rostock kann man mit der S-Bahn nach Warnemünde weiterfahren.

Ⓔ Seeheilbad Graal-Müritz – Der Ort ist besonders zur Rhododendronblüte im Mai/Juni reizvoll.

Ⓕ Halbinsel Fischland-Darß-Zingst – Gute Anlaufstellen sind Wustrow und Zingst.

Ⓖ Barth – Die Stadt am Bodden wird mit dem sagenumwobenen Vineta in Verbindung gebracht.

Ⓗ Stralsund – Hauptattraktion des UNESCO-Weltkulturerbes sind Ozeaneum und Meeresmuseum.

Ⓘ Rügen – Für die Umrundung der Insel sind etwa drei bis vier Tage einzuplanen.

Ⓙ Greifswald – In der Universitätsstadt kann auf den Spuren von Caspar David Friedrich geradelt werden.

Ⓚ Wolgast – Die Blaue Brücke über die Peenestrom markiert das Tor nach Usedom.

Ⓛ Usedom – Die Radtour findet in einem der Seebäder ihren Abschluss.

Oben: Unterwegs herrscht an guten Einkehrmöglichkeiten kein Mangel.
Mitte: Ein Großteil der Strecke führt über schmale Radwege.
Unten: Rastbänke stehen meist am richtigen Platz.

dünn besiedelten Küstenstrichen entlang, durch Wiesen und Weiden und einem stillem Hinterland mit alten Gutshöfen und versteckt gelegenen Schlössern. Als Startpunkt bietet sich der Bahnhof von Travemünde an. Mit der Priwall-Fähre wird zum Ostufer der Trave übergesetzt, an dem die Ausschilderung beginnt. Auf dem Weg in die Hansestadt Wismar empfängt den Radler sogleich das fruchtbare Bauernland des Klützer Winkels. Nach Wismar erlaubt die Route weite Ausblicke auf das Salzhaff. Durch die leicht hügelige Kühlung kommt bald der Leuchtturm von Warnemünde in Sicht, der allerdings noch vom monströsen Hotelhochhaus Neptun überragt wird. In Warnemünde bietet sich ein Abstecher in die Altstadt von Rostock an. Am Besten nimmt man dazu die S-Bahn, oder noch schöner, eines der regelmäßig verkehrenden Fahrgastschiffe. Von Warnemünde wird dann mit einer Pendelfähre zur Hohen Düne übergesetzt. Durch die Rostocker Heide geht es weiter zur Halbinsel Fischland-Darß-Zingst. Dort wechselt der Radweg an die stille Boddenküste, bis beim Ostseebad Prerow ein wunderbarer Deichweg an der Küste nach Zingst führt.

Für eine ein- bis zweitägige Pause bietet sich die Weltkulturerbestadt Stralsund an. Hier gilt es, sich zu entscheiden: Nimmt man Rügen mit? Oder merkt man sich die attraktive Ferieninsel für eine spätere Reise vor? Mit Greifswald und Wolgast liegen zwei weitere alte Hansestädte an der Strecke. Wolgast ist zugleich das Tor zur Insel Usedom, auf der man die Tour genüsslich durch die Seebäder bis Ahlbeck ausrollen lassen kann.

Lust auf noch mehr Meer? Die deutsch-polnische Staatsgrenze in Ahlbeck muss keinesfalls Endstation sein. Ab Usedom ist der Ostseeküstenweg durch ganz Polen als R 10 ausgeschildert, wer will, kann bis ins 480 km entfernte Danzig radeln.

Infos und Adressen

INFORMATION

Tourismusverband Mecklenburg-Vorpommern.
Rostock, Platz der Freundschaft 1,
Tel. 0381/403 05 50,
www.auf-nach-mv.de/radwandern
Literatur. Ostseeküsten-Radweg. Von Michael
Graf, erschienen bei Bruckmann. Mit allen Etappen, Kartenausschnitte im Maßstab 1:75 000.

Interessante Fährverbindungen sind:
Warnowfähre. In Warnemünde (Pendelverkehr)
Altefähr. Stralsund (in der Hauptsaison 8x tgl.)
Wittower Fähre. Auf Rügen (Pendelverkehr)
Glewitzer Fähre. Nach Stahlbrode
(alle 20-30 Minuten)

Für den Radtransport empfiehlt sich eine gute Planung vorab:
Molli. Bad Doberan, Tel. 038293/43 13 31,
www.molli-bahn.de
RADzfatz. Fahrradbus Rügen, www.rpnv.de
Rasender Roland. Rügen, Tel. 03838/81 35 94,
www.rasender-roland.de
Usedomer Bäderbahn. Tel. 038378/271 32,
www.ubb-online.de

Die Wegweiser sind nicht immer eindeutig.

ESSEN UND TRINKEN

In den Seebädern und Hansestädten entlang der
Strecke herrscht an Einkehrmöglichkeiten kein
Mangel, auch in kleineren Ortschaften gibt es in
der Regel mindestens ein Lokal.

ÜBERNACHTEN

Campingplätze Mecklenburg-Vorpommern.
Entlang der Strecke gibt es ein dichtes Netz an
Campingplätzen. Eine kostenlose Broschüre ist
über den Tourismusverband erhältlich.

Eine besonders reizvolle Strecke verläuft auf einem Deichweg zwischen Prerow und Zingst.

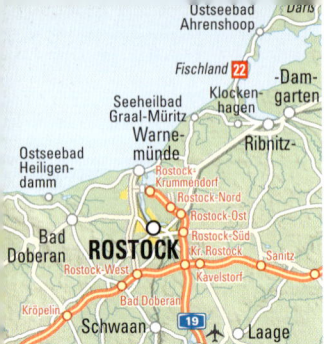

22 Fischland
Zeesbootromantik zwischen See und Bodden

Das Fischland ist der schmalste Teil der wie ein Bumerang geformten Halbinsel Fischland-Darß-Zingst. Sie weitet sich nach Norden zum Darß und läuft im Osten im Zingst aus. Die einstigen Fischerdörfer Dierhagen und Wustrow haben sich heute ganz dem Tourismus verschrieben. An der Außenküste gibt es einen feinen langen Sandstrand. Am Saaler Bodden liegen verträumte Häfen, die zu einem Zeesboottörn einladen.

Das Fischland verläuft von Südwest nach Nordost und ist recht klein: dieses Stück der Halbinsel ist nur fünf Kilometer lang und zwischen 500 m und zwei Kilometer breit. Fischland erreicht man nur über Ribnitz-Damgarten. Der erste Ort, an dem man vorbeikommt, ist Dierhagen.

Dierhagen

Wer von Ribnitz-Damgarten ins Fischland kommt, muss aufpassen, dass er an Dierhagen nicht vorbeifährt. Keines der sechs Ortsteile liegt an der Hauptstraße. Auf der Seeseite liegen Dierhagen Strand und Neuhaus. Diese Ortsteile entwickelten sich in der DDR-Zeit zum beliebten Badeort. Das von Dünenwald umgebene Strandhotel Fischland war seinerzeit ein Gästehaus für Regierungsmitglieder, in dem auch internationale Staatsgäste empfangen wurden. Nach dem Sturz Honeckers führte sein Nachfolger Egon Krenz von dort aus die letzten Tage der DDR. Das von Grund auf sanierte Gebäude wird heute als komfortables Viersternehotel betrieben.

Mitte: Vom Kirchturm in Wustrow lässt sich wunderbar die Boddenküste überblicken.
Unten: In der Hauptsaison sind die Plätze in der ersten Reihe immer gut besetzt.

Ausgesprochen ruhig liegen dem Saaler Bodden zugewandt die Ortsteile Dierhagen Dorf und Dändorf. Dort befinden sich auch die beiden geschützten Minihäfen des Seebades. Von Neuhaus an der Ostseeseite erschließen Rad-, Reit- und schmale Wanderwege das Naturschutzgebiet Großes Ribnitzer Moor. In dem Regenmoor können auf einem Naturlehrpfad seltene Pflanzen entdeckt werden, etwa der Sumpfporst, der wegen seiner stark duftenden ätherischen Öle früher als Anti-Motten-Kraut Verwendung fand. Ein besonders reizvolles Wegstück ist ein am Strandübergang 23 durch Torfstiche beginnender Bohlenweg.

Seefahrertradition in Wustrow

Wustrow liegt an der schmalsten Stelle der Halbinsel. Von Osten branden die Ostseewellen an den Sandstrand, im Westen lädt der Saaler Bodden zu Segeltörns ein. Zum Permin hin ist das Fischland gerade mal 500 m breit. Zu Fuß kann man von der Seebrücke durch die von Restaurants gesäumte Strandstraße in wenigen Minuten auf die andere Dorfseite zum Hafen spazieren. Und besonders schön: Von der Aussichtsgalerie des neogotischen Kirchturms hat man sowohl die See als auch den Bodden im Blick.

Eine Vielzahl schmucker Kapitäns- und Schifferhäuser dokumentieren, womit man in Wustrow vor der Ära des Fremdenverkehrs sein Brot verdiente. Während der Blütezeit der Segelschifffahrt im 19. Jahrhundert umfasste die Wustrower Flotte bis zu 200 seetüchtige Segler. In der 1846 gegründeten Seefahrtschule konnte man bis kurz nach der Wende das Schifferpatent erwerben. Von der maritimen Vergangenheit kündet auch die 1907 eingerichtete Seenotstation in der Strandstraße, die noch immer für alle Fälle gerüstet ist. Die ältesten Häuser stehen in der Neuen Straße.

SEGELTÖRN MIT DER ZEESE

In den Häfen von Fischland fällt es nicht schwer, ein Zeesboot auszumachen. Die traditionellen Fischersegler aus Holz sind sofort an ihren rotbraunen Segeln erkennbar. Den Namen erhielt der Schiffstyp nach der Zeese, einem Fangnetz, das vom Boot über den Grund der Boddengewässer gezogen wird. Gefischt wird mit der Zeese heute allerdings nicht mehr. Dafür vergeht in der Hochsaison kaum ein Tag, an dem nicht eines der stolzen Boote zu einem Törn ausläuft.

In Wustrow sind es die »Butt«, ein 1935 in der Werft Barth vom Stapel gelaufenes Zeesboot mit einer Segelfläche von 80 m², und die 1920 gebaute »Bill«, die im Dienste der Fischländer Segelschule steht und auch für Familienfeiern gechartert werden kann. Mit dem Saaler Bodden liegt eines der besten Segelreviere vor der Haustür. Die Fahrten dauern in der Regel zwei Stunden.

Butt. Läuft von Wustrow aus. Tel. 038220/201, www.kunstscheune-barnstorf.de/butt
Bill. Fischländer Segelschule. Läuft in Wustrow aus. Tel. 03382/707 81 88, www.segeln-lernen.com

In der Nummer 38 zeigt sich jüngst restauriert das um 1800 als Büdnerei erbaute Fischlandhaus. In dem typischen Hochdielenhaus mit reetgedecktem Krüppelwalmdach war es früher üblich, mit dem Vieh unter einem Dach zu wohnen. Seit 2010 kann man das Haus auch von innen besichtigen. Es beherbergt die Ortsbücherei und eine kommunale Galerie.

Vom Hafen nach Barnstorf

Der beschauliche Hafen steht heute fast ausschließlich im Dienste des Tourismus. Stolze Zeesboote bieten Boddentörns an und segeln kann man in Wustrow immer noch lernen. Spannend ist ein Schiffsausflug durch die Bülten des Nationalparks. Im Flachwassergebiet des Saaler Boddens liegen verträumt zwei kleine Schilfinseln, die Neuendorfer Bülten und die Borner Bülten. Dazwischen gibt es eine für Ausflugsschiffe passierbare schmale Durchfahrt. Von Deck lassen sich Seevögel beobachten, mitunter zeigen sich auch Kegelrobben – Fernglas nicht vergessen.

Vom Wustrower Hafen lässt sich auf einem unbefestigten Fahrweg nach Barnstorf spazieren. Auf dem flachen Wiesenland verteilen sich viele ehemalige Bauernhöfe. Diese sind überwiegend zu Ferienquartieren ausgebaut worden und laden nun zum Übernachten in ländlicher Atmosphäre ein. Eine Anlaufstelle in dem denkmalgeschützten Ortsteil ist die Kunstscheune Barnstorf. Seit 1985 stellen dort überwiegend norddeutsche Künstler ihre Arbeiten aus.

Oben: Auf der überwiegend flachen Halbinsel setzt der Kirchturm von Wustrow eine weithin sichtbare Landmarke.
Mitte: Typischer Klinkerbau
Unten: Der kleine, doch geschützte Hafen von Wustrow liegt dem Saaler Bodden zugewandt.

Wer will, kann von der Kunstscheune auf einem Wanderweg immer nahe am verschilften Boddenufer über Niehagen nach Althagen wandern und von dort den Bus zurück nach Wustrow nehmen – eine erlebnisreiche Halbtagestour.

Infos und Adressen

INFORMATION

Kurverwaltung Dierhagen. Ernst-Moritz-Arndt-Str. 2, Tel. 038226/201,
www.ostseebad-dierhagen.de
Kurverwaltung Wustrow. Ernst-Thälmann-Str. 11, Tel. 038220/251,
www.ostseebad-wustrow.de

ESSEN UND TRINKEN

Strandhaus Orange Blue. Tolle Lage direkt hinter der Düne, von der überdachten Dachterrasse hat man die See voll im Blick. Im zugehörigen Imbiss gibt es Snacks auf die Hand. Dierhagen Strand, Am Plateau 10, Tel. 038226/537 84.

ÜBERNACHTEN

Strandhotel Dünenmeer. Ein Vorzeigehotel, das neben dem fünfstöckigen Haupthaus auch sehr schöne Dünenapartments im landesüblichen Reetdachstil zu bieten hat. Mit viel Wellness. Dierhagen Neuhaus, Birkenallee 20, Tel. 038226/50 10, www.duenenmeer.com

SEHENSWÜRDIGKEITEN

Kunstscheune. Geöffnet von Mai bis Mitte Okt. tgl. 10–13 und 15–18 Uhr. Barnstorf, Hufe IV, Tel. 038220/201.

Einkehren direkt am Wasser ist vielerorts möglich.

Der Saaler Bodden ist ein ideales Revier für Segler.

Fischlandhaus. Beherbergt neben der Ortsbibliothek die kommunale Galerie. Mo, Di, Do 10–12 und 14–17 Uhr, Fr und Sa 11–16 Uhr. Wustrow, Neue Straße 38.
Kirche in Wustrow. Vom Kirchturm hat man einen Rundumblick. Öffnungszeiten des Turms sind Mai–Sept. Di–Sa 10–17 Uhr. Hafenstraße 2. Tel. 038220/338.

AKTIVITÄTEN

Segeln mit der Fischländer Segelschule. Der Segelspezialist im Fischland – Bootsvermietung, Segelkurse, Zeesboottörns und geführte Kanutouren. Wustrow, Hafenstr. 10, Tel. 038220/663 65, www.fischlaender-segelschule.de
Schiffsausflug. Mit dem Fahrgastbetrieb Kruse und Voß. Boddenrundfahrt durch die Bülten. Wustrow, Hafenstr. 7, Tel. 038220/588.

VERANSTALTUNGEN

Wustrower Zeesbootregatta. Findet jeweils am ersten Samstag im Juli auf dem Saaler Bodden statt.

23 Ahrenshoop
Die Künstlerkolonie auf dem Vordarß

Wenn man über Ahrenshoop spricht, dann wird vom besonderen Licht und von der unbeschreiblichen Weite des Himmels geschwärmt. Doch beides gibt es auch andernorts an der Ostsee. Fakt ist: Ahrenshoop ist schön, die Steilküste über den Ostseewellen imposant und der Nationalpark im Hinterland ein Naturparadies. Der Ort konnte seine enge Verbindung zu Kunst und Kultur bis heute bewahren. Viele Gäste wissen das zu schätzen.

Gründer der Künstlerkolonie war Paul Müller-Kaempff. Der Landschaftsmaler kam 1889 nach Ahrenshoop. Er war sofort von dem Ort angetan und begann schon bald eine Malschule einzurichten.

Künstlerkolonie auf dem Vordarß

Das von ihm erbaute Haus Lukas wurde zugleich Atelier und Pension, in dem seine »Malweiber« arbeiteten und wohnten. Die Motive lagen vor der Haustür. Die Schülerinnen hielten Windflüchter, Rohrdachkaten und das Hohe Ufer auf der Leinwand fest. Heute stehen die Studios in der Dorfstraße 35 Stipendiaten zur Verfügung. Die meisten kommen aus Skandinavien und dem baltischen Raum. Im Sog von Müller-Kaempff ließen sich bald weitere Künstler in Ahrenshoop nieder, unter ihnen Theobald Schorn, Elisabeth von Eicken und Heinrich Schlotermann. 1909 eröffnete der Kunstkaten, in dem die Malerkolonie fortan ausstellte. Das tiefblau gestrichene Haus avancierte zum Wahrzeichen des Seebads. Nicht nur Maler ließen sich von der Landschaft und der See inspi-

Mitte: Der traditionell tiefblau gestrichene Kunstkaten ist seit mehr als 100 Jahren die kulturelle Anlaufadresse auf dem Darß.
Unten: Ahrenshoop ist für seine Töpferware bekannt, hier die Werkstatt der Klünder-Keramik.

rieren, auch Schriftsteller, wie Berthold Brecht und Anna Seghers kamen oft zu Besuch.

Lange Nacht der Kunst

Dass Kunst in Ahrenshoop nicht nur in der Vergangenheit lebt, zeigt das ambitionierte Projekt des Neuen Kunstmuseums, das neben der Aufarbeitung der Gründerjahre der Künstlerkolonie auch eine Plattform und Begegnungsstätte für Kunstschaffende und Kunstinteressierte zum Ziel hat. In den letzten Jahren öffneten zahlreiche neue Galerien und Ateliers. Es gibt mittlerweile so viele, dass es lohnt, jeweils im August eine »Lange Nacht der Kunst« mit bis Mitternacht geöffneten Ausstellungsräumen zu organisieren. Einen Namen machte sich auch die Ahrenshooper Kunstauktion, in der vornehmlich Arbeiten aus der Gründungszeit der Kolonie unter den Hammer kommen.

Fischlandkeramik

In Ahrenshoop wird in einem guten halben Dutzend Werkstätten und Ateliers auch fleißig getöpfert. In der Galerie Dornenhaus im Ortsteil Althagen führt Friedemann Löber die Mitte des 20. Jahrhunderts von seinen Eltern Frida und Wilhelm Löber begründete Fischlandkeramik fort. Die klassische blaugraue Gebrauchskeramik schöpft im Dekor aus den Motiven der Region. Vasen, Krüge, Tassen und Teller werden von Windflüchtern, Kranichen, Zeesbooten oder einfach nur einer Mücke oder Libelle geziert. Im Ortsteil Althagen stellen Johann und Katharina Klünder Steinzeug, formschöne Töpferware und Raku-Keramik her.

Rohrdachidyll

Das Ortsbild prägen viele schmucke Wohn- und Gästehäuser im typischen Landhausstil. Sehr reizvoll

Oben: Stolze alte Bauernhöfe findet man vornehmlich in den Ortsteilen Althagen und Niehagen.
Mitte: Formschöne Fischland-Keramik aus der Werkstatt Löber.
Unten: Abseits vom Strand stehen auf dem Darß Radeln und Wandern hoch im Kurs.

ist ein Spaziergang durch die dem Saaler Bodden zugewandten Ortsteile Althagen und Niehagen. Manche der dortigen Bauernhäuser sind mehr als 300 Jahre alt. Von einigen unrühmlichen Ausnahmen abgesehen, etwa dem zwei Nummern zu groß geratenen neuen Grand Hotel & Spa Kurhaus am Schifferberg, werden die meisten Neubauten im traditionellen Stil gebaut und mit Rohr gedeckt. Anderweitige herausragende bauliche Zeugnisse dürfen in dem 700-Seelen-Dorf jedoch nicht erwartet werden. Es gibt aber zwei Ausnahmen: Die Bunte Stube, 1929 von dem Bauhausarchitekten Walter Butzek entworfen, und die Schifferkirche von 1951, die von dem damals jungen Architekturstudenten Hardt-Waltherr Hämer gebaut wurde. Bewusst wurden Elemente der lokalen Bautradition mit modernem Stil verbunden. Besonders außergewöhnlich ist der verglaste Giebel und eigenwillig der Glockenturm. Im Innenraum hat man das Gefühl, in einem umgedrehten Bootskiel zu stehen.

Tonnenabschlagen

Jeden dritten Sonntag im Juli, wenn das Tonnenabschlagen abgehalten wird, herrscht auf der Festwiese von Althagen Volksfeststimmung. Die Festivitäten beginnen bereits am Vormittag mit einem zweistündigen Umritt der Tonnenreiter durch das Dorf. Der Wettbewerb zu Pferde geht vermutlich auf die Zeit nach dem Dreißigjährigen Krieg zurück. Die Reiter preschen im Galopp auf ein an einem Gerüst baumelndes Heringsfass zu. Mit einem Holzknüppel wird versucht, das Fass, sprich die Tonne, zu zerschlagen. Derjenige, der den Deckel der Tonne abschlägt, darf sich Tonnenkönig nennen. Diesen Titel trägt er mindestens für ein Jahr, bis er ihn in einem neuen Wettkampf zu verteidigen hat. Oft gelingt die Titelverteidigung allerdings nicht.

Infos und Adressen

INFORMATION

Kurverwaltung. Kirchnersgang 2,
Tel. 038220/66 66 10,
www.ostseebad-ahrenshoop.de

ESSEN UND TRINKEN

Namenlos. Verfeinerte Regionalküche, gehobenes
Preisniveau. Am Schifferberg,
Tel. 038220/60 62 00, www.hotel-namenlos.de
Räucherhaus. Traditionsfischlokal am Hafen mit
eigener Räucherei. Ortsteil Althagen,
Tel. 038220/69 46,
www.raeucherhaus-ahrenshoop.net

ÜBERNACHTEN

Grand Hotel & Spa Kurhaus Ahrenshoop. Die
moderne Architektur wirkt in dem von Reet-
dächern geprägten Seebad gewöhnungsbedürftig.
Doch Seeblick, großzügige Gestaltung und Service
überzeugen. Schifferberg 24, Tel. 038220/67 80,
www.grand-hotel-ahrenshoop.com
Hotel Seezeichen. Kunstsinniges elegantes Hotel
mit guter Küche. Dorfstr. 22, Tel. 038220/679 70,
www.seezeichen-hotel.de

SEHENSWÜRDIGKEITEN

Kunstmuseum Ahrenshoop. Das sehenswerte
Haus zeigt in einer ständigen Ausstellung Maler
der Künstlerkolonie. April–Okt. tgl. 11–18 Uhr,

Das Neue Kunsthaus präsentiert Zeitgenössisches.

Der Schreitende des Künstlers Michael Morgner

Nov.–März Di–So 10–17 Uhr. Weg zum Hohen
Ufer 36, Tel. 038220/667 90, www.kunstmuseum-
ahrenshoop.de
Kunstkaten. Die bekannteste Galerie am Platz,
mit Retrospektiven Ahrenshooper Künstler. Strand-
weg 1, Tel. 038220/803 08, www.kunstkaten.de
Neues Kunsthaus. Kommunaler Ausstellungs-
raum für zeitgenössische Malerei, Skulptur und
Grafik. Bernd-Seitz-Weg 3a, Tel. 038220/807 26,
www.neues-kunsthaus-ahrenshoop.de
Schifferkirche. Gottesdienst jeden So ab 9 Uhr.
Geöffnet Okt.–Mai Do–So 10–16 Uhr und Juni–
Sept. 10–16 Uhr, montags geschlossen.
Paetowweg.

EINKAUFEN

Bunte Stube. Eine Fundgrube für nette Mitbringsel,
Fischlandkeramik, Kunsthandwerk und Literatur
über Land und Leute. Dorfstr. 24, Tel. 038220/238.
Dornenhaus. Fischlandkeramik von Friedemann
und Renate Löber. Bernhard-Seitz-Weg 1,
Tel. 038220/809 63, www.dornenhaus.de

AKTIVITÄTEN

Islandpferdehof Fischland. Reitschule. Ortsteil
Niehagen, Weg zum Kiel 12, Tel. 038220/693 28,
www.islandpferdehof-fischland.de
Töpfer- und Maleratelier Müller-Schoenfeld.
Töpfer- und Aquarellkurse für Anfänger ohne Vor-
kenntnisse. Schifferberg 22, Tel. 038220/66 03 19,
www.ahrenshooper-keramik.de

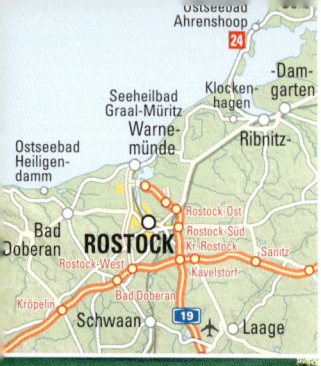

24 Küstenwanderung
Von Ahrenshoop nach Wustrow

So schmal die Halbinsel Fischland auch sein mag, sie hat doch etliche lohnende Wanderungen zu bieten. Sehr reizvoll gestaltet sich die Tour auf dem Hochuferweg entlang der Ahrenshooper Kliffküste. Überraschenderweise erlaubt der Weg weite Panoramen, und das obwohl man sich gerade mal ein paar Meter über Meeresniveau bewegt. Vogelbeobachter werden ihre Freude an den emsig am Kliff herumschwirrenden Uferschwalben haben.

Die Küstenwanderung beginnt an einem der berühmtesten Aussichtspunkte der Ostsee: am Restaurant Buhne 12. Für ein Stück Sanddorntorte auf der windgeschützten Gartenterrasse mag es vielleicht noch zu früh sein, doch das Lokal sollte man sich auf jeden Fall für einen späteren Besuch vormerken. Schon bald kann man den Küstenverlauf entlang weit nach Südwesten überblicken. Eine auffällige Landmarke ist die langsam näher rückende Seebrücke von Wustrow. Bei klarer Sicht zeigt sich im Nordwesten die dänische Insel Falster. Rapsfelder reichen bis fast an die Abbruchkante heran, im Sommer blühen Kartoffelrosen, im Herbst leuchtet der Sanddorn.

Landabbrüche am Kliff

Die permanent anbrandenden Ostseewellen schufen eine beeindruckende Steilküste. Doch Vorsicht! Das hohe Ufer ist eine Küstenlandschaft in ständigem Wandel. Wer auf Nummer sicher gehen will, sollte auf dem Weg bleiben und sich nicht allzu dicht an der Abbruchkante bewegen, so schön der Tiefblick gerade von dort auch sein

Mitte: Vom Hohen Ufer ist die See immer im Blick.
Unten: Entspannen im Strandkorb – das Restaurant Buhne 12 macht es möglich.

Wanderung Hohes Ufer

INFORMATION

An- und Abfahrt: Autofahrer parken am Einkaufszentrum in Ahrenshoop Mitte, an dem sich auch die Bushaltestelle der Linie 210 (Ribnitz-Damgarten – Born – Barth) befindet. Wer von Wustrow aus nicht am Strand zurückwandern will, kommt mit der stündlich verkehrenden Buslinie 210 wieder nach Ahrenshoop Mitte zurück (Fahrplanauskunft unter Tel. 038 21/88 65 65, www.nvp-bus.de).

Ausgangspunkt: Von Ahrenshoop führen mehrere Wege zum Hochufer, schönster Startpunkt ist das Restaurant Buhne 12 im Grenzweg 12.

Wegbeschaffenheit: Gut angelegter und bequem begehbarer Hochuferweg. Es empfiehlt sich dem unmittelbaren Kliffrand fernzubleiben, immer wieder kommt es zu Abbrüchen. Der Rückweg am Strand kann größtenteils barfuß zurückgelegt werden. Die Orientierung ist ausgesprochen einfach, Verirren ist nicht möglich.

Länge: Bis Hafen Wustrow gut 5 km, Gehzeit hin und zurück knapp 3 Stunden.

Beste Jahreszeit: Die Kurzwanderung ist wegen ihrer vielgerühmten Küstenpanoramen berühmt. Die bequeme Halbtagestour kann ganzjährig unternommen werden, schönster Monat ist der Mai, wenn am Bakelberg der Raps in voller Blüte steht.

Steil bricht das Hohe Ufer zur See ab.

Ausrüstung: Sonnen- und Regenschutz, im Sommer Badesachen nicht vergessen. Wanderstiefel sind nicht erforderlich, bequeme Halbschuhe oder Trekkingsandalen reichen aus.

Verpflegung: Am Start- und Zielpunkt gibt es ausreichend Einkehrmöglichkeiten. Angesichts der relativ kurzen Gehzeit reichen für unterwegs ein Müsliriegel oder etwas Obst und eine Wasserflasche aus.

WICHTIGE STATIONEN

Ⓐ Buhne 12/Ahrenshoop – Leckere Sanddorntorte. Grenzweg 12, Tel. 038220/323.

Ⓑ Bakelberg – Der Berg ist die höchste Erhebung des Fischlandes und bietet einen schönen Panoramablick und Grund für eine Pause.

Ⓒ Seebrücke Wustrow – Sie ist das Wahrzeichen der Stadt und eine schöne Zwischenstation auf der Wanderung.

Ⓓ Ahrenshoop – Das Künstlerdorf bietet viele Lokale, die zum Einkehren einladen.

AUTORENTIPP!

DER FISCHLÄNDER

Das komfortable Viersternehaus trennt nur eine Straße vom Strand. Mit schönem Rohrdach ist es ganz der inseltypischen Architektur angepasst und im Landhausstil eingerichtet. Empfehlenswert ist es, ein Balkonzimmer mit direktem Meerblick zu buchen. Denn von dem kann man beobachten, wie die Sonne am Weststrand untergeht. In einer klaren Vollmondnacht ist es sogar vom Bett aus möglich, den Fischern bei der Arbeit zuzusehen. Wer besonders viel Platz braucht: 50 m vom Hotel entfernt gibt es eine zugehörige große Ferienwohnung mit zwei Schlafzimmern und Küche. Die kleine Wellnessoase mit Sauna, Whirlpool und Massageangeboten lädt zum Entspannen ein.

Der Fischländer. Ahrenshoop, Dorfstr. 47e, Tel. 038220/69 50, www.hotelderfischlaender.de

mag. Wie auch an Rügens Kreideküste gibt es immer wieder kleine und größere Abbrüche. Vor allem während oder nach Stürmen mit ergiebigen Regenfällen kann ein mitunter mehrere Meter breiter Landstreifen absacken. Noch vor zehn bis zwanzig Jahren standen mehrere in den 1950er-Jahren von der Nationalen Volksarmee gebaute Bunker auf dem Hochufer. Die NVA nutzte die kubischen Betonwürfel als »technische Beobachtungsstation«. Sie sind verschwunden und mit ihnen das Land auf dem sie standen. Es hat also schon seine Gründe, dass die Häuser von Ahrenshoop sozusagen in der zweiten Reihe in respektvollem Abstand zur Küste stehen.

Abstecher zum Bakelberg

Auf halbem Weg erhebt sich landeinwärts die abgeflachte Kuppe vom Bakelberg. Mit 18 m über Null ist der höchste »Gipfel« im Fischland wahrlich kein Bergriese. Doch hinauf sollte man schon. Von einer Sitzbank lässt sich nicht nur auf die Ostseeküste schauen, der Blick schweift von dort auch über die stille Landschaft des Saaler Boddens. Hier stellt sich zugleich das typische Halbinselgefühl ein und man erkennt erstaunt, wie schmal Fischland tatsächlich ist.

Uferschwalben im Steilufer

Das Ahrenshooper Steilufer ist ein ideales Terrain für die als Koloniebrüter bekannten Uferschwalben. Auf dem Weg nach Wustrow kommt man gleich an mehreren Kolonien vorbei, meist bestehen sie aus 30 bis 50 Paaren. Die Uferschwalbe ist die kleinste einheimische Schwalbenart. Sie kommt gegen Ende April aus ihrem afrikanischen Winterquartier an die Ostseeküste zurück. Sofern nicht eine bereits vorhandene Brutröhre in Beschlag genommen wird, graben die Vögel mit ih-

Küstenwanderung

Weite Aussichten sind von der ersten Minute an garantiert.

ren Krallen knapp einen Meter lange Röhren in die weiche Wand der Steilküste. Diese Arbeit wird ausschließlich von den Männchen erledigt. Sobald die Röhren mit Grashalmen, Heu und Federn »möbliert« sind, beginnt das eigentliche Brutgeschäft. Sind die Jungen nach etwa drei Wochen geschlüpft, herrscht vor dem Eingang ein ständiges Kommen und Gehen der Altvögel, die unermüdlich Blattläuse, Mücken und kleine Fliegen für den immer hungrigen Nachwuchs einfliegen. Bereits nach etwa drei weiteren Wochen sind die Jungen flügge und starten zum Jungfernflug. Nicht selten wird noch eine zweite Brut hinterher geschoben, doch spätestens Ende September kehrt vor den Röhren wieder Ruhe ein. Aufgeregt kreischende Möwenbanden sind dagegen das ganze Jahr über an der Steilküste anzutreffen.

Seebrücke Wustrow

Auf dem gegen Ende niedrigeren Ufer wird schließlich die Seebrücke in Wustrow erreicht. Dort kann man nach einer Stärkung in einem der Lokale je nach Gusto einen Abstecher zum Hafen am Saaler Bodden machen, einen Bus zurück zum Grenzweg in Ahrenshoop nehmen oder am Fuß des Hochufers am Strand entlang zum Ausgangspunkt zurückwandern.

Infos und Adressen

Rastplätze laden zum Verweilen ein.

25 Vorpommersche Boddenlandschaft
Zwischen Meer und Bodden

Wenige Wochen vor der Deutschen Einheit wurde ein großer Teil der attraktiven Küstenlandschaft zwischen dem Darß und Rügen zum Nationalpark erklärt. Seither genießt die vielfältige Region mit aktiven Kliffs, naturbelassenen Stränden und Boddengewässern den höchstmöglichen Schutzstatus, den ein Naturraum haben kann. Motorisierter Verkehr bleibt im Parkgebiet außen vor. Dafür lädt ein gut markiertes Netz an Wander-, Rad- und Reitwegen zu Entdeckungen ein.

Mit einer Fläche von 805 km² ist der Nationalpark Vorpommersche Boddenlandschaft der drittgrößte Nationalpark Deutschlands. Rund drei Viertel des Gebiets wird von den Wasserflächen der Ostsee und Bodden eingenommen. Zu Lande umfasst das Parkgebiet fast den ganzen Darß, Teile der Halbin-

Mitte: »Natur Natur sein lassen« ist eines der Leitmotive des Nationalparks. Totholz bleibt liegen, bis daraus neues Leben entsteht.
Unten: Auf dem Deich bei Zingst schafft eine Aussichtsplattform den Überblick auf den Barther Bodden.

MAL EHRLICH

FINNISCHE VERHÄLTNISSE

Mücken können, je nachdem, wie oft und wie viel es geregnet hat, von Anfang April bis in den Spätherbst hinein in den küstennahen Wäldern zum Problem werden. Betroffen davon ist vor allem der Darß. Nicht nur in der Dämmerung, auch am helllichten Tag schwirren die kleinen Plagegeister auf der Suche nach Opfern in Massen durch die Gegend. An der See selbst hält meist eine frische Brise die Biester auf Distanz. Dennoch sollte man auf alle Fälle langärmelige Hemden und lange Hosen sowie ein gutes Mückenschutzmittel dabei haben.

sel Zingst, die Insel Hiddensee und einen schmalen Streifen der Westküste von Rügen. Faszinierend, doch auf den ersten Blick nicht als solches wahrnehmbar: Das Meer formt im Nationalpark die Küstenlinie ständig neu. Am Weststrand vom Darß ebenso wie an der Westküste von Hiddensee werden jedes Jahr enorme Sandmassen abgetragen und an anderer Stelle zu neuem Land angeschwemmt. Auf dem Darß ist dies die Neulandzone am Darßer Ort, die sich dem Besucher wunderbar vom Darßer Leuchtturm aus zeigt. Rund 10 m wächst dort jedes Jahr das Land weiter nach Norden ins Meer hinaus. Zu den erklärten Zielen des Schutzgebietes gehört es, diese natürliche Küstendynamik zu erhalten, in den Kernzonen ist jegliche Nutzung durch den Menschen untersagt.

Die Halbinsel Darß

Eines der Kerngebiete im Schutzgebiet ist der Darß, eine von einem geschlossenen Waldgebiet überzogene und zur Seeseite von langen Stränden gesäumte Halbinsel, an die sich südwärts das Fischland (siehe S. 126) und im Osten der Zingst anschließen. Der Wald wird von Kiefern, Fichten und Rotbuchen dominiert, im Unterwuchs wuchert meterhoher Adlerfarn. Dazwischen gestreute Erlenbrüche und Moorflächen machen den besonderen Reiz aus. Am Weststrand trotzen bizarr geformte Windflüchter den Naturgewalten. Im Schutz des Waldes leben Wildschweine, Rehe und Rothirsche. Vor den Küsten tummeln sich Kegelrobben und Seehunde im Wasser.

Die Region ist zudem das bedeutendste Vogelschutzgebiet Deutschlands. Rund 160 Vogelarten brüten im Nationalparkgebiet. Die Attraktion im Herbst ist der Kranichzug, wenn zehntausende Graukraniche auf dem Weg nach Süden für mehrere Wochen Station machen.

AUTORENTIPP!

MIT DER KUTSCHE ZUM DARSSER ORT

Den Darßer Ort kann man auf vielfältige Weise entdecken. Vor allem bei Kindern steht eine Fahrt mit der Pferdekutsche oder im Kremserwagen hoch im Kurs. Los geht es am Bernsteinweg, Ecke Leuchtturmweg am westlichen Ortsrand in Prerow. In der Saison verkehren die Kutschen zwischen 9.30 und 16 Uhr im Stundentakt. Auf der sechs Kilometer langen Strecke ist man etwa eine gute Stunde unterwegs. Als Rückweg bietet sich ein Wanderweg an, der dann, von Muschelsuchen und Badestopps unterbrochen, etwas länger dauern kann. Vom Kutschenplatz am Leuchtturm folgt man zunächst dem Leuchtturmrundweg ein Stück und kommt dann über den Nothafen am Ottosee und den weitläufigen Nordstrand nach Prerow zurück.

Kutschunternehmen Bergmann.
Tel. 038233/702 77,
www.kutschfahrten-bergmann.de

Rund um den Leuchtturm

Beliebtester Anlaufpunkt im Nationalpark ist der 35 m hohe Leuchtturm am Darßer Ort. Seit 1848 setzt er mit seinem Leuchtfeuer für Schiffe eine Landmarke. Gäste können auf einer gusseisernen Wendeltreppe in 134 Stufen zur Aussichtsplattform aufsteigen und bei klarer Sicht bis zur dänischen Insel Møn hinüberschauen. Bis zur Umstellung auf durch Funk gesteuertes Leuchtfeuer wohnten in dem Gehöft am Leuchtturm zwei Leuchtturmwärterfamilien. Seit 1991 zeigt darin das Natureum eine Ausstellung über den Naturraum Darßer Ort. In drei Aquarien werden zudem rund 30 Fischarten und wirbellose Tiere der Ostsee vorgestellt, darunter Flundern, Seehasen, Sandaale und Ostseegarnelen. Empfehlenswert ist eine kurze Wanderung durch die Anlandungszone. Der Naturerlebnispfad beginnt am Kutschenplatz neben dem Leuchtturm und führt über einen Bohlenweg mitten über Land, das es vor 150 Jahren noch gar nicht gab.

Born und Wieck

Besonders gute Ausgangspunkte für Exkursionen in den Park sind Ahrenshoop und Prerow. Im Windschatten der beiden Seebäder geht es in den Dörfern Born und Wieck an der Boddenküste vergleichsweise ruhig zu. Beide Orte grenzen unmittelbar an den Nationalpark. Born ist auf den ersten Blick vielleicht unspektakulär, doch gibt es wunderschöne Rohrdachhäuser. Hingucker sind farbenfroh verzierte Türen und auf der Spitze der Hausfirste angebrachte ornamentale Giebelzeichen. In Wieck informiert das Nationalparkzentrum Darßer Arche mit einer ständigen Ausstellung über die Lebensräume und Naturvielfalt im Schutzgebiet. Die alte Dorfschule wird von einem wie ein Schiffsrumpf aussehenden ökologisch konzipierten Neubau ergänzt.

Oben: Lachmöwen brüten bevorzugt in den seichten Verlandungszonen der Boddengewässer.
Mitte: Ein Wanderpfad führt über einen langen Steg Richtung Prerow.
Unten: Der Darßer Ort kann auf reizvollen Wanderwegen erkundet werden.

Infos und Adressen

INFORMATION

Nationalparkamt. Infopunkte gibt es auch in Waase/Rügen, Vitte/Hiddensee, auf dem Zingst und in Barhöft nördlich von Stralsund. Dieser hier ist in Born, Im Forst 5, Tel. 038234/50 20, www.nationalpark-vorpommersche-boddenlandschaft.de
Darßer Arche. Nationalpark- und Besucherzentrum mit einer Dauerausstellung. Geöffnet Mai–Okt. tgl. 10–18 Uhr, übrige Zeit Do–Sa 10–16 Uhr. Wieck, Bliesenrader Weg 2, Tel. 038233/703 80, www.darsser-arche.de

Exemplarisch ausgestelltes Totholz

Die Wege im Nationalpark sind gut ausgeschildert.

ESSEN UND TRINKEN

Walfischhaus. Fisch aus nachhaltigem Fang, Bio-Fleisch vom Darß, aussichtsreiche Terrasse. Zum Öko-Lokal gehört auch eine kleine Pension mit sieben freundlich eingerichteten Zimmern. Born, Chausseestr. 74, Tel. 038234/557 84, www.walfischhaus.de
Café am Leuchtturm. Das Café hat zu den Öffnungszeiten des Natureums geöffnet, Zutritt haben nur Museumsbesucher. Darßer Ort, Tel. 038234/304.

ÜBERNACHTEN

Haferland. Drei reetgedeckte Häuser mit Viersterneniveau am Seglerhafen; mit drei Restaurants, wovon im Bajazzo ausschließlich vegetarisch gekocht wird. Wieck, Bauernreihe 5a, Tel. 038233/680, www.hotelhaferland.de

SEHENSWÜRDIGKEITEN

Natureum. Interessante Außenstelle des Deutschen Meeresmuseums Stralsund. Geöffnet Mai–Okt. tgl. 10–18 Uhr, übrige Zeit Mi–So 11–16 Uhr. Darßer Ort 1–3, Tel. 038233/304, www.meeresmuseum.de/natureum

EINKAUFEN

Biomarkt. Feinkost und regionale Spezialitäten in Bio-Qualität. Wieck. Geöffnet Mai–Okt. Mi und Sa 9–13 Uhr. Bliesenrader Weg 2, direkt vor dem Nationalparkzentrum Darßer Arche.

AKTIVITÄTEN

Rundflug. Atemraubende Ausblicke auf den Darß garantiert ab dem Flugplatz Barth ein 20-minütiger Rundflug. Flugagentur Mecklenburg-Vorpommern. Tel. 038454/39 98 05, www.flugagentur-mv.de

Der Leuchtturm am Darßer Ort

26 Prerow
Langer Strand, schmucke Türen

Der Hauptort auf dem Darß ist mit dem fünf Kilometer langen Nordstrand ein populäres Familienbad. Vor der Wende war Prerow durch seinen riesigen Campingplatz gar das größte Ostseebad der DDR. Unmittelbar vor der Haustür lädt der Nationalpark Vorpommersche Boddenlandschaft zu Exkursionen ein. Apropos Haustüren – der Ort ist voll davon, und eine ist schöner als die andere.

Ursprünglich trennte der Prerowstrom den Darß von der Insel Zingst. Als 1872 eine Jahrhundertflut die Ostseeküste heimsuchte, brach auch der Deich in Prerow und das ganze Dorf wurde unter Wasser gesetzt. Beim Bau des neuen Deichs schüttete man dann den Strom an der Mündung zu. Die ehemalige Wasserstraße zwischen Dorf und Strand ist seither ein Binnenarm. Von der Ortsmitte führt ein Fußgängersteg über den Prerowstrom zur Seebrücke am Ostseestrand. Auch diese hat eine Geschichte: 1993 erbaut ist sie bereits Prerows vierte Brücke. Die drei Vorgängerbauten wurden alle durch Eisgang zerstört.

Schifferhäuser mit Türschmuck

Prerow ist ein altes Fischer- und Seefahrerdorf, in dem es bis ins 19. Jahrhundert hinein drei kleine Werften gab. Kleine Schoner und Barken liefen dort vom Stapel. Etliche Schifferhäuser blieben aus dieser Zeit erhalten. Eines der ältesten davon ist das Eschenhaus (1779) in der Grünen Straße 8. Wie überall auf dem Darß schmücken schön bemalte Eingangstüren die Häuser. Interessant ist auch die Seemannskirche von 1728. In ihr sind

Mitte: Einfach über die Düne spazieren und schon ist der kilometerlange Ostseestrand erreicht.
Unten: Ein stolzes Kapitänshaus in Prerow

Am Prerowstrom sind ruhige Tage garantiert.

mehrere Votivschiffe ausgestellt. Sie wurden von Seeleuten gestiftet, die auf hoher See in Not gerieten. Die Kirche ist zugleich Bühne für Orgelkonzerte und Lesungen. Nach dem Niedergang der Segelschifffahrt entwickelte sich Prerow langsam aber stetig zum Badeort. Vor 100 Jahren kamen die Blauen-Reiter-Maler Marianne von Werefkin und Alexej Jawlensky an den Nordstrand, um sich von der See inspirieren zu lassen. Auf ihren weltbekannt gewordenen Bildern hielten sie die Dünenlandschaft, die Seemannskirche und die Wäscherinnen am Strom fest.

Der Nordstrand

Der Nordstrand in Prerow ist lang und breit genug, um tausende von Badegästen gleichzeitig aufzunehmen. Doch dazu muss man die Strandkörbe schon in Sechserreihen aufstellen. Wie das ging, hat das Seebad zu DDR-Zeiten vorgemacht. Prerow war der mit Abstand beliebteste Strand der werktätigen Massen. Allein auf dem Zeltplatz am Nordstrand kampierten in der Hauptsaison mitunter mehr als 10 000 Urlauber. Nach dem Strandtag füllten sich abends die Discos. Die

HAUSTÜREN AUF DEM DARSS

Türen sind der architektonische Blickfang auf dem Darß. Bei einem Rundgang durch die Straßen von Prerow, aber auch in Born, kann man dutzende wunderschöne Fotomotive entdecken. Der Brauch, die Haustüren der Schifferhäuser zu schmücken, geht auf die Mitte des 19. Jahrhunderts zurück, als die Segelschifffahrt ihre Blütezeit erlebte. Sehr oft ist auf dem Türblatt ein stilisierter Sonnenaufgang zu sehen, der symbolisch für die glückliche Heimkehr der Seeleute steht. Bei der Wahl des Motivs spielten oft auch heidnische Einflüsse eine Rolle. So sollten bestimmte Symbole vor Feuer, Blitzeinschlag und Zauberei schützen. Florale Ornamente drücken schlicht und einfach Lebensfreude aus. Eine kleine Sammlung historischer Türen gibt es übrigens im Prerower Darß-Museum zu bestaunen. Wer mehr Hintergrundinfos möchte, dem sei *Das kleine Buch der Darßer Haustüren* von Frank Braun und René Roloff empfohlen.

Oben: Familiengeführte Lokale sorgen für individuelle Betreuung.
Mitte: Wie grüne Tunnel ziehen sich Alleenstraßen über den Darß.
Unten: Speziell der Darß und der Zingst sind traditionell eine beliebte Adresse für FKK.

Tanzgaststätte »Helgoland« war DDR-weit genauso bekannt, wie für Westdeutsche das »Oberbayern« an Mallorcas Ballermann-Promenade. Im Unterschied zu Mallorca herrschte allerdings eine für die Nachkriegszeit ausgesprochen lockere Kleiderordnung vor. Prerow war reines FKK-Gebiet.

Strandkultur

Los ging es 1953 mit den so genannten »Kamerunfesten«, bei denen man sich meist nur mit Muschelketten behängt am Strand versammelte. Den Offiziellen war, wie alles was mit Freiheit zu tun hatte, die freizügige Kleiderordnung zunächst suspekt. Als an den Ostseestränden immer mehr Menschen die Hüllen fallen ließen, wurde schließlich 1956 mit einem offiziellen Erlass das Nacktbaden legalisiert. In der »Anordnung zur Regelung des Freibadwesens« war seither das Baden ohne Schwimmbekleidung an dafür gekennzeichneten Stränden gestattet. FKK entwickelte sich zur Massenbewegung. An den DDR-Stränden zog eine Lockerheit ein, wie sie zu jener Zeit nirgendwo sonst toleriert wurde, schon gar nicht in den katholisch geprägten Mittelmeerländern. Am Nordstrand von Prerow war Nacktbaden normal, wer Badesachen trug, fiel aus der Reihe. Man spielte nackt Volleyball und Boccia.

Erst nach der Wende wurde zurückgerudert. Den Zeltplatz in Prerow gibt es noch. Regenbogen-Camp heißt er jetzt. Mit seinen 800 Stellplätzen auf einem 2,5 km langen Strandabschnitt ist er immer noch einer der größten an der Ostsee. Doch neben dem nach wie vor viel frequentierten FKK-Abschnitt gibt es nun wieder auch einen ganz »normalen« Textilstrand. Das »Helgoland« wurde allerdings im Jahr 2000 abgerissen. Prerow ist im Sommer immer gut besucht. Hoffnungslos überlaufen ist es jedoch nicht mehr.

Infos und Adressen

INFORMATION

Tourist-Information. Gemeindeplatz 1,
Tel. 038233/61 00, www.ostseebad-prerow.de

ESSEN UND TRINKEN

Seeblick. Das Lokal steht direkt an der Seebrücke, drei Dachterrassen erlauben eine fulminante Aussicht aufs Wasser. Neben Ostseefisch gibt es auch Wildgerichte. Tel. 038233/348, www.wolff-prerow.de

Teeschale. Hübsches Rohrdachhaus von 1850, das einst einen Kolonialwarenladen beherbergte. Im zugehörigen Geschäft gibt es 130 Teesorten. Prerow, Waldstr. 50, Tel. 038233/608 45, www.teeschale.de

Alteingesessen: die Teeschale in Prerow

ÜBERNACHTEN

Hotel Bernstein. Modernes Viersternehaus der Travel-Charme-Gruppe direkt am Darßwald und nur wenige Gehminuten vom Nordstrand entfernt. Fast alle der 125 elegant möblierten Zimmer haben Balkon. Buchenstr. 42, Tel. 038233/640 00, www.travelcharme.com/bernstein

Regenbogen-Camp. In den Dünen direkt am Meer schlafen. Das geht entweder im mitgebrachtem Zelt oder in feststehenden Campingwagen, die man mieten kann. Bernsteinweg 4–8, 0431/237 23 70, www.regenbogen.ag

Ferienservice Prerow. Die Agentur vermittelt verschiedene Ferienhäuser, Apartments und Doppelhaushälften. Bergstr. 8, Tel. 038233/717 76, www.ferienservice-prerow.de

Seeleute danken mit Votivschiffen für ihre Rettung.

Eichenpark. In dem nur wenige Gehminuten vom Nationalpark entfernten rohrgedeckten Haus werden gut ausgestattete Ferienwohnungen vermietet. Waldstr. 66, Tel. 038233/361, www.eichenpark-prerow.de

SEHENSWÜRDIGKEITEN

Eschenhaus. Eines der ältesten Schifferhäuser. Erbaut 1779. Grüne Straße 8.

Seemannskirche. Schlichter Backsteinbau mit hölzernem Turm. Ganzjährig und täglich geöffnet. Gottesdienst So 10.30 Uhr. Kirchenort 1.

EINKAUFEN

Fischräucherei Rennhack. Der Betrieb hat am Hafen und in der Waldstraße weitere Dependancen und ist mit einem mobilen Verkaufswagen auf Festivitäten in der Region präsent. Buchenstr. 6, Tel. 038233/602 61, www.prerow-rennhack.de

AKTIVITÄTEN

Darß-Museum. Natur- und kulturgeschichtliche Sammlung zum Darß. Geöffnet Mai–Okt. Di–So 10–18 Uhr, Nov.–April Fr–So 13–17 Uhr. Waldstr. 48, Tel. 038233/697 50, www.ostseebad-prerow.de

Kulturkaten Kiek In. Bühne für Kleinkunst, Konzerte und Veranstaltungsort für Mal- und Kreativkurse. Waldstr. 42, Tel. 038233/610 25.

Schifffahrt. Von März–Nov. lädt mehrmals täglich der nostalgische Mississippi-Dampfer River Star zu einer Boddenrundfahrt ein. Born, Pumpeneck 5, Tel. 038234/239, www.reederei-poschke.de

27 Zingst
Ein Seefahrerdorf wird Heilbad

Mit rund 10 000 Gästebetten ist Zingst das größte Seebad der Ferienregion Fischland–Darß–Zingst. Als Seeheilbad hat sich der Ort zugleich einen Namen für Prävention und medizinisches Wellness gemacht. Familien fühlen sich am langen Strand gut aufgehoben, Radler finden auf aussichtsreichen Deichwegen ein gutes Revier. Für Ornithologen und Vogelfreunde ist Zingst im Herbst der beste Standort, um den Kranichzug zu beobachten.

Im 19. Jahrhundert brachte die Segelschifffahrt dem aus drei zusammengelegten Ortschaften bestehenden Zingst eine beachtliche Blüte. Die Menschen bauten Schiffe, unterrichteten in Navigation oder fuhren zur See. Bis 1862 mussten die Einwohner zum Sonntagsgottesdienst nach Prerow gehen, dann bauten sie sich mit der Peter-Pauls-Kirche ein eigenes Gotteshaus. Baumeister war der Schinkel-Schüler Friedrich August Stühler.

Erste Sommerfrischler

Die ersten Badegäste kamen ab 1880. Von Stralsund aus brachte ein Schraubendampfer die Sommerfrischler über den Bodden auf den Zingst. Einen Schub erhielt der Ort durch die 1910 eröffnete Darßbahn, die von Barth über Zingst bis Prerow fuhr. Allerdings wurde sie nach dem Zweiten Weltkrieg von den Russen als Reparationsleistung wieder abgebaut. Auf der ehemaligen Trasse gibt es heute einen schönen Radweg. Mit der 1993 errichteten Seebrücke, dem neuem Kurhaus, einer vielfältigen Hotellerie und nicht zu vergessen dem zwölf Kilometer langen Strand hinter der Hoch-

Mitte: Am langen Strand von Zingst ist auch im Hochsommer meist viel Platz.
Unten: Kinder nutzen die Seebrücke von Zingst gerne auch als Sprungbrett.

Die Hochwasserdüne in Zingst ist ein sensibles Ökosystem.

wasserdüne hat Zingst alles, was es zu einem attraktiven Seebad braucht. Seit 2002 darf sich der Ort staatlich anerkanntes Seeheilbad nennen. Eine Mutter-Kind-Klinik gab es schon vorher, hinzugekommen ist ein vielfältiges Kur- und Gesundheitsangebot. Entspannen ist hier Programm!

»Wo die Ostseewellen trecken an den Strand ...«

Die Bummelmeile des Seebades ist die Strandstraße. Sie wird von ansehnlichen Bauten aus der Bäderzeit gesäumt. Dazu gesellen sich Cafés, Galerien und natürlich Andenkenläden mit Sanddornprodukten und Buddelschiffen. In der Strandstraße steht ein stolzes Fischerhaus von 1867, in dem heute der Museumshof von der Geschichte des Seebades erzählt und Schiffsmodelle ausstellt. In der zugehörigen Pommernstube wird Bernstein geschliffen, die Museumsbäckerei hält leckere süße Teilchen bereit und in der alten Scheune nebenan kann man heiraten. Das Museum erinnert auch an die Heimatdichterin Martha Müller-Grählert (1876–1939), deren in vorpommerschem Platt geschriebenes Gedicht »Mine Heimat« deutschlandweit bekannt ist. Die Zeilen wurden um 1910 als das »Ostseewellenlied« vertont, das als Gassenhauer bald auch an der Nordseeküste gehört wurde. Die Dichterin ist auf dem Zingster Friedhof

FOTO-WORKSHOPS

Zingst ist ein Zentrum der Fotografie. Vor Ort stellen mittlerweile acht Galerien Fotokunst aus. Was lag da näher, als eine Fotoschule und ein Fotofestival ins Leben zu rufen. Renommierte Fotografen und Fotopädagogen geben in Workshops ihr Wissen an Einsteiger und angehende Profis weiter. Themenschwerpunkte sind Landschafts- und Tierfotografie, doch auch Akt und Portrait stehen auf dem Programm. Die Aktivitäten rund ums Bild bündeln sich im 2011 eröffneten kommunalen Max-Hünten-Haus. Das auch in architektonischer Hinsicht ambitionierte Medien- und Informationszentrum bietet Raum für Ausstellungen, Seminare, eine Fotobibliothek und ein Druckzentrum für den fotografischen Output. Die Leitidee folgt dem Ausspruch von Henri Cartier-Bresson: »Ein gutes Foto ist ein Foto, auf das man länger als eine Sekunde schaut«.

Horizonte Zingst. Kur- und Tourismus GmbH, Tel. 038232/16 51 21, www.erlebniswelt-fotografie-zingst.de

begraben. Das Steinkreuz über dem Grab trägt die sehr passende Inschrift »Hier ist meine Heimat, hier bün ick to Hus«.

Zur Hohen Düne

Östlich vom Seebad Zingst beginnt am Hotel Schlösschen Sundische Wiese eine für den motorisierten Verkehr gesperrte schmale Betonstraße, die nach acht Kilometern am Pramort an der Ostspitze der Halbinsel endet. Am besten mietet man sich am Hotel ein Rad, zu Fuß ist die Strecke etwas zu lang und zugegebenermaßen auch etwas eintönig. Pramort liegt in der Kernzone des Nationalparks Vorpommersche Boddenlandschaft. Kurz vor einer Vogelbeobachtungshütte kann man auf einem Bohlenweg in 20 Minuten zur Hohen Düne wandern. Schilder warnen vor Munitionsresten, da das Gebiet von 1937 bis 1993 militärisch genutzt wurde. Auf der Weißdüne erlaubt eine Aussichtsplattform ein fulminantes Panorama auf den Ostseestrand. Das Bad in der See muss man allerdings verschieben, aus Naturschutzgründen ist der Zutritt zum Strand gesperrt.

Kraniche beobachten

Pramort ist im Herbst der beste Platz in Mitteleuropa, um relativ nah an die Kraniche heranzukommen. In der Abenddämmerung fliegen sie zu tausenden zu ihren Schlafplätzen ein, um im Flachwasserbereich des Windwatts auf einem Bein stehend die Nacht zu verbringen. Der Zugang zum Pramort ist dann täglich auf 80 Teilnehmer begrenzt. Details zu dem ornithologischen Spektakel hält die Tourist-Information bereit. Besonders spannend ist die Annäherung vom Wasser aus. Die Reederei Zingst bietet von etwa Mitte September bis Mitte Oktober Kranichtouren an – Ferngläser können an Bord ausgeliehen werden.

Oben: Gleich hinter Wasser und Düne wird der Strand von einem Grüngürtel gesäumt.
Mitte: Buhnen sind ein gern besuchter Rastplatz für Seevögel.
Unten: Für lokales Brauchtum und altes Handwerk ist das Heimatmuseum zuständig.

Infos und Adressen

INFORMATION

Tourist-Information. Seestr. 56,
Tel. 038232/815 80, www.zingst.de
Kurmittelcentrum. Prävention, Therapie und Medical Wellness in eigener Wohnanlage. Rämel 5,
Tel. 038232/831 01, www.kmcz.de

ESSEN UND TRINKEN

Café Rosengarten. Heimeliges Reetdachhaus,
tagsüber Kaffee- und Teespezialitäten, ab 18 Uhr
warme Küche. Strandstr. 12, Tel. 038232/847 04,
www.caferosengarten.net
Kurhaus Restaurant. Gute regionale Küche, toller
Meerblick von der windgeschützten Terrasse.
Seestr. 57, Tel. 038232/815 76.

ÜBERNACHTEN

Steigenberger Strandhotel & Spa. Zentral an der
Seebrücke. Klassizistische Architektur, moderne Designer-Zimmer, Wellness. Seestr. 60, Tel. 038232/
84 21 00, www.steigenberger.com
Meerlust. Vier-Sterne-Wellnesshotel direkt hinter
der Düne, mit feiner Küche, die auch angehenden
Gourmets gerecht wird. Seestr. 72, Tel. 038232/
88 50, www.hotelmeerlust.de

Schlösschen Sundische Wiese. Das ehemalige
kleine Jagdschloss liegt absolut ruhig in komfortabler Alleinlage, ungefähr 11 km von Zingst entfernt gen Osten an der Nationalparkgrenze.
Landstr. 19, Tel. 038232/81 80, www.hotel
schloesschen.de

SEHENSWÜRDIGKEITEN

Museumshof. Geöffnet Mai–Okt. tgl. 10–18 Uhr,
Mai/Juni auch So 14–17 Uhr. Strandstr. 1–3,
Tel. 038232/155 61.
Peter-Pauls-Kirche. Kirchweg 9.
Tel. 038232/152 26.

AKTIVITÄTEN

Kranichflug. In der Zeit vom 1. September bis Anfang November ist der Zugang zum Kranich-
beobachtungsplatz am Pramort zwischen 15 und
19 Uhr nur mit der Nationalpark Card möglich. Die
Karte wird am Kontrollpunkt Sundische Wiese verkauft und kostet 5 €.
Schiffsausflug. Mit der Reederei Zingst. Die
Abendausfahrten nach Pramort sind ausgesprochen gefragt, es empfiehlt sich, zeitig zu disponieren. Tel. 03831/268 10, www.reederei-zingst.de

Am Strand von Zingst

28 Deutsches Bernsteinmuseum
Das Gold der Ostsee

Das Bernsteinmuseum in Ribnitz-Damgarten lässt kaum eine Frage zum edlen Baumharz offen. Viel los ist, wenn das Wetter auf dem Darß mal weniger schön ist. Dann wollen besonders viele Feriengäste die kleinen und großen Kostbarkeiten des Meeres bestaunen. Daneben kann der 1950 zusammengelegte Doppelort auch mit einer netten Altstadt und einem spätgotischen Stadttor aufwarten.

Barfuß am Spülsaum der Ostsee entlanglaufen und dabei Muscheln sammeln, nach Hühnergöttern Ausschau halten und vielleicht ein Krümelchen Bernstein entdecken. Das hat was. Um Bernstein zu finden, braucht es allerdings ein Quäntchen Glück. Nach einer stürmischen Nacht bricht man am besten gleich früh am nächsten Morgen auf. Ganz sicher fündig wird man im Bernsteinmuseum, das europaweit zu den führenden Häusern in Sachen Bernstein gehört.

Geologie des fossilen Harzes

Vor etwa 50 bis 40 Millionen Jahren war die heutige Ostseeregion von einem »Bernsteinwald« bedeckt. Organische Einschlüsse, sogenannte Inklusen, in gefundenem Bernstein erlauben Rückschlüsse auf die Zusammensetzung des Waldes. Er bestand unter anderem aus Kiefern, Eichen und angesichts des damals wärmeren Klimas auch aus tropischen Gewächsen. Das als Bernstein bekannte erhärtete Harz stammt von einer ausgestorbenen Kiefernart. Die Herkunft des Bernsteins ist im Museum nur ein Aspekt unter vielen. Infor-

Mitte: Die Sammlung lässt kaum eine Frage zum Gold der Ostsee offen.
Unten: Im Bernsteinmuseum finden sich besonders verzierte Schatullen aus Bernstein.

Deutsches Bernsteinmuseum

miert wird auch über die großtechnische Gewinnung des begehrten Harzes, wie sie heute vor allem an der polnischen Ostseeküste und in der russischen Enklave Kaliningrad betrieben wird. Der Weltmarkt wird heute überwiegend mit Bernstein aus diesen beiden Ländern beliefert.

Thematisiert wird auch das legendäre Bernsteinzimmer, das Anfang des 18. Jahrhunderts im Auftrag des preußischen Königs für das Berliner Schloss angefertigt wurde und dann 1716 als Geschenk an Zar Peter den Großen nach Russland kam. Zuletzt wurde es kurz vor dem Ende des Zweiten Weltkriegs in Königsberg ausgestellt, seither ist es verschollen.

Wertvolle Ausstellungstücke

Im Museum gibt es Bernstein in allen Formen und Farbschattierungen, von Weiß über Gold bis Rotbraun. Dazu kann ein Fülle daraus gefertigter Schatullen, Schachfiguren, Schiffsmodelle, Schmuck und vieles andere mehr bestaunt werden. Im Mittelalter wurde der größte Teil des Baumharzes zu Rosenkränzen verarbeitet, auch davon besitzt das Museum etliche Exponate.

Im 19. Jahrhundert waren in manchen Regionen Bernsteinketten als Teil der Hochzeitstracht populär, ein besonders schönes Stück ist eine Trachtenkette von 1860. Eine ausgesprochene Rarität und vielleicht das faszinierendste unter den rund 1600 ausgestellten Stücken ist ein in Bernstein eingeschlossener urzeitlicher Skorpion. Wissenschaftler fanden den Fund aus dem Tertiär so bedeutend, dass sie dem giftigen Stacheltier einen eigenen Namen verpassten – *Palaeoananteris ribnitodamgartensis*. Aus der Fülle weiterer Inklusen ragt ein eingeschlossener Gecko heraus, und selbst das Betrachten von einer im Harz gefangenen Fliege

BERNSTEINMEILE

In Ribnitz-Damgarten dreht sich fast alles um das Gold der Ostsee. Neben dem Bernsteinhaus, dem Sitz der Stadtinformation, gibt es einen Bernsteinfischerbrunnen, eine Bernsteindrechslerei und eine Bernsteingalerie mit Schmuckstücken internationaler Künstler. Großen Zulauf hat die Schaumanufaktur im Gewerbegebiet Ost im Stadtteil Damgarten direkt an der B 105. Die gläserne Produktion zeigt, wie Bernstein bearbeitet und mit Gold und Silber kombiniert zu Schmuck wird. Der moderne Betrieb ging aus dem VEB Fischlandschmuck hervor, der einst der bedeutendste Schmuckproduzent in der DDR war und nach der Wende neu strukturiert auch heute zu den größten Schmuckherstellern Deutschlands gehört. Das Haus beherbergt nach eigenen Angaben die größte Bernsteinverkaufsgalerie Europas. Tatsächlich ist das Angebot mit rund 10 000 Verkaufsstücken riesig. Allein bei den Ringen hat man unter 4500 Stücken die Qual der Wahl.

Schaumanufaktur Ostsee-Schmuck. Mo–Fr 9.30–18 Uhr, Sa 9.30–16 Uhr. An der Mühle 30, www.ostseeschmuck.de

Bernsteine in unterschiedlichsten
Formen und Farben

Deutsches Bernsteinmuseum

oder Mücke kann ein erhabenes Gefühl wachrufen, wenn man bedenkt, dass das Insekt schon 40 Millionen Jahre überdauerte. Daneben sind viele pflanzliche Einschlüsse zu sehen, unter anderem eine Eichenblüte. Weitere herausragende Stücke der Sammlung sind ein jungsteinzeitliches Bernsteinamulett und ein 80 cm hoher Hausaltar (1670). Moderne kleinplastische Bernsteinarbeiten werden von dem hessischen Bildhauer und Designer Jan Holschuh gezeigt.

Bernstein ist nicht besonders hart, er lässt sich leicht bearbeiten. In der Schauwerkstatt des Museums wird gezeigt, wie das fossile Harz gedrechselt, geschliffen und poliert wird. Kinder können dort unter Anleitung ihren ganz individuellen Anhänger anfertigen. Das dazu notwendige Stück Bernstein kostet je nach Größe 5 bis 15 Euro.

Die Ribnitzer Madonnen im Damenstift

Das Bernsteinmuseum befindet sich im ehemaligen Kloster Ribnitz. Es wurde bereits 1323 von Heinrich dem Löwen dem Klarissenorden gestiftet und nach der Reformation zu einem adligen Damenstift umgewandelt.

In der Klosterkirche macht seit Mai 2010 eine Sonderausstellung mit den Details bekannt. Es wird die Geschichte des einstigen Klarissenkonvents gezeigt. Dort sind auch die berühmten Holzplastiken der Ribnitzer Madonnen aus dem frühen 14. Jahrhundert ausgestellt. Auch wie es nach der Reformation als Damenstift umfunktioniert wurde, kann man erfahren. Sehenswert ist außerdem das von dem Niederländer Philipp Brandin geschaffene Renaissancegrabmal (1590) von Ursula von Mecklenburg – sie war die letzte Äbtissin des Klosters.

Infos und Adressen

INFORMATION
Stadtinformation. Ribnitz-Damgarten, Am Markt 14, Tel. 03821/22 01, www.ribnitz-damgarten.de
Deutsches Bernsteinmuseum. März–Okt. tgl. 9.30–18 Uhr, übrige Zeit Di–So 9.30–18 Uhr. Im Kloster Ribnitz 1-2, Tel. 03821/29 31, www.deutsches-bernsteinmuseum.de

ESSEN UND TRINKEN
Hafenschenke. Solides Fischlokal am Segelboothafen mit reizvollem Ausblick auf den Bodden. Am See 1a, Tel. 03821/89 48 30, www.hafenschenke.de

EINKAUFEN
Bernsteingalerie E. Große Auswahl an modernem Bernsteinschmuck. Neue Klosterstr. 8, www.bernsteingalerie-ribnitz.de
Zum Honigdieb. Dem Landhotel sind eine Berufsimkerei, Hofladen und Hofcafé angeschlossen. Einführung in den Imkereibetrieb. Ortsteil Klockenhagen, Bäderstr. 6a, Tel. 03821/70 67 37, www.zum-honigdieb.de

AKTIVITÄTEN
Ribnitzer Bernstein-Drechslerei. Der Meisterbetrieb repariert nicht nur Bernsteinschmuck, es werden auch Mosaikarbeiten und Neuanfertigungen nach individuellen Wünschen gemacht. Lange Str. 48, www.bernstein-drechsler.de
NSG Unteres Recknitztal. Östlich von Marlow lädt am Unterlauf der Recknitz ein Naturschutzgebiet zu Wanderungen ein. Das Durchströmungsmoor ist ein Refugium für zahlreiche Fisch- und Vogelarten, auch Meister Biber ist hier zuhause.

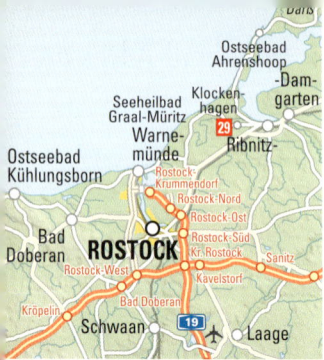

29 Freilichtmuseum Klockenhagen
Landleben in Mecklenburg

Die wenigsten Besucher machen sich ein Bild davon, wie viel Arbeit tatsächlich in diesem Dorfmuseum steckt. Lediglich zwei der 20 Gebäude standen ursprünglich in Klockenhagen, eines davon ist ein 300 Jahre altes niederdeutsches Hallenhaus. Es war sozusagen der Kern für das 1970 eröffnete Freilichtmuseum. Alle anderen Häuser wurden an ihren alten Standorten abgetragen und Stein für Stein wieder detailgetreu aufgebaut.

20 Häuser aus 18 verschiedenen Dörfern aus Mecklenburg-Vorpommern. Die Gebäude stehen nicht für ein homogenes idealtypisches Dorf, dennoch liefern sie als Ganzes ein getreues Abbild der ländlichen Kultur, wie sie vor 200 oder 300 Jahren lebendig war. Dazu gehören Bauernkaten, Scheunen, Spritzenhäuser, eine Bockwindmühle und selbst eine Schmiede ist dabei. Jedes Haus kann eine Geschichte erzählen, auch die schmucke Fachwerkkirche von Dargelütz, einem Ortsteil von Parchim. 1790 erbaut hielt man darin fast 200 Jahre lang jeden Sonntag den Gottesdienst ab. Bis 1978, dann wurde die Kirche nicht mehr gebraucht. Sie begann zu verfallen, hinzu kamen wiederholt Fälle von Vandalismus. 1992 gab die Gemeinde das Kirchenschiff an das Freilichtmuseum Klockenhagen ab, der denkmalgeschützte gotische Glockenturm verblieb allerdings in Dargelütz. In Klockenhagen erhielt die Kirche einen einfachen hölzernen Glockenstuhl und wurde neu geweiht. Seither dient sie der evangelischen Gemeinde Ribnitz als Museumskirche, in der wieder geheiratet und getauft wird.

Mitte: Im historischen Dorfladen darf auch eingekauft werden.
Unten: In der Käserei wird mit alten Gerätschaften bekannt gemacht.

Freilichtmuseum Klockenhagen

Besondere Bauten

Das älteste Gebäude am Platz ist die 1642 erbaute Fachwerkscheune aus Groß Bengerstorf und das älteste Bauernhaus ist jenes von Straßen im Landkreis Ludwigslust. In dem 1671 erbauten Fachwerkbau hat die Museumsgaststätte Platz gefunden. Originell ist der Katen Stäbelow, ein Doppelhaus für ursprünglich zwei Familien mit zwei Eingängen an den Stirnseiten. Viel Atmosphäre vermittelt der Tante-Emma-Laden, der bis 1984 in Neuendorf Heide am Saaler Bodden stand. Ausgestellt sind vor allem nostalgische Waren aus DDR-Zeiten. Daneben gibt es handgearbeitete Schmiede- und Töpferwaren.

Ein buntes Rahmenprogramm

Im Außenbereich werden Musterparzellen mit Kulturpflanzen bestellt. Altes landwirtschaftliches Gerät zeigt, womit man das früher gemacht hat. Gackernde Hühner, schnatternde Enten und meckernde Ziegen beleben das Dorf. Als Teil des museumspädagogischen Konzepts werden u. a. Führungen durch den Heil- und Würzkräutergarten angeboten. Dieser wurde nach Vorgaben der Mystikerin Hildegard von Bingen angelegt. Je nach Jahreszeit wachsen hier bis zu 300 verschiedene Kräuter. Einige davon werden in ihrer Wirkung vorgestellt. Man erfährt auch, wann die optimale Erntezeit ist. Besonders attraktiv sind Sonderveranstaltungen, wie die Schafschur oder das Erntedankfest, zu dem es ein Folkloreprogramm und einen Bauernmarkt gibt.

Das Freilichtmuseum Klockenhagen lässt sich gut mit einem Besuch des 20 km südöstlich gelegenen Vogelparks Marlow kombinieren. Aus dem Vogelpark ist mittlerweile ein kleiner Zoo geworden, in dem es u. a. auch Kängurus, Totenkopfaffen, Alpakas und Otter zu sehen gibt.

Infos und Adressen

INFORMATION

Freilichtmuseum Klockenhagen. Geöffnet April–Okt. tgl. 10–17 Uhr, der Dorfladen hat Mi–So von 10–17 Uhr geöffnet. Klockenhagen, Mecklenburger Str. 57, Tel. 03821/27 75, www.freilichtmuseum-klockenhagen.de

Vogelpark Marlow. Geöffnet Mitte März–Okt. tgl. 9–19 Uhr. Kölzower Chaussee 1, Tel. 038221/265, www.vogelpark-marlow.de

Mitte: Der Zwei-Ständer-Fachwerkbau aus dem 17. Jahrhundert dient heute als Museumsgaststätte.
Unten: Eine der Attraktionen des Museumsparks ist ein gut 200 Jahre altes niederdeutsches Hallenhaus.

STRALSUND

30 Stralsunds Altstadt
Alte Hansemetropole

Es braucht lediglich einen Aussichtpunkt, etwa den Turm der Marienkirche oder den Dachgarten des Ozeaneums, um mit einem Blick die einstige Größe der einflussreichen Hansestadt zu erfassen. Die Altstadt mit ihren Backsteinkathedralen, Klöstern und dem prunkvollen Rathaus gehören seit 2002 zusammen mit Wismar zum Weltkulturerbe der UNESCO. Und das ist ungemein attraktiv – am besten man plant für den Besuch gleich zwei oder drei Tage ein.

In der Hauptsaison ist die Parkplatzsituation rund um die Altstadt – milde ausgedrückt – angespannt. Bequem und zudem pittoresk ist die Annäherung an Stralsund mit der Fähre. Autofahrer fahren über die Rügenbrücke zum Schiffsanleger nach Altefähr und können dort kostenlos parken. Die Personenfähre überquert in 15 Minuten den Strelasund. Während der Überfahrt bieten sich tolle Perspektiven auf die Rügenbrücke und die

Vorangehende Doppelseite: Blick von der Marienkirche auf Stralsund
Mitte: Die Schaufassade des Rathauses gilt als ein Meisterwerk norddeutscher Fachwerkkunst.
Unten: Das Rathausportal wird vom Stadtwappen Stralsunds bekrönt.

MAL EHRLICH

STAUGEFAHR!

Die neue Rügenbrücke über den Strelasund ist sicherlich ein toller Brückenschlag und schaffte der Hansestadt Stralsund den lästigen Durchgangsverkehr zur deutschen Ferieninsel Nummer eins vom Hals. Der Verkehr wurde dadurch allerdings nicht weniger. Kaum endet die Ausbaustrecke der B 96 in Richtung Seebäder, ist leider vor allem am Wochenende der Stau sicher. Abhilfe schaffen kann im Grunde nur ein konsequenter Ausbau der öffentlichen Verkehrsmittel.

von den drei Kirchtürmen und dem Ozeaneum geprägte Stadtsilhouette. Vom Hafen sind es nur wenige Gehminuten in die historische Altstadt.

Weltkulturerbe der UNESCO

Mit knapp 58 000 Einwohnern ist Stralsund die größte Stadt in Vorpommern. Nach einem Einbruch in den Jahren nach der Deutschen Einheit entwickelte sich der Tourismus zum wichtigsten Wirtschaftszweig. Einen spürbaren Schub erhielt die Stadt durch die Anerkennung als Weltkulturerbe. Seit der Wende wird die Altstadt saniert. Rund 500 Gebäude stehen unter dem Schutz der UNESCO, etliche warten noch auf die notwendige Auffrischung. Ein Ende der Bautätigkeiten ist noch nicht absehbar. Doch das Zwischenergebnis kann sich bereits schon mehr als sehen lassen.

Die spätmittelalterliche Stadt

Von der Aussichtsplattform der Marienkirche präsentiert sich die Altstadt fast wie eine komplett von Wasser eingeschlossene Insel. Bereits wenige Jahre nach der Stadtgründung begann man, Teiche aufzustauen, um so vor potenziellen Angreifern besser geschützt zu sein. Gegen Westen begrenzt der Knieperteich die Altstadt, im Osten und Süden der Frankenteich. Die Hafeninsel, auf der neben riesigen alten Speichern seit 2008 das Ozeaneum für Furore sorgt, wurde erst im 19. Jahrhundert künstlich aufgeschüttet. Ein Mauerring mit elf Toren sorgte für zusätzlichen Schutz. Erhalten davon blieben noch das zum Hafen gewandte Kniepertor und das Kütertor am Westrand der Altstadt. 1293 schloss sich Stralsund dem Städtebund der Hanse an und stieg im Laufe des 14. Jahrhunderts nach Lübeck zur zweitwichtigsten Ostseemetropole auf. Schiffsbau und der Hafen als Umschlagsplatz für Getreide und

HANSEDOM

Der Bade- und Freizeittempel am westlichen Stadtrand von Stralsund ist mit Therme, Sauna und Sportbad einer der größten seiner Art an der Ostseeküste. Kinder lieben die Riesenrutschen, den Wildwasserkanal und das Wellenbecken. Wer es ruhiger mag, zieht sich in die orientalische Saunawelt zurück, gönnt sich eine Massage oder eine Wellnesspackung. Man kann außerdem in einem 25-m-Sportbad einige Runden schwimmen, Tennis, Badminton und Squash spielen oder die Kletterwand hochkraxeln. Therme, Sauna und Sportangebote können einzeln oder mit einer Kombikarte gebucht werden. Wer länger bleiben will: Nebenan steht das Hotel Hansedom, eines der besten Viersternehotels der Stadt.

Hansedom. Geöffnet tgl. 9.30–22 Uhr, Fr und Sa bis 23 Uhr. Grünhufer Bogen 18-20, Tel. 03831/373 30, www.hansedom.de

Stralsund Hansedom Hotel. Grünhufer Bogen 18, Tel. 03831/377 30, www.wyndhamstralsund.com

AUTORENTIPP!

HOTEL SCHEELEHOF

Das Hotel trägt den Namen von Carl Wilhelm Scheele, dem Erfinder des Sauerstoffs, der 1742 in dem mittlerweile fast 700 Jahre alten Giebelhaus zur Welt kam. Für das Hotelprojekt konnten dazu noch zwei Nachbarhäuser miteinbezogen werden. Alle drei Gebäude wurden vorbildlich saniert und 2011 als Viersternehotel eröffnet, wovon sich kurz nach der Eröffnung auch Frau Angela Merkel bei einer Stippvisite in ihrem Wahlkreis überzeugen konnte. Genormte Null-Acht-Fünfzehn-Zimmer gibt es im Scheelehof nicht, jedes der 93 Zimmer und Suiten hat einen individuellen Charakter. Denkmalschutz heißt, dass man Decken genauso wenig rausreißen kann, wie Fenster vergrößern oder einen Balkon anbauen. Dennoch ist ein gelungener Kompromiss zwischen alter Bausubstanz und modernem Komfort herausgekommen. Lediglich im Mittelbau sind die niedrigen Holzdecken etwas gewöhnungsbedürftig. Zum Hotel gehören Wellnessoase, Kaffeerösterei, Kellerbar und ein Restaurant mit gehobener Küche.

Hotel Scheelehof. Fährstr. 23-25, Tel. 03831/28 33 00, www.hotel-stralsund-scheelehof.de

Baustoffe begründeten den Wohlstand der Stralsunder. Die Kaufleute hatten genügend Finanzkraft, um monumentale Backsteinkirchen in Auftrag zu geben und sich ein prächtiges Rathaus zu leisten. Das Straßennetz in der Altstadt hat sich seither kaum verändert. Nach dem Dreißigjährigen Krieg fiel Stralsund an die Schweden. Die fast 150 Jahre währende Schwedenzeit war nicht unbedingt die schlechteste Zeit für die Stralsunder, doch ihrem Streben nach Selbstständigkeit und Freiheit waren dadurch natürlich enge Grenzen gesetzt. Unter der Schwedenherrschaft zog der Barock in die Stadt ein, was in vielen Putzbauten aus dem 17. Jahrhundert sichtlich wird.

Scheelehof und Krämerhaus

Zu den ältesten Straßenzügen der Altstadt gehört die Fährstraße. Im Scheelehof (Haus Nr. 23) wurde 1742 der Apotheker und Chemiker Carl Wilhelm Scheele geboren. Scheele gilt als Entdecker des Sauerstoffs. Vater Joachim Christian war ein angesehener Stralsunder Kornhändler, der allerdings angesichts der damals angespannten Wirtschaftslage drei Jahre nach Scheeles Geburt Bankrott ging. Das Haus in der Fährstraße wurde zwangsversteigert. Damals war Stralsund schwedisch. So war es ganz normal, dass der junge Scheele wie viele seiner pommerschen Landsleute sein Glück in Schweden versuchte und in Göteborg eine Apothekerlehre absolvierte.

Nicht jedes Altstadthaus will fein herausgeputzt werden. Im Krämerhaus in der Mönchstraße 38 verzichtete man bewusst auf eine Totalsanierung. Die letzten Bewohner zogen 1979 aus. 20 Jahre später wurde das Giebelhaus aus dem 14. Jahrhundert als Museumshaus eröffnet. Bewohnt wurde es ursprünglich von der Kaufmannsfamilie Krämer, die es ganz ihren Bedürfnissen angepasst

Stralsunds Altstadt

Stadtrundgang

A Nikolaikirche – Stralsunds älteste Backsteinkirche mit bedeutenden Kunstwerken.

B Wulflamhaus – Das spätgotische Bürgerhaus mit sehenswertem Pfeilergiebel wurde vom damaligen Bürgermeister Bertram Wulflam bewohnt.

C Rathaus – Die Fassade des gotischen Hauses zeigt hansische Machtentfaltung im Ostseeraum.

D Marienkirche – Pendant zur Nikolaikirche. Vom 104 m hohen Turm erhält man einen Rundumblick.

E Katharinenkloster – Mitte des 13. Jahrhunderts von Dominikanermönchen gegründet. Die Klausurgebäude beherbergen das Kulturhistorische Museum und das Deutsche Meeresmuseum.

F Kütertor – Der Torturm am Westrand der Altstadt ist Teil der ursprünglichen Stadtbefestigung.

G Johanniskloster – Neben der Ruine der ausgebrannten Abteikirche gibt es innerhalb der Klostermauern einen sanierten Wohnbezirk mit hübschen Fachwerkhäusern.

H Gorch Fock I – Der Windjammer von 1933 liegt seit 2003 als Museumsschiff im Stadthafen.

I Ozeaneum – Das auch architektonisch interessante neue Wahrzeichen der Stadt gibt einen Einblick in die Meeresfauna der Ost- und Nordsee.

J Heiliggeistkloster – Kirche und zugehörige Fachwerkhäuser sind detailgetreu rekonstruiert.

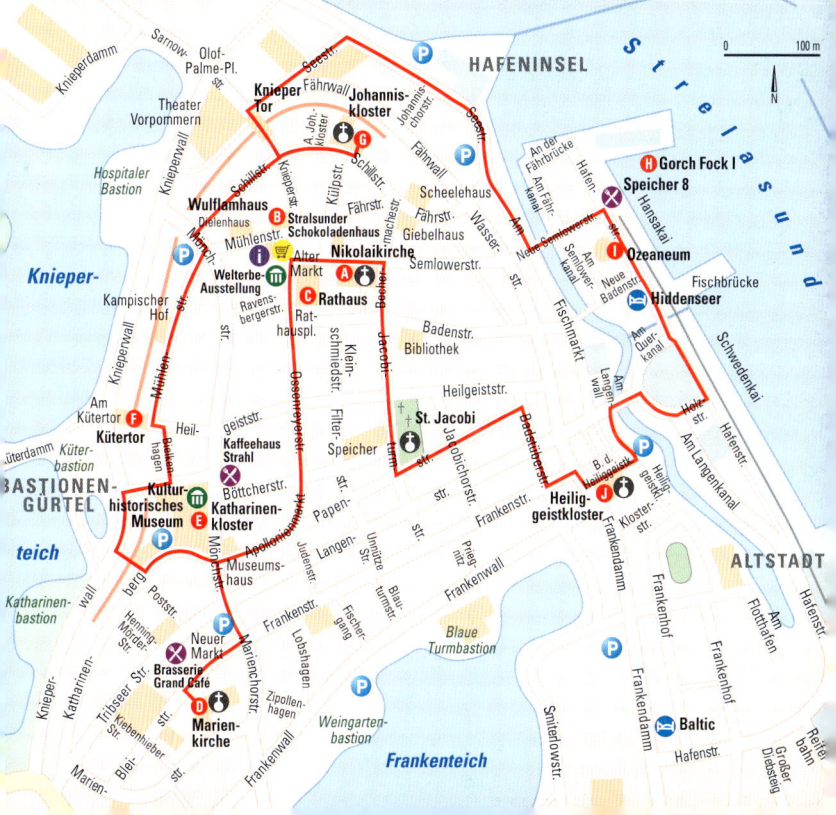

einrichtete. Sofort fallen die niedrigen Zimmer auf, ausgenommen der höheren »Hübschen Stube«, die für repräsentative Empfänge genutzt wurde. Typisch ist auch die so genannte Schwarzküche mit von Ruß geschwärzten Wänden. Ganz wichtig war der Lastenaufzug, mit dem Waren vom Keller auf den Speicher transportiert werden konnten.

Das Stralsunder Rathaus

Der Alte Markt präsentiert sich wie ein großes Freilichtmuseum. Für die Stralsunder ist er die gute Stube der Stadt. Auch die Gäste genießen es, von einem der Terrassenlokale einen Blick auf die Schaufassade des Rathauses oder das Wulflamhaus zu werfen. Das gotische Rathaus ist ein Hingucker. Wie kaum ein anderes Gebäude an der Ostseeküste verkörpert es Macht und Wohlstand der Hanse. Die zur Marktseite ausgerichtete 36 m hohe Schaufassade gehört mit ihren nach oben abgeschlossenen sechs Dreiecksgiebeln und sieben spitzhelmigen Pfeilern zu den Meisterwerken deutscher Backsteingotik. Blendbögen und Zierfriese soweit das Auge reicht. Über den Fenstern der Arkadenreihe sind die Wappen von den sechs bedeutendsten Hansestädten abgebildet: Wismar, Lübeck, Hamburg, Greifswald, Stralsund und Rostock. Über dem zur Ossenreyerstraße hinausgehenden barocken Westportal erinnert das Schwedenwappen an die Schwedenzeit. Wie viele andere alte Rathäuser wurde auch jenes in Stralsund ursprünglich als »Kophus«, sprich Kaufhaus, genutzt. Mit der jüngst abgeschlossenen Restaurierung des Rathausdurchgangs hat man versucht, dem Gebäude wieder einen Teil von seiner ursprünglichen Funktion zurückzugeben und mehrere Geschäfte und eine Kunstgalerie darin angesiedelt. Als Zugeständnis an die Moderne hat man über den Innenhof eine Glasüberdachung eingezogen.

Wo die Bürgermeister wohnten

Praktischerweise wohnten die Stadtvorsteher genau gegenüber vom Rathaus im Wulflamhaus. Das Wulflamhaus ließ 1358 der Ratsherr und spätere Bürgermeister Bertram Wulflam erbauen, es ist eines der ältesten erhaltenen Profanbauten der Stadt. Mit seinem gotischen Pfeilergiebel korrespondiert es perfekt mit dem Rathaus. In den darin untergebrachten Wulflamstuben kann man bei Dreierlei vom Fisch einen Blick auf Porträts Stralsunder Bürgermeister werfen. Links vom Wulflamhaus strahlt die barocke Fassade der Ratsapotheke in einem kräftigen Quittengelb, sie ist mindestens zweihundert Jahre jünger als das Wulflamhaus. Doch nur die Fassade, der fast 700 Jahre alte Hausbaum der Apotheke, steht fast schon so lange, wie es Ratsherren in Stralsund gibt.

Tor nach Rügen

Auf dem Weg zur beliebtesten deutschen Ferieninsel führt kein Weg an Stralsund vorbei. Seit 2007 ist das Tor nach Rügen, sprich die neue Rügenbrücke, selbst eine Sehenswürdigkeit. Imposant schwingt sich das 600 m lange Bauwerk über den Strelasund. Der zentrale Brückenturm bringt es auf die stolze Höhe von 128 m und überragt damit noch den Turm der Marienkirche um gut 20 m. Anders als mit der Waldschlösschenbrücke in Dresden gab es von Seiten der UNESCO keine Einwände gegen den Bau. Bis dato verband der 1936 eröffnete Rügendamm das Festland mit der Insel, Schiffe konnten durch eine Klappbrücke passieren. Bis auf die Sommersaison ging das ganz gut. Mit dem nach der Wende rasant gestiegenen Verkehrsaufkommen war der Damm dann allerdings hoffnungslos überlastet. Sobald die Brücke für ein Schiff hochgezogen wurde, bildeten sich kilometerlange Staus. Das ist nun besser geworden, zumindest in Stralsund.

Infos und Adressen

INFORMATION

Tourismuszentrale. Im Angebot sind verschiedene Stadtführungen. Zweimal pro Woche führt um 21 Uhr der Nachtwächter unter dem Thema »Diebe, Mörder und Huren« sicher durch die nächtliche Altstadt. Alter Markt 9, Tel. 03831/246 90, www.stralsundtourismus.de

ESSEN UND TRINKEN

Speicher 8. Modernes Lokal in einem alten Speicher neben dem Ozeaneum; mit offener Schauküche und Blick auf den Großsegler Gorch Fock I. Hafenstr. 8, Tel. 03831/288 28 98, www.speicher8.de

Brasserie Grand Café. Nostalgisches Bistro mit Biergarten und Außenbereich vor der Marienkirche. Neuer Markt 2, Tel. 03831/70 35 14, www.brasseriegrandcafe-hst.de

Kaffeehaus Strahl. Wiener Gemütlichkeit in Polstersesseln und leckerer Sachertorte. Mönchstr. 46, Tel. 03831/27 85 66, www.kaffeehaus-strahl.de

ÜBERNACHTEN

Hotel Baltic. Solider Viersternekomfort, altstadtnah und mit gutem Service. Frankendamm 22, Tel. 03831/20 40, www.baltic.arcona.de

Ein stiller Winkel im Heiliggeistkloster

Hotel an den Bleichen. Kleines familiär geführtes Dreisternehaus etwa 10 Gehminuten von der Altstadt entfernt. An den Bleichen 45, Tel. 03831/39 06 75, www.hotelandenbleichen.de (außerhalb der Karte)

Hotel Hiddenseer. Mittelklassehaus auf der Hafeninsel neben dem Ozeaneum. Hafenstr. 12, Tel. 03831/289 23 90, www.hotel-hiddenseer.de

SEHENSWÜRDIGKEITEN

Kulturhistorisches Museum. Geöffnet tgl. 10–17 Uhr, Nov.–Jan. Montag geschlossen. Mönchstr. 25-27, Tel. 03831/25 36 17, www.museum-stralsund.de

Museumshaus. Spätgotisches Haus aus dem 14. Jahrhundert weitgehend im Originalzustand erhalten. Mönchstr. 38.

Skurrileum. Museum für Komische Kunst im Koggenspeicher neben dem Ozeaneum. Juni–Sept. tgl. 10–20 Uhr, April, Mai, Okt., Nov. 11–18 Uhr. Hafenstr. 7, www.skurrileum.de

Welterbe-Ausstellung. Im barocken Olthofschen Palais am Alten Markt eröffnete 2011 eine Dauerausstellung zum UNESCO-Weltkulturerbe Stralsund und Wismar. Geöffnet tgl. 10–17 Uhr, Eintritt frei. Ossenreyerstr. 1, Tel. 03831/25 23 16.

Theater Vorpommern. 1916 mitten im Ersten Weltkrieg eröffnet zeigt sich das erste Haus der Hansestadt seit 2008 wieder in neuem Glanz. Zur Aufführung kommen u. a. Musiktheater, Dramen und Ballett. Olof-Palme-Platz 6, Tel. 03831/264 60, www.theater-vorpommern.de

EINKAUFEN

Stralsunder Schokoladenhaus. Trüffel, Pralinen und ausgefallene Schokoladensorten. Ein beliebtes Mitbringsel sind Schokotafeln mit Stralsunder Motiven. Alter Markt 10, in der Rathauspassage, www.schokoladerie.de

Marzipanhaus. Die Stralsunder Manufaktur offeriert neben Marzipankartoffeln und Konfekt viele eigene Kreationen. Im Hotel am Jungfernstieg 1b, Tel. 03831/443 80, www.stralsunder-marzipan.de

AKTIVITÄTEN

Tierpark Stralsund. Ein Schwerpunkt des Tierparks am Stadtwald sind teils vom Aussterben bedrohte heimische Haustierrassen. Geöffnet März–Sept. 9–18.30, übrige Zeit 10–16 Uhr. Barther Str. (Besuchereingang Grünhufer Bogen), Tel. 03831/25 34 80, www.stralsund.de/tierpark

Schifffahrt nach Hiddensee. Mit der Reederei Hiddensee. Von April–Okt. tägliche Linienverbindungen nach Hiddensee. Tel. 03831/268 10, www.reederei-hiddensee.de

Hafenrundfahrt. Mit der Weißen Flotte. Die Personenfähre von Altefähr zum Hafen Stralsund verkehrt vom 1. Mai bis 15. Oktober. Sie bietet Hafenrundfahrten mit imposantem Ausblick auf die neue Rügenbrücke. Tel. 03831/268 10, www.weisse-flotte.de

VERANSTALTUNGEN

Sundschwimmen. Bei dem Wettbewerb durchschwimmen 1000 Teilnehmer (mehr werden nicht zugelassen) den 2315 m breiten Strelasund zwischen Altefähr und Stralsund. Wann genau das

Historische Stadtführung durch die Altstadt

Sundschwimmen jedes Jahr stattfindet, erfährt man unter www.sundschwimmen.de

Wallensteintage. Anlass für das historische Volksfest (Ende Juli) ist der erfolgreiche Widerstand gegen die Belagerung von Wallensteins Truppen. Mit Landknechtlager, Kanonenschießen, Bootskorso und »Pestumzug« wird einiges geboten. www.wallensteintage.de

Jüngst im Rathausdurchgang eröffnete Geschäfte setzen eine alte Tradition fort.

31 Stralsunds Kirchen
Sakrale Backsteingotik hoch drei

**Die drei Kirchtürme Stralsunds beherr-
schen rund 700 Jahre nach der Grundsteinlegung unangefochten die Silhouette
der Hansestadt. Störtebeker und seine
Kumpane hätten jedenfalls bei der Navigation in den Hafen keine Orientierungs-
probleme. Der höchste davon ist mit
104 m der Turm der Marienkirche, von
dessen Aussichtsplattform sich ein grandioses Panorama auf die Altstadt und über
den Strelasund nach Rügen bietet.**

Die älteste Kirche Stralsunds gilt durch ihre far-
benfrohe Ausmalung für viele Besucher zugleich
als die schönste. Gemeint ist die Nikolaikirche.

Nikolaikirche am Alten Markt

Baubeginn für die dem Schutzpatron der Seeleute
gewidmete Pfarrkirche war das Jahr 1270. Zwei
quadratische Türme überragen das massige Kirchenschiff. Den 102 m hohen Südturm schließt
eine Barockhaube ab, welche der Turm 1667 nach
einem Brand aufgesetzt bekam. Zu jener Zeit war
nichts mehr vom Glanz und Wohlstand der Hanse
zu spüren.

Es waren die Jahre nach dem Dreißigjährigen
Krieg, der auch an Stralsund tiefe Spuren hinterließ. Der Stadt fehlte Geld an allen Ecken und Enden, so musste der ebenfalls beschädigte Nord-
turm mit einem einfachen Notdach zufrieden
sein, er trägt es noch heute. Dafür glänzt die Innenausstattung mit mittelalterlichen Kunstschätzen. Älteste Plastik ist die aus Eichenholz gearbei-
tete Figur der Anna selbdritt. Auf der Brust der

Mitte: Vom Turm von St. Marien ergibt sich eine fulminante Schau auf
die Jakobi-Kirche.
Unten: Neben St. Marien, St. Nikolai und St. Jakobi lohnt auch der
Besuch der Stralsunder Heiliggeist-
kirche.

Die Marienkirche, schönster Sakralbau der Hansestadt

Heiligen Anna ist eine kleine rechteckige Vertiefung eingelassen, in der ursprünglich wohl ein kleines Reliquienkästchen eingepasst war. Die Entstehung der Plastik wird auf das Jahr 1290 datiert, viel ältere Kirchenkunst wird man im norddeutschen Raum nicht finden. Außergewöhnlich sind die vier aus Eichenholz geschnitzten Relieftafeln vom Gestühl der Rigafahrer (um 1360). Die kunstvollen Schnitzarbeiten zeigen Szenen aus dem Alltag von Pelztierjägern und Honigsuchern, sie befinden sich hinter Glas geschützt im südlichen Chorumgang.

Ein Schmuckstück ist auch die astronomische Uhr an der Rückfront des Hochaltars. Eine lateinische Inschrift unter dem Ziffernblatt gibt den Uhrmacher Nicolaus Lilienfeld an, der das Kunstwerk

FESTSPIELE MECKLENBURG-VORPOMMERN

Seit dem Gründungsjahr 1990 avancierte die Konzertreihe zu einem der bedeutendsten Musikevents in Mecklenburg-Vorpommern. Im Vordergrund steht klassische Musik, doch es gibt auch Raum für Klezmer, Jazz und literarische Veranstaltungen. Große Namen wie Anne-Sophie Mutter, Hélène Grimaud und Kent Nagano, aber auch viele kleinere Konzerte ziehen jährlich rund 70 000 Kulturbegeisterte an. Schwerpunkte sind die Programmreihe der Jungen Elite sowie Preisträgerkonzerte. In außergewöhnlichen Spielstätten finden von Mitte Juni bis Mitte September rund 120 Aufführungen in allen Landesteilen statt. Ein Publikumsmagnet ist etwa die Open-Air-Bühne im Schloss Bothmer. Viel Atmosphäre bieten auch das Theater in Putbus oder die Aula der Universität Greifswald.

Festspiele Mecklenburg-Vorpommern.
Kartenservice Tel. 0385/591 85 85,
www.festspiele-mv.de

1394 herstellte. Die Uhr gilt weltweit als einer der ältesten Zeitmesser, funktionsfähig ist sie allerdings nicht mehr – sie blieb bereits am 10. April 1525 stehen.

Marienkirche am Neuen Markt

Die dreischiffige Basilika in der Neustadt gilt als Hauptwerk der norddeutschen Backsteingotik. Die Arbeiten dazu begannen um 1360. Nachdem jedoch ein eingestürzter Turm die Kirche komplett zerstörte, musste zwanzig Jahre später wieder von vorne begonnen werden. St. Marien ist noch um Einiges größer als die Nikolaikirche. Das monumentale Mittelschiff ist 99 m lang und bringt es auf eine Höhe von 32,5 m, es ist damit der größte Sakralbau in Mecklenburg-Vorpommern.

Vieles von der mittelalterlichen Innenausstattung ging allerdings durch Bilderstürmer verloren. Die Kirche wirkt dadurch weniger überladen, wodurch

Oben: Blick nach oben: das Kreuzgewölbe der Marienkirche
Unten: Die Marienkirche öffnet sich durch einen gotischen Portalbogen.

die Größe noch stärker zum Ausdruck kommt. Beachtenswert sind drei geschnitzte lebensgroße Heiligenfiguren (um 1430) von Maria mit Jesuskind, Petrus und Paulus. Seit 1992 bereichert den Hohen Chor der Marienkrönungsaltar (um 1498), der ursprünglich in der Friedhofskapelle von Semlow aufgestellt war. Im Mittelbild wird die Krönung Mariens dargestellt, die Seitenflügel zeigen 24 Apostel- und Heiligenfiguren.

In der Kirche finden regelmäßig Orgelkonzerte statt, wobei man sich von der herausragenden Klangqualität der Barockorgel überzeugen kann. Sie ist die letzte Arbeit des berühmten Lübecker Orgelbaumeisters Friedrich Stellwagen, er starb 1760 kurz nachdem er seine Arbeit an seinem Meisterwerk beendet hatte. Der 104 m hohe Turm kann bestiegen werden, dabei sind allerdings 366 Stufen zu nehmen.

Kulturkirche St. Jakobi

Die Historie der Basilika aus dem 14. Jahrhundert liest sich wie ein Katastrophenreport. Im Dreißigjährigen Krieg stark beschädigt, durch Blitzeinschlag halb abgebrannt, von Napoleons Truppen als Pferdestall missbraucht und im Zweiten Weltkrieg von Bomben getroffen – jedes Mal aufs Neue wurde die Kirche wieder hergerichtet. St. Jakobi ist die kleinste der drei Stralsunder Kirchen. Der Turm bringt es »nur« auf 68 m, doch mit seiner ornamentalen Blend- und Maßwerkverzierung ist er von dem Stralsunder Kirchentrio vielleicht der schönste. Seit 1996 steht die Kirche den Stralsundern und ihren Gästen wieder offen. Davor diente sie u. a. 40 Jahre als Baustofflager. Gottesdienste finden allerdings keine mehr statt. St. Jakobi ist heute eine Kulturkirche, die für Konzerte und Ausstellungen genutzt wird. Die Kirche kann auch für Hochzeiten gemietet werden.

INFORMATION

Nikolaikirche. Geöffnet Mo–Sa 10–18, So 12–16 Uhr (Nov.–März 13–16 Uhr). Am Alten Markt, www.nikolai-stralsund.de

Marienkirche. Geöffnet April–Okt. tgl. 9–18 Uhr, Nov.–März Mo–Fr 10–12 und 14–16, Sa/So 10–12 Uhr. Am Neuen Markt, www.st-mariengemeinde-stralsund.de

Jakobikirche. Die Kirche ist in der Regel von Mai–Okt. von 11–18 Uhr im Rahmen von Wechselausstellungen offen. Jakobiturmstr. 28, www.jakobi-stralsund.de

Eine Attraktion: der Marienkrönungsaltar in der Marienkirche

32 Deutsches Meeresmuseum
Vom Seepferdchen bis zum Hai

Mit über einer Million Besuchern im Jahr ist das Deutsche Meeresmuseum eines der beliebtesten Museen Deutschlands. Die meereskundlichen Ausstellungen mit attraktiv gestalteten Großaquarien werden an vier verschiedenen Standorten gezeigt. Das »Muttermuseum« in den historischen Räumen im Katharinenkloster zeigt schwerpunktmäßig die Aquafauna des Mittelmeeres und der Tropen, im postmodernen Bau des Ozeaneums auf der Hafeninsel konzentriert man sich auf die kälteren Gewässer der Nordmeere.

An manchen Regentagen zählt das Ozeaneum mehr als 8000 Besucher, scheint die Sonne sind es manchmal nicht einmal halb so viele. Das 2008 eröffnete Meeresmuseum hat sich abseits vom Strand quasi über Nacht zur größten Attraktion an der Ostseeküste entwickelt, 2010 wurde es zu Europas Museum des Jahres gewählt.

Das Ozeaneum auf der Hafeninsel

Wer knallbunte Tropenfische erwartet, ist im Ozeaneum falsch. Dafür ist die Zweigstelle im Katharinenkloster zuständig. Das Haus auf der Hafeninsel widmet sich ausschließlich der Aquafauna der Nordmeere, allen voran der Ost- und Nordsee. In 39 Aquarien sind rund 7000 Tiere und Wasserpflanzen zu sehen. Unspektakulär, mögen manche abwinken. Etliche der Fische, etwa Dorsch, Hering und Makrele kennt man schließlich aus der Nordseefiliale oder vom Backfisch-Kutter, einer davon

Unten: Humboldtpinguine genießen auf dem Dachgarten des Ozeaneums die Aussicht auf die historische Altstadt.

Deutsches Meeresmuseum

Bootshalle im Nautineum auf der Insel Dänholm

dümpelt direkt neben dem Ozeaneum im Wasser. Doch wie die Allerweltsfische im Ozeaneum in Szene gesetzt werden, ist spektakulär.

Rundgang durch die Nordmeere

Vom Foyer führt eine 34 m lange Rolltreppe zum Beginn der Ausstellung hinauf, ein Schild macht darauf aufmerksam, dass 34 m etwa der Länge eines Blauwals entsprechen. Unter der Hallendecke schweben drei Skelette von Pott-, Finn- und Zwergwal. Zunächst braucht das Auge ein wenig Zeit, um sich an das Schummerlicht der Ausstellungsräume zu gewöhnen.

Das erste Aquarium zeigt die Unterwasserwelt, wie sie Taucher im gerade mal einen Steinwurf entfernten Stralsunder Hafenbecken antreffen: Strandkrabben, Plattfische und Aale streifen um einen verrosteten Einkaufwagen herum. Im Biotop Greifswalder Bodden sind mit Zander und Hecht einige der beliebtesten Speisefische zu sehen.

Wurzelmund- und Kompassquallen dürfen in ihrem Aquarium gegen eine künstliche simulierte Strömung anschwimmen und sich so wie in der Ostseebrandung fühlen. Dass manche der Algen und Seegräser aus Plastik sind, stört die Fische anscheinend kaum und viele Besucher merken es gar nicht. Und wer tiefer in die Materie der Aquarienkultur einsteigt, wird erfahren, dass das Ostseewasser vor der Haustür ungeeignet ist. Deshalb wird das Salzwasser für die Aquarien im Meeresmuseum noch einmal aus keimfreiem Leitungswasser und Meersalz neu angemischt.

Das Schwarmbecken

An die Ostsee schließt sich der Lebensraum der Nordsee und des Polarmeers an. Die Attraktion schlechthin ist das Schwarmbecken, das allein durch seine schiere Größe imponiert. In dem siebzehn Meter langen und neun Meter hohen Großaquarium mit einem Fassungsvermögen von 2,6 Millionen Litern dreht ein Makrelenschwarm seine Runden, dicht über dem Boden des Megabeckens haben Ammenhaie ihre Nische. Viel los ist hier jeweils gegen elf Uhr morgens zur Fütterungszeit. Man kommt aus dem Staunen nicht mehr heraus und so manch ein Besucher fragt sich ernsthaft, ob diese opulente Präsentation der Unterwasserwelt nicht auch als Kunstwerk durchgehen könnte. Die Glasscheibe des größten Aquariums Deutschlands ist übrigens 30 cm dick.

Putzige Pinguine, singende Wale

Die nächste Überraschung wartet auf dem Dachgarten. Dort hat sich eine Gruppe von Humboldtpinguinen eingerichtet, die sich in der luftigen Höhe pudelwohl zu fühlen scheinen, jedenfalls hat sich schon Nachwuchs eingestellt. Man kann die etwa 70 cm großen Tiere sowohl über als auch

Deutsches Meeresmuseum

Akustischer Genuss - dem Gesang der Wale lauschen

GORCH FOCK 1
Das Segelschulschiff lief 1933 in der Hamburger Werft Bloom + Voss vom Stapel. In den letzten Kriegstagen wurde das Schiff im Strelasund von der deutschen Wehrmacht versenkt und zwei Jahre später von den Russen gehoben und wieder seetüchtig gemacht. Unter neuem Namen (Towarischtsch, dt. Kamerad) segelte der Windjammer unter sowjetischer und ukrainischer Flagge bis 1997 über die Meere. 2003 kaufte der Verein Tall-Ship das Schiff und gab ihm den alten Namen Gorch Fock 1 zurück. Seit 2003 liegt es als Museumsschiff im Stralsunder Hafen und wird restauriert. Es können die Kapitänskajüte, der Maschinenraum, die Offiziersmesse und die Segellast besichtigt werden.

Gorch Fock 1. Geöffnet April–Okt. 10–18 Uhr, Nov.–März 10–16 Uhr. An der Fährbrücke, Tel. 03831/66 65 20, www.gorchfock1.de

unter Wasser beobachten und ganz nebenbei hat man freie Sicht auf die Silhouette der Stralsunder Altstadt. Ein wirklich schönes Ambiente.

Zum krönenden Abschluss des Rundgangs warten die Riesen der Meere – Wale, Delfine und Kalmare. Es sind lediglich Attrappen, doch in Originalgröße. Wie in echt scheinen sie in der großen Halle zu schweben. Unten, sozusagen auf dem Meeresboden, stehen für die Besucher wellenförmige Liegen bereit. Auf dem Rücken liegend kann man dort ganz entspannt die Szenerie aufnehmen und dabei dem Gesang der Wale lauschen.

Interessante Architektur

Ach ja, postmoderne Architektur hat das Museum auch zu bieten. Auf den ersten Blick wirkt der von dem Stuttgarter Architektenbüro Behnisch entworfene Bau neben den historischen Backsteinspeichern am Rande des UNESCO-Weltkulturerbes sicherlich gewöhnungsbedürftig. Andere sehen

darin das I-Tüpfelchen, das die Hafenfront mitten ins Hier und Jetzt katapultiert. Der von weißen Stahlplatten eingehüllte Bau lässt jedenfalls niemanden kalt.

Meeresmuseum im Katharinenkloster

Bevor das Ozeaneum eröffnete, war das Meeresmuseum im ehemaligen Dominikanerkloster die Nummer eins und vor der Wende das am meisten besuchte Museum in der DDR. Jetzt ist es etwas zu Unrecht ins Hintertreffen geraten. Dabei hat es rein gar nichts von seiner Faszination verloren. 2011 wurde stolz der 60. Geburtstag gefeiert. Ein Besuch ist unbedingt empfehlenswert.

In 36 Aquarien werden Fische der Tropen und des Mittelmeeres vorgestellt, wer sich für Walross, Eisbär und andere Tierpräparate interessiert, wird im zweiten Stockwerk fündig. Gleich am Anfang der Ausstellung wird im Chor der Klosterkirche der Besucher mit einem Skelett von einem 15 m langen Finnwal konfrontiert. Spektakulär ist ein nachempfundenes Korallenriff aus dem Roten Meer, das von tropischen Fischen in allen Farben des Regenbogens bewohnt wird. Zu den kleinen Stars gehören Seepferdchen, zu den großen Tintenfische und Kraken, hochgiftig sind Rotfeuer- und Steinfische. Und vielleicht haben Sie gerade Glück und können einem der kleinen Putzerfische bei der Arbeit zusehen. Die Hauptattraktion ist das große Meeresschildkrötenbecken im Keller, in dem sich auch Riffhaie tummeln.

Oben: Auch aus architektonischer Sicht weiß das Ozeaneum zu überzeugen.
Mitte: Im Ozeaneum gleiten die Besucher auf einer Rolltreppe zur ersten Ausstellungsebene hinauf.
Unten: Zu den Stars im Meeresmuseum gehören die Schildkröten.

Der Clou: Von den Tischen des benachbarten Bistros hat man freien Blick auf die gepanzerten Riesen. Man kann sogar gemeinsam mit ihnen essen. Sie bekommen ihr Mittagessen jeweils um 13.15 Uhr serviert.

Sakrale Architektur der Katharinenhalle im Meeresmuseum

Nautineum auf Dänholm

In die Außenstelle auf der Insel Dänholm im Stralsund finden vergleichsweise wenige Besucher. Von der Altstadt aus erreicht man die durch eine Klappbrücke mit dem Festland verbundene Insel zu Fuß in etwa 40 Gehminuten. Schneller geht es mit Bus oder Auto. Am schönsten ist die Annäherung mit einem Schiff der Weißen Flotte, das im Rahmen einer Hafenrundfahrt in Dänholm anlegt. Vom Nautineum hat man einen tollen Blick auf die Volkswerft und die neue Rügenbrücke.

Aquarien gibt es im Nautineum keine. Dafür ein etwa 22 000 m² großes Freigelände, auf dem Fischereifahrzeuge, Zeesboote und das begehbare Unterwasserlabor Helgoland besichtigt werden können. In dem 1969 gebauten Versuchslabor erforschten Aquanauten in bis zu 33 m Tiefe die Nord- und Ostsee. Es gibt etliche Ausstellungshallen und Freiluftausstellungen mit Großexponaten der Fischerei und Meeresforschung zu entdecken.

Infos und Adressen

INFORMATION
Für das Ozeaneum und das Meeresmuseum kann gegen eine geringe Gebühr eine Fotoerlaubnis erworben werden, fotografiert werden darf aber nur ohne Blitz.

Ozeaneum. Juni–Sept. 9.30–20 Uhr, Okt.–Mai 9.30–18 Uhr. Hafenstr. 11, Tel. 03831/265 02 10, www.ozeaneum.de
Meeresmuseum. Geöffnet Juli–Sept. tgl. 10–17 Uhr, Okt.–Juni Di–So 10–17 Uhr. Katharinenberg 14–20 (Eingang über Mönchstr.), Tel. 03831/265 02 10, www.meeresmuseum.de
Nautineum. Geöffnet Mai–Okt. tgl. 10–16 Uhr, Nov–April geschlossen. Zum Kleinen Dänholm, Tel. 03831/28 80 10.

RÜGEN UND HIDDENSEE

33 Seebad Binz
Rügens führendes Seebad

Binz atmet wieder ganz den Charme der Goldenen Zwanziger. Mit mehr als 10 000 Gästebetten gehört der Ort zu den bedeutendsten Seebädern an der Ostsee. Billig wohnt es sich an dem feinen Sandstrand der weit geschwungenen Prorer Wiek allerdings nicht unbedingt. Doch neben teuren Designer- und Luxushotels, die ihren Preis wert sind, gibt es auch ein breites Angebot an guter Mittelklasse. Angesichts der meist nur schwachen Brandung sind an dem flach abfallenden Strand Kinder bestens aufgehoben.

Der Name Binz taucht erstmals 1318 als Fischerdorf Byntze in den Geschichtsurkunden auf. Fischerdorf blieb es für mehr als ein halbes Jahrtausend, bis Rügen – wie die ganze Ostseeküste – vom Badefieber erfasst wurde. Die erste Pension eröffnete 1876. Nach der abgelaufenen Sommersaison zählte man 80 Badegäste. Das erste Strand-

Vorangehende Doppelseite: Der Königsstuhl im Nationalpark Jasmund auf der Insel Rügen
Mitte: Aufgefrischt: Bäderarchitektur im alten Ortskern von Binz
Unten: Die Hotelgäste an der Seepromenade haben den Strand praktisch vor der Haustür.

MAL EHRLICH
AUF DEN HUND GEKOMMEN
Über mangelnde Besucherzahlen können sich die Ostseebäder wirklich nicht beklagen. Trotzdem sind mancherorts die Gelder knapp und das eine oder andere Seebad versucht mit neuen Ideen Geld in die Kasse zu bekommen. Doch muss es gerade wie in manchen Seebädern auf Rügen eine Kurtaxe für Hunde sein? Pro Vierbeiner wird mancherorts eine Abgabe zwischen 50 Cent und einem Euro pro Tag fällig. Schön, wenn das Geld tatsächlich in die Säuberung der Strände fällt.

hotel kam vier Jahre später und seit 1885 darf sich Binz offiziell Seebad nennen. Der Bau der Seebrücke und des Kurhauses ließen nicht lange auf sich warten.

Bäderarchitektur

Nach dem Vorbild europäischer Badeorte wurde eine Strandpromenade angelegt, die bald von prächtigen Logierhäusern gesäumt wurde. Eines der schönsten davon ist die weinrot gestrichene Villa Undine in Höhe der Margaretenstraße. Es handelt sich um ein Wolgaster Fertigteilhaus von 1885. Wolgasthäuser kamen zu jener Zeit groß in Mode. Der Vorläufer des heutigen Fertighauses wurde in der vorpommerschen Stadt Wolgast entwickelt. Die dortige Werft machte zu jener Zeit gerade eine flaue Auftragslage durch und begann auf der Suche nach einer neuen Geschäftsidee Häuser statt Schiffe zu bauen.

Neben der Villa Undine sind auf Rügen noch zwei weitere Wolgasthäuser erhalten. Das eine ist das Binzer Privathaus Liliput in der Schillerstraße/Ecke Wylichstraße, das andere die Villa Erika im Seebad Göhren. Die Villa Undine ist übrigens nicht nur zum Anschauen, man kann sich darin auch einmieten und übernachten.

Luxus- und Wellnessoasen

Binz war schon immer etwas mondäner als der Rest der Insel. Nach der Wende erlebte das Seebad seine zweite Gründerzeit. Altes wurde rekonstruiert und saniert, was nicht unter Denkmalschutz stand, musste Platz für Neues machen. Mit exklusiven Nobelherbergen knüpft das Seebad wieder an die große Ära zu Kaiser Wilhelms Zeiten an. Den Anfang machte 1998 das Grand Hotel Binz. Die Nobelherberge leistet sich den Luxus

RASENDER ROLAND

Das langgezogene Pfeifen der Dampflokomotive vom Rasenden Roland gehört zu den akustischen Wahrzeichen der Ferieninsel. Seit 1895 verbindet die Kleinbahn die ehemalige Fürstenresidenz Putbus mit den Seebädern Binz, Sellin und Göhren. Wer mag, kann an einem der Haltepunkte unterwegs aussteigen und beispielsweise durch den Buchenwald der Granitz zum Jagdschloss Granitz hinaufspazieren. Mit einer Höchstgeschwindigkeit von 30 km/h ist entschleunigte Fortbewegung garantiert. Jedes Jahr machen davon etwa 600 000 Fahrgäste Gebrauch. Für Technikfans: Die Spurbreite der Schmalspurbahn beläuft sich auf 750 mm, die Streckenlänge auf 24,2 km. Gefahren wird mit historischen Dampflokomotiven, die älteste davon wurde 1914 gebaut. Als besonderer Service werden Führerstandsmitfahrten angeboten.

Rügensche Bäder-Bahn.
Tel. 038301/88 40 12,
www.ruegensche-baederbahn.de

Oben: Binz kann sich auch am Abend sehen lassen.
Mitte: Das Grand Hotel im Kurhaus gehört zu den besten Adressen an der Ostseeküste.
Unten: Nach dem Strand lässt man den Tag in einem stimmungsvollen Lokal ausklingen.

eines Wagenmeisters. Er heißt den Gast willkommen, stellt den Kontakt zur Rezeption her und versorgt dann die Limousine. Alte Schule eben. Keines der eleganten Doppelzimmer ist kleiner als 30 m². Die Maisonette-Suite unterm Dach besticht durch große Panoramafenster und eine Badewanne unter einer Glaskuppel, über der nachts die Sterne funkeln. Für das Thai-Bali-Spa wurde eigens ein thailändischer Architekt engagiert, etliche Bauteile der 750 m² großen Wellnessebene kamen aus Südostasien. Geboten werden orientalische Entspannung, Kräuterstempelmassage, Jasminbäder und ayurvedische Anwendungen.

Nobles Kurhaus

Nur wenige Häuser entfernt wurde das traditionsreiche Kurhaus zu neuem Leben erweckt. Eine von Berliner Bankiers gegründete Aktiengesellschaft ließ bereits 1890 ein prächtiges Logierhaus errichten, in dem kurz nach der Eröffnung Kaiserin Auguste Viktoria nächtigte. Dem Fachwerkbau war allerdings nur eine kurze Lebensdauer beschieden – am 1. Mai 1906 brannte es komplett ab. Schon zwei Jahre später entstand an gleicher Stelle das neue Kurhaus, eine von zwei Türmen flankierte schlossartige Anlage.

Den Zweiten Weltkrieg überstand der monumentale Bau unbeschadet, nach Kriegsende beherbergte er russische Soldaten, in der DDR-Zeit war er ein Erholungsheim der Nationalen Volksarmee. Nach der Wende stand dann eine jahrelange Generalüberholung an, bis das Kurhaus schließlich im Jahr 2001 als Fünfsternehotel wieder seine Pforten öffnete.

Im Kurhaus wohnt man nicht, man residiert. Die Komfortzimmer und Suiten sind mit elegantem Mobiliar, erlesenen Stoffen und Accessoires ausgestattet. Sofern viel Platz erwünscht ist, sind die Residenzen kaum zu toppen. Manche davon haben einen offenen Kamin, Finnische Sauna und Spiegelfernseher im Schlafzimmer.

Thermalsole

Einzigartig auf Rügen ist die 2010 eröffnete Binz-Therme im gleichnamigen Seehotel an der Strandstraße. Die Thermalsole wird aus bis zu 1200 m Tiefe gefördert. Eines der Becken weist einen Salzgehalt von 15–18 % auf, bei angenehmen 32°–34°C kann man sich darin vom Wasser tragen lassen und fast wie im Toten Meer schweben. Die jodhaltige Thermalsole entlastet die Gelenke und Bandscheiben und ist auch bei Hauterkrankungen zu empfehlen.

Bade- und Sportstrand

Die gut drei Kilometer lange Strandpromenade gehört zu den schönsten Flaniermeilen an der Ostseeküste. Wer will, kann weiter am Strand entlang barfuß bis Prora spazieren.

Im Juli und August ist gleich unterhalb vom Kurplatz ein 2000 m² großer Strandabschnitt als Sportstrand ausgewiesen. Jedermann kann mitmachen. Los geht es bereits am frühen Morgen mit einem lockeren Lauftraining, an das sich Yoga oder Strandgymnastik anschließen. Angeboten werden u. a. Beachvolleyball, Beach-Soccer und verschiedene Trendsportarten, wie Slacklining oder Frisbee-Golf. Für Kinder gibt es genauso Programme wie für die Generation 50 plus. Wer mit dem Rücken zu tun hat, kann mit speziellen Übungen die Muskulatur stärken. Ein professionelles Trainer-Team kümmert sich um die Gäste. Und das Beste: Alles ist kostenlos – die Kurverwaltung zahlt. Unbedingt ausprobieren!

AUTORENTIPP!

STERNELOKAL NIXE

Es gibt viele gute bis sehr gute Feinschmeckeroasen auf Rügen. Eine der besten, zumindest für die Tester von Michelin, ist die Nixe an der Strandpromenade von Binz. Als bislang einziges Restaurant auf der Kreideinsel wurde es mit einem Michelin-Stern dekoriert. Küchenchef Sebastian Syrbe überrascht mit einer von asiatischen Aromen verfeinerten regionalen Gourmetküche, gepflegte Weine begleiten die Gänge. Auch das Ambiente stimmt: Die hübsch hergerichtete Jugendstilvilla von 1903 glänzt mit einem effektvoll ausgeleuchteten Gastraum und Tigereiche auf dem Fußboden. Reservierung dringend empfohlen. In dem Designhotel kann man übrigens auch ausgesprochen nett wohnen.

Nixe. Geöffnet tgl. Nov.–März, Mo Ruhetag. Strandpromenade 10, Tel. 038393/149 00, www.nixe.de

Rettungsturm und Seebrücke

Am Strandzugang 6 wird der 1968 von dem Binzer Architekten Ulrich Müther entworfene Rettungsturm viel fotografiert. Auf den ersten Blick erinnert der futuristische Bau an ein Ufo. Durch seine bahnbrechenden Spannbetonbauten machte Müther weltweit auf sich aufmerksam, an der Ostsee ist von ihm mit dem Warnemünder Teepott (siehe S. 110) eine weitere Arbeit zu bestaunen. Mit Fensterfronten nach allen Seiten bot der Pavillon dem Rettungspersonal einen Überblick auf das Geschehen am und im Wasser. Neuerdings kann man in dem Rettungsturm heiraten.

Eine Seebrücke gibt es natürlich auch. Der Vorläufer des jetzigen 370 m langen Anlegers ragte gar 600 m weit in die See hinaus. An einem Julitag im Jahr 1912 stürzte bei einem folgenschweren Anlegemanöver ein Brückenteil ein, dabei ertranken 17 Menschen. Die in ganz Deutschland mit Bestürzung aufgenommene Katastrophe lieferte den Anlass, die Deutsche Lebensrettungsgesellschaft (DLRG) ins Leben zu rufen.

Rund um den Schmachter See

Am von viel Wald eingerahmten Schmachter See ist nicht viel von dem Trubel der Strandpromenade zu spüren. Der See stammt aus der Eiszeit. Früher befand sich hier eine Gletscherzunge. Der See gehörte auch vor ungefähr 14 000 Jahren einmal zur Ostsee. Heute hat er eine Wasseroberfläche von etwa 118 Hektar. Kurz vor der Wende drohte der See durch ungeklärt eingeleitete Abwässer umzukippen. Durch umfangreiche Renaturierungsmaßnahmen entstand wieder ein sauberes Biotop, an dessen Ufern etliche Vogelarten nisten. Eine hübsch angelegte Promenade mit einem »Park der Sinne« mit Wasserspielen und Ruheplätzen lädt zum Flanieren ein.

Oben: Abendstimmung am Schmachter See im Hinterland von Binz
Unten: Ohne Strandkörbe geht auch am kilometerlangen Strand von Binz nichts.

Infos und Adressen

INFORMATION

Kurverwaltung Binz. Heinrich-Heine-Str. 7, Tel. 038393/14 81 48, www.ostseebad-binz.de

ESSEN UND TRINKEN

Bootshaus Binz. Fischlokal mit offener Schauküche. Strandpromenade 49, Tel. 038393/579 44, www.arkona-strandhotel.de

Strandhalle. Ein gemütliches Lokal, gute Regionalküche. Strandpromenade 5, Tel. 038393/315 64, www.strandhalle-binz.de

ÜBERNACHTEN

Kurhaus Binz. Das führende Haus der Insel, zeitgemäßer Luxus kombiniert mit dem Flair der Goldenen Zwanziger. Strandpromenade 27, Tel. 038393/66 50, www.travelcharme.com

Grand Hotel Binz. Viel Komfort und Service, tolles orientalisches Spa. Strandpromenade 7, Tel. 038393/150, www.grandhotelbinz.de

Hotel am Meer. 1995 erbautes Viersterne-Superior-Hotel. Strandpromenade 34, Tel. 038393/440, www.hotel-am-meer.de

SEHENSWÜRDIGKEITEN

Rettungsturm. An der Strandpromenade, Strandzugang 6. Tel. 038393/3 74 28.

Villa Undine. Ein Wolgasthaus. Auch Übernachtungsmöglichkeiten. Strandpromenade 30. Tel. 038393/3 25 33, www. villa.undine-binz.de

AKTIVITÄTEN

Museum Ostseebad Binz. Im Kleinbahnhof wird die Geschichte des Seebads beleuchtet. Geöffnet von April–Okt. tgl. 10–17 Uhr, übrige Zeit Di–Sa 10–16 Uhr. Bahnhofstr. 54.

Binz-Therme. Die Badelandschaft im Seehotel Binz-Therme steht auch externen Gästen offen. Strandpromenade 76, Tel. 038393/60, www.binz-therme.de

Fahrgastschifffahrt Rügen. Ab der Seebrücke verkehren Schiffe nach Sassnitz und den Kreidefelsen. www.ruegen-schifffahrt.de

VERANSTALTUNG

Blue Wave Festival. Viertägiges Bluesfestival im Juni mit Open-Air-Konzerten und Straßenparade.

Für Binz nicht untypisch: Plätze zum Sehen und Gesehen werden

34 Prora
Der Koloss von Rügen

Was haben die Chinesische Mauer und die Stadt Prora gemeinsam? Die Frage können am besten Raumfahrer beantworten – beide Bauwerke sind aus dem Weltall zu sehen. Das von den Nationalsozialisten an dem weiten Sandstrand nördlich von Binz geplante »Kraft-durch-Freude-Bad« wurde nie fertiggebaut. Auch 20 Jahre nach der Wende weiß man mit den monumentalen Überbleibseln aus dem Dritten Reich nicht so recht was anzufangen. Dennoch hat sich Prora in den letzten Jahren zu einem Publikumsmagneten entwickelt. Wer will, kann dort sogar wohnen.

Federführend für die Planung von Prora war die Organisation »Kraft durch Freude« (KdF), eine Unterabteilung der nationalsozialistischen Einheitsgewerkschaft. Hinter dem Slogan stand die Idee, dass nur ein körperlich gesundes Volk die volkswirtschaftlichen und kriegerischen Ziele der Nazis bewältigen könnte. In Prora war ein Seebad mit Platz für 20 000 Urlauber geplant, es sollte das größte Seebad der Welt werden. Der bis dato unberührte Sandstrand am weit geschwungenen Prorer Wiek bot dazu genügend Raum.

Nationalsozialistischer Größenwahn

Zwischen Binz und Neu Mukran begannen ab 1936 die Arbeiten zu einem auf acht Blocks ausgelegten Komplex, der sich parallel zum Strand auf einer Länge von 4,5 km erstreckte. Jeder der sechsgeschossigen Blöcke hatte eine Länge von 550 m, insgesamt waren darin 11 463 Zimmer vor-

Mitte: Nüchterne Nazi-Architektur: das geplante Kraft-durch-Freude-Bad
Unten: Ein Nutzungskonzept für den riesigen Komplex gibt es bislang nicht. Ausgenommen einer Handvoll Museen stehen die meisten Blöcke leer.

gesehen, jedes davon mit genau 12,5 m². In der Mitte des Betonriegels sollte es eine riesige Festhalle, einen Aufmarschplatz und zwei Landungsbrücken für Kreuzfahrtschiffe geben. Mit dem Kriegsbeginn am 1. September 1939 wurden die Arbeiten eingestellt. Bis dahin waren die Blöcke im Rohbau so gut wie fertig. Im Lauf des Krieges baute man einen Teil des Komplexes behelfsmäßig zu einem Lazarett aus. Später kamen darin Flüchtlinge aus Ostpreußen unter. Drei der Wohnblocks wurden nach dem Krieg gesprengt.

Nutzungskonzepte

In der DDR-Zeit war Prora militärisches Sperrgebiet, die Nationale Volksarmee belegte die Blocks mit bis zu 15 000 Soldaten. Nach der Wiedervereinigung war man zunächst überfordert, wie mit der Hinterlassenschaft des Nationalsozialismus umgegangen werden sollte. Seit der Komplex 1994 unter Denkmalschutz gestellt wurde, kommt ein Abriss nicht mehr in Frage. Nutzungsideen gibt es seither viele, was fehlt, sind Investoren. Mit einem Superstrand vor der Haustür bietet sich naturgemäß eine touristische Nutzung an. In Block 1 und 2 ist ein Hotel geplant, in Block 5 eröffnete im Sommer 2011 eine Jugendherberge. Stolz nennt sie sich »die längste Jugendherberge der Welt«. Die ursprünglich winzigen Zimmer wurden vergrößert und die Fassade bekam einen neuen Anstrich verpasst.

Museumsmeile

Würde man den ganzen Komplex als Ausstellungsfläche nutzen, könnten darin locker der Louvre, die Uffizien und noch ein paar andere Großmuseen unterkommen. Mit der Museumsmeile wurde nun ein Anfang in diese Richtung gemacht. Im Block 3 sind in der KulturKunststatt Prora fünf

Museen unter einem Dach vereint. Im KdF-Museum im Erdgeschoss wird die Geschichte von Prora aufgerollt. Motorrad-Fans können nebenan eine Kollektion von Krafträdern aus der DDR bestaunen. Das NVA-Museum in den zwei Etagen darüber zeigt in rekonstruierten Räumen, wie sich die 16. Kompanie der Nationalen Volksarmee in Prora eingerichtet hatte. In den beiden obersten Etagen präsentiert das Rügen-Museum ausgewählte Themen zur Inselgeschichte.

Das muss man sicherlich nicht alles gesehen haben. Eine willkommene Entspannung erlaubt das Wiener Kaffeehaus in der fünften Etage. Hier kann man gepflegte Gastlichkeit und verschiedene Kaffeespezialitäten genießen.

Die Museumsmeile wird durch das Eisenbahn- und Technikmuseum ergänzt, das auf einer 10 000 m² großen überdachten Ausstellungsfläche eine Sammlung von Oldtimern, Lokomotiven und Feuerwehrautos zeigt. Zu den Raritäten gehört ein 1930 gebauter Dampfschneepflug.

Dokumentationszentrum

Für historisch Interessierte ist das Dokumentationszentrum Prora eine wahre Fundgrube. In der Dauerausstellung MACHTUrlaub wird der Versuch unternommen, die Arbeits- und Sozialgeschichte im Dritten Reich aufzuarbeiten. Angefangen bei der Planung bis hin zu den verschiedenen Nutzungskonzepten nach dem Krieg bleibt zu Prora kaum eine Frage offen. Ein 18 m langes Modell zeigt auf, wie das Seebad einmal hätte aussehen sollen. Neben Videos und Tondokumenten aus der NS-Zeit wird im Kinoraum mehrmals täglich ein halbstündiger Begleitfilm zur Ausstellung gezeigt. Im Winter sollte man sich warm anziehen, die Ausstellungsräume sind nicht beheizt.

Oben: Das Dokumentationszentrum informiert in Wort und Bild über den Nazi-Bau.
Mitte: Reste der geplanten Landungsbrücke
Unten: Das Dokumentationszentrum von außen

Infos und Adressen

INFORMATION

Dokumentationszentrum. Geöffnet März–Mai und Sept./Okt. 10–18 Uhr, Juni–Aug. 9.30–19 Uhr, Nov.–Feb. 10–16 Uhr; Führungen 11.45 und 14.30 Uhr. Objektstr. 1, Tel. 038393/139 91, www.dokumentationszentrum-prora.de

ESSEN UND TRINKEN

Wiener Kaffeehaus. Museumscafé in der Kultur-Kunststatt Prora. Im 5. Obergeschoss. Zugang über KulturKunststatt. Geöffnet ganzjährig, Sommer: tgl. 10–18.30 Uhr, Winter: tgl. 11–15.30 Uhr. Block 3/H2, Tel 038393/130 96.

ÜBERNACHTEN

Jugendherberge. Jedes der Zwei-, Vier- und Sechsbettzimmer liegt zur Seeseite, die meisten verfügen über eigene Dusche/WC. Die Jugendherberge steht Gästen aller Altersklassen offen. Mukraner Str., Gebäude 15, Tel. 038393/668 80, www.jugendherbergen-mv.de

SEHENSWÜRDIGKEITEN

KulturKunststatt Prora. Umfasst u. a. das KdF-Museum, NVA-Museum, Rügenmuseum. Geöffnet Sommer 9–19 Uhr, Winter 10–16 Uhr. Block 3, Tel. 038393/326 96, www.kulturkunststatt.de

Fulminante Aussichten.

Eisenbahn- und Technikmuseum. Nahe Bahnhof. Geöffnet April–Okt. tgl. 10–17 Uhr, Tel. 038393/23 66, www.etm-ruegen.de

Naturerbezentrum Rügen. Neueste Attraktion in Prora ist ein Baumwipfelpfad. Außerdem gibt es eine Dauerausstellung zum Naturraum auf Rügen und wechselnde Kunstausstellungen. Mai–Sept. tgl. 9.30–19.30 Uhr, April und Okt. 9.30–17.30 Uhr, Nov.–März 9.30–16.30 Uhr. Forsthaus Prora 1, Tel. 038393/66 22 00, www.nezr.de

Unmittelbar hinter dem Dünenstrand erstrecken sich die Betonblocks auf einer Länge von 4,5 km.

35 Seebad Sellin
Flanieren, dinieren, abtauchen

Sellin ist nach Binz das bekannteste Seebad auf Rügen. Hübsche Bädervillen ziehen sich bis zur Steilküste hinauf. Die Attraktion und fotogenes Inselwahrzeichen ist die Selliner Seebrücke mit ihren historischen Aufbauten. Von dem fast 400 m ins Meer ragenden Landungssteg hat man einen wunderbaren Rückblick auf den kilometerlangen Sandstrand und das sich dahinter aufbauende Hochufer.

Bereits die Annäherung wird zum Erlebnis. Vom Hochufer am Ende der von prächtiger Bäderarchitektur gesäumten Wilhelmstraße öffnet sich ein grandioses Ostseepanaroma. Fast wie ein Schloss thronen die Brückenaufbauten über dem Wasser, links davon der Hauptstrand, rechts der Südstrand. Vom Hochufer kommt man wahlweise auf 99 steilen Treppenstufen, der sogenannten Himmelsleiter, oder ganz bequem mit dem Fahrstuhl die 30 Höhenmeter zum Strand und zur Seebrücke hinab.

Bewegte Geschichte

Zur Einweihung von Sellins erster Seebrücke am 2. August 1906 gab es ein großes Wohlfahrtsfest, mit dessen Einnahmen der örtlichen Freiwilligen Feuerwehr unter die Arme gegriffen wurde. Dampfschiffe aus Stettin machten an dem damals 508 m ins Meer ragenden Anleger fest. Doch die Selliner Brücke stand nicht immer unter einem guten Stern. 1920 brannte der Brückenkopf samt Gaststätte ab. Hart und lang war der Winter von 1924. Am 24. März zerstörte Eisgang die Landungsbrücke. Das Rügensche Kreis- und Anzeigenblatt schrieb dazu: »In wenigen Minuten war

Mitte: Deutschlands schönste Seebrücke ragt am Strand von Sellin fast 400 m ins Wasser.
Unten: Die Wilhelmstraße wartet mit wunderschönen Fassaden der Bäderarchitektur auf.

Seebad Sellin

die lange Seebrücke mitsamt der schweren Befestigungen an der Spitze aus dem Grunde herausgerissen und im bunten Durcheinander auf das Eise gehoben. Die Reste sind von den treibenden Eismassen davongetragen und liegen in etwa in der Höhe der Waldhalle zwischen Sellin und Binz.« Bereits fünf Monate später stand ein neuer Anleger. Der Aufbau hatte nun ganz dem Zeitgeist der Goldenen Zwanziger entsprechend einen Musikpavillon mit Konditorei und Lesehalle, Ausflugsdampfer legten nach Kopenhagen und Bornholm ab.

Tanz auf der Brücke

Im Winter 1941/42 zerstörte das Eis erneut den Steg. Immerhin blieb das Brückenhaus erhalten. Auf diesem sorgte in den 1950er-Jahren eine Tanzgaststätte für Furore, Live-Combos und Mambo-Shows unterhielten die Sommergäste mitunter bis in den frühen Morgen. In den Erhalt der Brücke wurde allerdings nichts mehr investiert. 1978 riss man kurzerhand das total verrottete Brückenhaus ab. Die Selliner mussten dann zwei Jahrzehnte auf eine neue Brücke warten, bis schließlich 1998 nach historischem Vorbild rekonstruiert die heutige Seebrücke eröffnet werden konnte. Mit 394 m ist sie zwar nicht ganz so lang wie die alte, doch immerhin.

Einkehren auf der Ostsee

Nur drei Seebrücken an der deutschen Ostseeküste haben einen Brückaufbau zum Einkehren: Ahlbeck und Heringsdorf auf Usedom und Sellin auf Rügen. Mediterranes Ambiente breitet sich in dem auf zwei Etagen angelegten Palmengarten aus, wie zu Kaiser Wilhelms Zeiten fühlt man sich im nostalgischen Kaiserpavillon. In beiden Restaurants isst man sozusagen direkt über den Ostseewellen. Im Balticsaal kann auch geheiratet wer-

Strandkörbe in Sellin

Oben: Historische Pracht: Bädervillen in der Wilhelmstraße
Mitte: Ein mit Veilchen überfrachtetes Fahrrad dient als Blickfang für ein Fischlokal.
Unten: Terrassenlokale verhelfen der historischen Wilhelmstraße zu zusätzlichem Flair.

den, das Standesamt Mönchgut-Granitz hat darin eine Außenstelle eingerichtet. Am Anlegesteg ertönt dann just im richtigen Moment die Schiffsglocke zur Hochzeitsglocke. Auch außerhalb der Sommersaison ist was los. Zu einer bleibenden Erinnerung kann etwa die Brückenparty an Silvester werden. Ein DJ legt Tanzmusik auf, dazu gibt es ein Gala-Dinner und kurz nach Mitternacht wird das neue Jahr vom Brückenkopf aus mit einem Feuerwerk begrüßt.

Ins Meer abtauchen

Am Brückenkopf macht seit 2008 ein merkwürdiges Gebilde auf sich aufmerksam. Auf den ersten Blick ähnelt die Tauchgondel einem riesigen Vogelhäuschen. In Nullkommanichts gleitet die Gondel von Seebrückenhöhe vier Meter unters Wasser und kommt etwa einen Meter über dem Meeresboden zum Stehen. Keine Sorge: Druck braucht auf der Tauchstation nicht ausgeglichen zu werden, da dort durch die druckfeste Konstruktion der Gondel weiterhin Oberflächendruck wie an Land herrscht. Trockenen Fußes steht dann der Betrachter vor den Panoramafenstern und kann Heringe, Dorsche und Schollen oder andere Meeresbewohner vorbeiziehen sehen. Sicherheitshalber stellt ein informativer 3D-Unterwasserfilm die Ostsee in all ihren Facetten vor. Abgetaucht werden kann selbst im tiefsten Winter, lediglich sturm- und eisfrei muss es sein.

Infos und Adressen

INFORMATION

Kurverwaltung. Warmbadstr. 4, Tel. 038303/160, www.ostseebad-sellin.de

ESSEN UND TRINKEN

Seebrücke. Zur Wahl stehen Kaiserpavillon, Palmengarten und Strandkörbe auf der Außenterrasse direkt auf der Plattform vor dem Brückenhaus. Tel. 038303/92 96 00, www.seebrueckesellin.de

Zur Kajüte. Gutbürgerliches Lokal mit gemütlicher Atmosphäre. Wilhelmstr. 5, Tel. 038303/89 30.

ÜBERNACHTEN

Cliff Hotel. Die Architektur des ehemaligen SED-Gästehauses muss man nicht mögen, doch die tolle Alleinlage und erlesene Gastronomie werden voll und ganz den fünf Sternen gerecht. Cliff am Meer 1, Tel. 038303/80, www.cliff-hotel.de

Hotel Seeschloss. Den heutigen Komfortwünschen angepasste, hundertjährige Bädervilla in aussichtsreicher Lage auf dem bewaldeten Steilufer. Hochuferpromenade 7, Tel. 038303/15 60, www.seeschloss-sellin.de

AKTIVITÄTEN

Tauchgondel. Geöffnet Juni–Aug. 10–21 Uhr, April/Mai/Sept. und Okt. 10–18 Uhr, Nov.–März 11–16 Uhr. Auf der Seebrücke, Tel. 038303/927 77, www.tauchgondel.de

Bernsteinmuseum. Privatmuseum des Goldschmiedemeistermeister Jürgen Kintzel, mit Verkauf und Werkstatt. Geöffnet Mo–Fr 10–12 und 14–17 Uhr, Sa 10–12 Uhr. Granitzer Str. 34, Tel. 038303/872 79, www.bernsteinmuseum-sellin.de

Adler Schiffe. Von April–Okt. tgl. Ausflugsschiffe ab Seebrücke Binz zu den Kreidefelsen; Fahrgastschiffe verbinden außerdem mit Peenemünde auf Usedom. Tel. 038378/31 50, www.adler-schiffe.de

Die Villa Theres mit noblen Penthouse-Wohnungen ist eine moderne Adaption der Bäderarchitektur.

36 Halbinsel Mönchgut
Natur und Kultur im Biosphärenreservat

Sanft gewellte Hügel, Schafweiden und weit in den Bodden hineinragende Landzungen fügen sich im Mönchgut zu einem attraktiven Landschaftsbild zusammen. Seit 1990 ist die Halbinsel mit den angrenzenden Buchenwäldern der Granitz und der Küste am Rügenschen Bodden geschütztes Biosphärenreservat der UNESCO. Für Wanderer und Radler ist das Mönchgut ein kleines Paradies. Wer nicht auf eigene Faust los will, kann sich von Mai bis Oktober einer von Parkrangern geführten Exkursion anschließen.

Die 228 km² große Biosphäre Südost-Rügen ist eines von mittlerweile 15 UNESCO-Reservaten in Deutschland. Entscheidend für die Ausweisung als Schutzzone war die auf relativ kleinem Raum konzentrierte vielfältige Küsten- und Binnenlandschaft. An der Boddenküste wechseln sich Blockstrände mit breiten Schilfgürteln ab, die hügelige Halbinsel überziehen Wiesen, Weiden und vermoorte Niederungen.

Nachhaltig wirtschaften

Das Reservat versteht sich als Modellregion, in der ein harmonisches Miteinander von Mensch und Natur ermöglicht werden soll. Anders als in Nationalparks ist im Biosphärenreservat Landwirtschaft möglich, am Beispiel der extensiven Beweidung durch Schafe geradezu erwünscht. Besonders reizvoll zeigt sich die Region im Frühjahr, wenn Klatschmohnwiesen leuchten und der Raps in voller Blüte steht.

Mitte: Der Selliner See im Hinterland der Ostseeküste bürgt für Ruhe und Abgeschiedenheit.
Unten: Romantischer Wasserarm: Die Baaber Rinne schafft die Verbindung zwischen dem Selliner See und dem Having.

Baaber Rinne bei Moritzdorf im Biosphärenreservat

Der Name Mönchgut rührt übrigens von der Besitzung des Greifswalder Zisterzienserkloster Eldena her, das im 13. Jahrhundert die Halbinsel kaufte, den Wald rodete und Siedler in die Region holte. Jahrhundertelang wohnten die Menschen im Mönchgut durch den Mönchgraben getrennt weltabgeschieden vom Rest der Insel.

Strände und Museumshäuser in Göhren

Das Tor zum Mönchgut ist Göhren. Das nach Binz und Sellin drittgrößte Seebad auf Rügen ist Endbahnhof vom Rasenden Roland (siehe S. 179). Die Kleinbahn war ab 1899 maßgeblich daran beteiligt, Sommerfrischler an den Strand von Göhren zu bringen. Von dem Ort am Fuß des Nordperds fühlten sich etliche Maler und Filmstars wie Lyonel Feininger, Zarah Leander und Heinz Rühmann angezogen. An dem weitläufigen Nordstrand urlauben heute vornehmlich Familien, auf der drei Kilometer langen Bernsteinpromenade kann man bis ins benachbarte Seebad Baabe spazieren. In die andere Richtung führt ein kurz nach der Seebrücke beginnender Hochuferweg zur Höftspitze auf dem Nordperd hinauf. Von dem bewaldeten Endmoränenzug laufen Pfade zu dem nur wenig

MORITZDORF
Bereits die Annäherung wird zum bleibenden Erlebnis. Wer vom Seebad Baabe nach Moritzdorf möchte, muss über die Baaber Rinne. Es wäre ein Leichtes den nicht einmal 50 m breiten Ausfluss des Selliner Sees zu überbrücken. Das würde allerdings für die Ruderbootfähre das sichere Aus bedeuten. Und das will niemand. Es wird tatsächlich noch mit Muskelkraft gerudert, lediglich in Spitzenzeiten, wenn für die vielen Radler, Wanderer und Ausflügler bis zu 100 Mal hin und her gependelt werden muss, greift der Kapitän auf einen Außenbordmotor zurück. Von den hübschen Rohrdachkaten von Moritzdorf sollte man sich dann den Aufstieg zur Moritzburg nicht nehmen lassen. Eine steile Holztreppe führt zu dem Panoramalokal hinauf. Von dort kann man dann bei Streuselkuchen vom Blech auf den Fährbetrieb hinabschauen.
Baaber Ruderbootfähre. Verkehrt ganzjährig je nach Bedarf.

AUTORENTIPP!

CAFÉ MOCCAVINO

Was gibt es schöneres, als nach einer Wanderung oder Radtour in einem netten Lokal einzukehren und es sich bei einem Stück Torte oder Glas Wein gut gehen zu lassen! In Alt Reddevitz hat man die Qual der Wahl. Für Kaffeespezialitäten und hausgemachte Torten ist Sabine Küssners Moccavino die erste Adresse. Seit das Fernsehen über das kleine Kaffeehaus berichtete, kann sie sich über mangelnden Besuch nicht beklagen. Alle wollen eine der voluminösen Torten probieren, die zwar nicht unbedingt schlank, doch wie Frau Küssner sagt, vielleicht ein Stückchen glücklicher machen. Da gibt es etwa den 12 cm hohen Jasmunder Kreidefels, eine auf einem Nussboden mit karamellisierten Bananen und Schokosahne aufgebaute und von einer Baiserschicht getoppte Leckerei. Zum Dahinschmelzen!

Café Moccavino. Geöffnet von 11 Uhr bis Sonnenuntergang, Mi Ruhetag, Sept.–März Di und Mi geschlossen. Alt Reddevitz 18a, Tel. 038308/663 36, www.moccavino.com

Beschaulich: Middelhagen auf der Halbinsel Mönchgut

besuchten Südstrand hinab. Im Unterschied zum geschniegelten Nordstrand zeigt sich hier die Ostseeküste mit entwurzelten Bäumen und Totholz von ihrer urwüchsigen Seite.

Im alten Ortskern von Göhren machen drei Museen mit der Kultur und dem Landleben im Mönchgut bekannt. Im Museumshof, einer Hofanlage von 1847, wird eine agrarhistorische Ausstellung gezeigt. Das nur wenige Schritte entfernte Heimatmuseum wartet unter anderem mit einer sehenswerten Trachtenabteilung auf. Interessant ist auch das mit einem rohrgedeckten Zuckerhutdach versehene Rookhus in der Thiessower Straße 7. Ohne Schornstein verzog sich darin der Rauch durch Dachluken. Der Fußboden ist aus gestampftem Lehm und auch das Fachwerk wird von Lehmmauern gefüllt.

Schnaps aus Alt Reddevitz

Von Alt Reddevitz bietet sich eine Radtour zum Reddevitzer Höft an. Kaum breiter als 500 m, doch gut fünf Kilometer lang schiebt sich eine schmale Landzunge wie ein ausgestreckter Finger in den Rügischen Bodden hinein. Kurz nach dem Ortsausgang kann über Wiesen zu der Hofbrennerei

Halbinsel Mönchgut

Strandburg aufgestiegen werden. In dem vor gut hundert Jahren als Hotel erbauten Haus wird seit 2006 hochprozentiger Schnaps gebrannt. Im Hofladen können etliche Obstbrände aus einheimischen Früchten getestet werden. Schnell ausverkauft ist immer der »Pommersche Greif«, der einzige auf Rügen hergestellte Whisky. Wer es weniger stark mag, probiert einen Sanddorn- oder Pfirsichlikör oder ganz alkoholfrei einen Obstsaft. Ebenfalls aus eigener Produktion kommen Fruchtaufstriche und Apfelgriebenschmalz. Im Sommerhalbjahr kann man nach vorheriger Anmeldung an einer Brennereiführung teilnehmen, für alle, die tiefer in die Materie einsteigen wollen, werden »Schwarzbrennerseminare« angeboten.

Das schmale Sträßchen endet kurz nach dem Havinghof an der Höftspitze. Das Kliff ist hier zwar nur sechs Meter hoch, dennoch hat man einen schönen Ausblick auf die Insel Vilm im Westen und die Zickerschen Berge im Süden. Am Fahrradparkplatz führt eine Treppe zum steinigen Ufer hinab, von dort sind es nur wenige Minuten zum Kasper Ort. Zurück in Alt Reddevitz warten mehrere Landgasthöfe auf eine Einkehr und mit dem Moccavino gibt es auch ein gutes Café im Dorf (siehe Autorentipp).

Wanderparadies Zickersche Alpen

Zickig ist außer dem Namen auf der Halbinsel zwischen Zickersee und der Hagenschen Wiek rein gar nichts. Von Groß Zicker zeigt sich vielmehr das Mönchgut von seiner Schokoladenseite. Der Ort mit hübschen Bauernkaten an der buckligen Pflasterstraße ist pures Idyll. Konsequenterweise hat man ihn gleich komplett unter Denkmalschutz gestellt. Ausgesprochen fotogen gibt sich das Pfarrwitwenhaus, mit seinem Zuckerhutdach ist es das Mönchguter Wahrzeichen. Das niederdeutsche

Oben: Am Strand von Thiessow
Mitte: Das Mönchgut-Museum in Göhren macht mit der Landkultur der Halbinsel bekannt.
Unten: Das Pfarrwitwenhaus in Groß Zicker beherbergt unter seinem Zuckerhutdach ein kleines Museum.

Oben: Rügens südöstliche Ecke:
Das Steilufer bei Klein Zicker
Mitte: Die mittelalterliche Back-
steinkirche in Groß Zicker
Unten: Bilderbuchpanorama in der
Biosphäre bei Moritzdorf

Hallenhaus von 1723 ist Museum und Galerie zugleich, in dem Bauerngarten davor blühen im
Sommer die Lupinen. Die hübsche gotische Backsteinkirche auf der anderen Dorfseite stammt aus
dem 14. Jahrhundert, sie war die erste im Mönchgut. Auf dem Friedhof lohnt ein Blick auf die ver-
witterten stelenförmigen Grabwangen.

An der Dorfstraße weist ein Wanderschild zum
Bakenberg hinauf. Der 66 m hohe Hügelrücken erlaubt ein zauberhaftes Panorama auf die Halbinsel, auf dem Festland zeigen sich die Kirchtürme
von Greifswald und Stralsund. Vom Bakenberg
führt ein Kammweg auf dem Rücken zur Steilküste am Zickerschen Höft. In der Nähe der Abbruchkante kann ins Nonnenloch zum von großen Find-
lingen gesäumten Strand abgestiegen werden.

Surfoase Thiessow

Von Lobbe zieht sich der feinsandige Große
Strand bis in die südlichste Ecke vom Mönchgut.
Wer will, kann von Lobber Ort in einer guten
Stunde barfuß immer am Spülsaum entlang bis
nach Thiessow wandern. Schneller geht es natürlich motorisiert auf dem von einem schmalen Bu-
chengürtel gesäumten Landsträßchen. Das alte
Lotsendorf selbst hat allerdings nicht allzu viel zu
bieten. Doch es gibt auf dem Südperd einen Aussichtsturm, von dem man nicht nur den Großen
Strand in seiner ganzen Länge überblicken kann,
bei guter Sicht zeigt sich im Süden sogar die Insel
Usedom. Von dem Lotsenturm wurden bis 1977
die Schiffe um die im Greifswalder Bodden gelegenen Sandbänke gelotst. Am Thiessower Haken
weht meist eine frische Brise, was vor allem den
Wind- und Kitesurfern vor dem Strand von Klein
Zicker zugute kommt. Die Surferoase wurde schon
zu DDR-Zeiten als das »Hawaii der Ostsee« bekannt. Auch als Zuschauer hat man seine Freude.

Infos und Adressen

INFORMATION

Kurverwaltung. Göhren, Poststr. 9,
Tel. 038308/667 90, www.goehren-ruegen.de

ESSEN UND TRINKEN

Meeresblick. Hervorragende regional geprägte Bioküche, für das künstlerische Umfeld ist die Architektin und Keramikerin Kathrin Grünke verantwortlich. Reservierung empfohlen. Göhren, Friedrichstr. 2, Tel. 038308/56 50,
www.meeresblick-goehren.de

Kliesows Reuse. Uriges Scheunenlokal mit bodenständiger Hausmannskost. Di Ruhetag. Alt Reddevitz, Dorfstr. 23a, Tel. 038308/21 71,
www.kliesows-reuse.de

Zum Froschkönig. Nettes Café mit leckeren Kuchen, Waffeln und kleinen Gerichten. Middelhagen, Dorfstr. 24, Tel. 038308/256 63.

ÜBERNACHTEN

Hotel Fürst Jaromar & Spa. Ab vom Schuss gelegenes Resort mit großen Ferienwohnungen mit bis zu sechs Zimmern. Thiessow, Hauptstr. 1, Tel. 038308/345, www.jaromar.de

Fangfrischer Ostseefisch in Göhren

Populäres Wander- und Radlerrevier

Nordperd. Gehobener Komfort, ein großer Wellnessbereich und reizvolle Lage auf dem Hochufer machen das Viersternehaus zu einer der besten Adressen auf Rügen. Göhren, Nordperdstr. 11, Tel. 038308/70, www.travelcharme.com/nordperd

SEHENSWÜRDIGKEITEN

Mönchguter Museen. Heimatmuseum: Mai–Juni Di–So 10–17 Uhr, Juli–Okt. Mo–Sa 10–17 Uhr, im Winter auf Anfrage. Der Museumshof und das Rauchhaus sind derzeit geschlossen. Strandbadstr. 1, Tel. 038308/667 90, www.moenchguter-museen-ruegen.de

Pfarrwitwenhaus. Geöffnet April/Mai/Okt. Mo–Sa 11–16, So 13–16 Uhr, Juni/Sept. Mo–Sa 10–17, So 13–17 Uhr, Juli/Aug. Mo–Sa 10–18, So 13–18 Uhr. Groß Zicker, Boddenstr. 35.

EINKAUFEN

Mönchguter Hofbrennerei. Alt Reddevitz 36, Tel. 03 83 08/341 05, April-Okt. tgl. 10-18, übrige Zeit 11-16 Uhr, www.hofbrennerei-strandburg.de

AKTIVITÄTEN

Surf-Oase. Campingplatz mit angeschlossener Surfschule. Klein-Zicker, Dörpstraat 2, Tel. 038308/301 25, www.thiewaii.de

37 Jagdschloss Granitz
Feudales Jagddomizil

Deutschlands berühmtester Baumeister Karl Friedrich Schinkel hinterließ Rügen zwei herausragende Türme: den Leuchtturm am Kap Arkona und den nicht minder exponiert auf dem Tempelberg platzierten Aussichtsturm des Jagdschlosses Granitz. Beide sind sie architektonische Wahrzeichen und gehören zu den Top-Attraktionen auf der Kreideinsel. Das nur wenige Kilometer südlich vom Seebad Binz gelegene Jagdschloss wollen jedes Jahr rund 250 000 Besucher sehen. Vor allem in der Hauptsaison muss mit entsprechend viel Rummel gerechnet werden.

Mitten im Buchenwald ließ Fürst Malte I. zu Putbus ab 1837 vornehmlich für seine Jagdgesellschaften ein Jagdschloss errichten. Etliche Jagdtrophäen bezeugen, dass es auch als solches benutzt wurde. Die Pläne dazu lieferte der Berliner Architekt Johann Gottfried Steinmeyer, der auch maßgeblich in den Bau der klassizistischen

Unten: Schinkels schönster Bau auf Rügen – Fürst Malte zu Putbus ließ ihn für seine Jagdgäste errichten.

MAL EHRLICH

DUNKLE ALLEEN

Rügens Alleen sind wunderschön und ihr Fortbestand ist gesichert. Vor allem die im Seebad Sellin beginnende Deutsche Alleenstraße ist beeindruckend. Probleme gibt es immer wieder für Autofahrer, die den schnellen Lichtwechsel von hell zu dunkel nicht richtig einschätzen. Auch Radfahrer sind unter dem oft geschlossenen Kronendach der Bäume nicht immer sofort auszumachen. Von daher empfiehlt es sich, auf Rügen auch tagsüber mit Licht zu fahren.

Jagdschloss Granitz

Residenzstadt Putbus eingebunden war. Um einen quadratischen Innenhof entstand ein verputzter Backsteinbau mit vier von Zinnen bekrönten runden Ecktürmen. Während der siebenjährigen Bauzeit bezog der Fürst auch Karl Friedrich Schinkel in die Planung ein. Dieser erhöhte nicht nur die Ecktürme, sondern baute in dem ursprünglich als Lichthof vorgesehenen Innenhof einen runden Aussichtsturm, der den Vierflügelbau um ein gutes Stück überragt.

Rügen von oben

Nirgendwo sonst auf der Kreideinsel sind die Ausblicke weiter als vom Turm des Jagdschlosses. Zwar ist der Tempelberg mit seinen 107 m nicht der höchste Inselberg. Doch mit dem Turm kommen nochmals 38 m bis zur Aussichtsgalerie dazu. Zusammengenommen genügt das allemal, um aus luftiger Höhe über die Baumwipfel hinweg die ganze Insel zu überblicken. Schon der Aufstieg auf der gusseisernen Wendeltreppe wird zum Erlebnis. In unzähligen Drehungen windet sich diese den Rundturm hinauf. Mit ihren filigran gearbeiteten Stufen galt die Treppe aus der Werkstatt einer Berliner Eisengießerei zu jener Zeit als technische Meisterleistung. Da sie freitragend ist und lediglich von Verstrebungen an der Turmwand gehalten wird, sollte man ein bisschen Schwindelfreiheit mitbringen. Nach 154 Stufen ist es schließlich geschafft. Von 145 m über Normalnull öffnet sich ein prächtiges 360-Grad-Panorama. An klaren Tagen zeichnen sich auf dem Festland die Silhouetten der Hansestädte Stralsund und Greifswald ab. Das am Fuß des Schlosses stehende ehemalige Forsthaus sieht von oben wie ein Spielzeughaus aus. Nach der Fertigstellung des Schlosses baute man es zu einem Gasthaus um. Ab 1952 verbrachten darin junge DDR-Pioniere ihre Schulferien, nach der Wende wurde es für einige Jahre

HÜNENGRÄBER BEI LANCKEN-GRANITZ

Vor 200 Jahren gab es auf Rügen etwa 200 steinzeitliche Megalithgräber. Davon sind heute noch etwa 50 erhalten. Ein gutes halbes Dutzend davon gibt es südwestlich von Lancken-Granitz zu entdecken, nahe dem Sträßchen nach Neu Reddevitz zur Stresower Bucht. Zufällig kommt niemand daran vorbei. Die meisten Hünengräber liegen versteckt in einer Baumgruppe. Eventuell macht ein Wegweiser auf einen schmalen Pfad aufmerksam, der zu einem Eichenhain auf eine kleine Anhöhe hinaufführt, wo sich nahe von einer Sitzbank gleich eines der eindrucksvollsten steinzeitlichen Gräber aus der Trichterbecherkultur befindet. Geschätztes Alter: 4000 Jahre. Vier weitere Gräber liegen in unmittelbarer Nähe. In ihrem Umfeld fanden Archäologen Flintbeile, Pfeilspitzen und Bernsteinschmuck. Die Frage, die sich unweigerlich stellt: Wie mögen die Menschen damals die tonnenschweren Findlinge zu Gräbern aufgehievt haben?

zum Landschulheim. Seit 2004 zeigt darin eine Außenstelle des Biosphärenreservats Südost-Rügen eine Dauerausstellung über das UNESCO-Schutzgebiet.

Prunksäle und Alte Brennerei

Auch das Schloss selbst kann besichtigt werden. Zwar gingen nach dem Zweiten Weltkrieg etliche wertvolle Stücke der Innenausstattung verloren. Die rund zehn restaurierten Prunksäle vermitteln dennoch ein anschauliches Bild vom Lebensstil des feudalen Hochadels im 19. Jahrhundert. Besonders schmuck zeigt sich der Marmorsaal im ersten Obergeschoss. Die Kassettendecke besticht durch fein gearbeiteten Stuck, die Wände sind mit Eichenholz vertäfelt. Prunkstück ist ein dreigeschossiger Kamin aus italienischem Carrara-Marmor. In dem repräsentativen Saal feierten einst die fürstlichen Jagdgesellschaften ihre erfolgreichen Treibjagden. Eine zünftige Einkehr garantiert die Alte Brennerei im Gewölbekeller des Schlosses. Das Themenrestaurant will seinen Gästen die Tafelkultur im Mittelalter nahe bringen. Deftige »Ritterkost«, vornehmlich Wild aus den vor der Schlosstür liegenden Wäldern, dominiert den Küchenplan. In Trachten gekleidetes Personal schenkt Wein in Tonkrügen aus.

Wandern durch Buchenwälder

Abseits vom Schloss ist in der Granitz Hektik ein Fremdwort. Einzig der Rasende Roland schnaubt mehrmals täglich auf seinem Weg von Putbus nach Göhren durch den Wald. Rad-und Wanderwege erschließen das Naturschutzgebiet. Der Wald reicht im Osten bis ans Hochufer heran, das steil zur See abbricht. Beliebte Wanderziele sind die Megalithgräber bei Lancken-Granitz (siehe S. 199) und der Schwarze See zwischen Sellin und Binz.

Oben: Das Jagdschloss in der Granitz wird wie anno dazumal mit der Kutsche angefahren.
Mitte: Der historische Speisesalon im Jagdschloss kann im Rahmen einer Führung besichtigt werden.
Unten: Unterwegs im Buchenwald zum Schloss Granitz

Infos und Adressen

INFORMATION

Anfahrt mit dem Auto. Für Autofahrer gibt es keine direkte Zufahrt zum Schloss. Vor allem in der Hochsaison empfiehlt sich die Anfahrt mit öffentlichen Verkehrsmitteln. Von Binz kann man den Jagdschlossexpress nutzen, von Putbus den Rasenden Roland.

Jagdschlossexpress. Ab Binz Seebrücke bzw. für Tagesgäste ab dem Großparkplatz Binz-Ost benötigt die Kleinbahn für die Fahrt von Binz zum Jagschloss 20 Minuten. Sie verkehrt ganzjährig mehrmals täglich, von Juni–Sept. im 45-Minuten-Takt. Tel. 038393/338 80, www.jagdschlossexpress.de

Rasender Roland. In der Schmalspurbahn von Putbus nach Göhren steigt man am Haltepunkt Jagdschloss aus und erreicht von dort auf einer Pflasterstraße in gut fünf Minuten das Schloss. Tel. 03838/88 40 12, www.ruegensche-baederbahn.de

ESSEN UND TRINKEN

Wirtshaus Alte Brennerei. Im Winterhalbjahr montags geschlossen. Im Jagdschloss, Tel. 038393/328 72, www.alte-brennerei.com
Waldbiergarten Granitz. April–Okt. tgl. geöffnet. Am Jagdschloss, Tel. 038393/12 54 93, www.waldbiergarten-granitz.de

ÜBERNACHTEN

Travel Charme Kurhaus Sellin. Imposantes Viersternehaus. Wilhelmstraße 27, Tel. 038303/951 00, www.travelcharme.com/kurhaus-sellin

SEHENSWÜRDIGKEITEN

Granitzhaus. Neben dem Schloss Granitz, www.biosphaerenreservat-suedostruegen.de
Jagdschloss Granitz. Geöffnet Mai–Sept. tgl. 9–18 Uhr, übrige Zeit Di–So 10–16 Uhr. Tel. 038393/667 10, www.jagdschloss-granitz.de

Eine filigrane Wendeltreppe führt im Jagdschloss Granitz zum Aussichtsturm hinauf.

38 Putbus
Residenzstadt vom Reißbrett

Reetdachkaten und Bädervillen wird man in der »weißen Stadt« vergebens suchen. Putbus ist eine spätklassizistische Fürstenresidenz. Stadtgründer Malte I. träumte von einem mondänen Seebad, doch trotz all der neuen Prunkbauten schaffte Putbus den Durchbruch nicht – die See war für die meisten Sommergäste schlicht und einfach zu weit weg. Im Grunde ist das bis heute so geblieben. Besucher kommen meist für einen halben Tag. Doch auf der Kurzvisite wird einiges geboten.

Die Idee, aus seinem Heimatort ein Seebad zu machen, kam Malte I. (1783–1854) während eines Aufenthalts in Doberan-Heiligendamm, seinerzeit herzogliche Sommerresidenz und erstes deutsches Seebad. Der Fürst hatte die Vision von einer idealtypischen Stadt am Meer. Und nicht zu vergessen auch die finanziellen Mittel. Dass Putbus nicht ganz am Wasser lag, störte zunächst wenig. Doberan lag schließlich auch sechs Kilometer von der See entfernt, wer dort Baden gehen wollte, nahm

Mitte: Aus der Luft hat man sicherlich die spektakulärste Ansicht auf den kreisrunden Putbuser Circus.
Unten: Klassizistische Architektur prägt die ehemalige Residenzstadt.

MAL EHRLICH

LEBLOSES ZENTRUM

Der Circus von Putbus ist zweifelsohne eine architektonische Attraktion. Aus heutiger städteplanerischer Sicht ist das große Rondell im Zentrum der klassizistischen Residenz jedoch ein Flop. Es gibt weder Geschäfte noch Terrassenlokale, wer außerhalb der Saison am Circus steht, bekommt nicht mal eine Rostbratwurst. Kleiner Lichtblick: Die Grundversorgung wird durch Cafés an der Orangerie und im Puppenmuseum gesichert.

die Kutsche nach Heiligendamm und ließ sich in einem Badekarren ins Wasser schieben. Von Putbus nach Lauterbach am Greifswalder Bodden waren es schließlich gar nur drei Kilometer.

Seebad ohne See

Gerade von dem schwedischen König Gustav IV. Adolf in den Fürstenstand erhoben, suchte Malte I. 1808 per Anzeige in der Stralsunder Zeitung tatkräftige Handwerker, die bereit waren, sich langfristig an Putbus zu binden. Als Baumeister gewann Malte I. den an der Berliner Bauakademie ausgebildeten Architekten Johann Gottfried Steinmeyer, ein Studienkollege und enger Freund von Schinkel. Schon wenig später wurde mit den Bauarbeiten begonnen. Neubürger konnten preisgünstig Bauland erstehen. Damit ein homogenes städtebauliches Gesamtbild entstand, mussten beim Bau der Häuser allerdings bestimmte Auflagen erfüllt werden. Die Hausbesitzer hatten sich zudem zu verpflichten, die Gebäude jedes Jahr neu weiß zu kalken. Innerhalb von 40 Jahren entstand eine klassizistische Stadt, mit Alleen und Plätzen, Logierhäusern und repräsentativen Bauten sowie einem Badehaus in Lauterbach. Der schöngeistige Fürst war aktiv an der Planung beteiligt. Inspirieren ließ er sich von ausgedehnten Reisen nach Italien. Malte I. hatte jedoch die ostseeferne Lage unterschätzt. Sommergäste, die nach Rügen kamen, egal ob in der Pferdekutsche oder später mit der Bahn, ließen Putbus rechts liegen und fuhren lieber in die aufstrebenden Seebäder Sassnitz und Binz.

Circus und Theater

Der geografische Mittelpunkt von Putbus ist der Circus, ein großes Rondell, dessen imposante Anlage sich am besten auf einer Luftaufnahme zeigt.

INSEL VILM

Vor Lauterbach liegt eine fast gänzlich von Buchen und Eichen bewaldete kleine Insel im Rügenschen Bodden, der nachgesagt wird, dass es dort seit einem halben Jahrtausend keinen Holzeinschlag mehr gab. Tatsächlich ähneln weite Teile der Insel einem Urwald. Zu DDR-Zeiten war der Vilm geheimnisumwittert, 1959 wurde die Insel für die Öffentlichkeit gesperrt und zu einem abgeschotteten Refugium für hochrangige Politkader gemacht, die sich dort in elf Ferienhäuschen vom Regierungsstress erholten. Seit der Wende unterhält das Bundesamt für Naturschutz eine internationale Naturschutzakademie. Die Insel kann lediglich nach vorheriger Anmeldung besucht werden. Von April bis Oktober bietet die Reederei Lenz ab Hafen Lauterbach mehrmals in der Woche eine dreistündige Exkursion an, die Anzahl der Personen ist dabei auf 30 begrenzt. Auf einer geführten Wanderung können die Besucher die Urwaldinsel kennenlernen. In der Hochsaison empfiehlt es sich zeitig zu reservieren.

Fahrgastreederei Lenz. Lauterbach, Tel. 038301/618 96, www.vilmexkursion.de

Das Badehaus in Goor feierte jüngst seine Neueröffnung.

Um den Platz ließ Malte I. 16 zwei- bis dreigeschossige Bauten anlegen, die zum Teil als Logierhäuser für Besucher vorgesehen waren. Die Mitte ziert ein 19 m hoher Obelisk, von dem der Platz durch sternförmig abgehende Alleenwege in acht Tortenstücke aufgeschnitten wird. Vom Circus führt die Alleestraße zum Markt, an dem neben Rathaus und ehemaligem Fürstenhof das Theater steht. Als Vorbild für das klassizistische Schmuckstück diente das Berliner Schauspielhaus. Die Schaufassade wird von einem pompösen Säulenportikus dominiert, über den drei Eingangstüren zeigt ein Stuckfries Apoll im Kreise seiner Musen. Man sollte sich keinesfalls mit der Außenansicht des Theaters begnügen. Tagsüber finden mehrmals in der Woche Führungen statt. Doch die intime Atmosphäre von dem 244 Personen fassenden Saal lässt sich natürlich am besten während einer Vorstellung aufnehmen. Mit dem Spielbetrieb wurde 1998 wieder begonnen.

Orangerie und Schlosskirche

Südlich von der Alleestraße öffnet sich der 75 Hektar große Schlosspark mit dem Schwanensee als pittoresken Blickfang. Zwischen Mammutbäumen, Ginkgos, Kaukasischer Flügelnuss und anderen Exoten verstecken sich etliche repräsentative Bauten der Residenzstadt. Direkt an die Alleestraße grenzend diente die Orangerie einst als

Winterquartier für Zitronen- und Apfelsinenbäume und andere exotische Gewächse, denen das Klima auf Rügen zu rau war. Heute werden die Räume für Ausstellungen genutzt, auch hat darin die Stadtinformation ihr Büro. In dem weitläufigen Park liegen außerdem Marstall, Mausoleum und Schlosskirche. Für Gottesdienste wird diese erst seit 1892 genutzt, davor war die Kirche kurioserweise Spielkasino und Tanzsaal.

Schlosspark

Und wo ist nun das Schloss? Ein aus einer Burg hervorgegangener Barockbau brannte 1865 ab und wurde daraufhin als Mehrflügelanlage im neoklassizistischen Stil wieder aufgebaut. Im Zweiten Weltkrieg plünderten russische Truppen die Räumlichkeiten. In den 1950er-Jahren wurde zaghaft mit der Restaurierung begonnen, doch im Grunde hatte die DDR keine Verwendung für das feudale Adelserbe, und auch kein Geld. 1960 begannen Pioniere der Nationalen Volksarmee mit der Sprengung. Der Bauschutt wanderte in den Straßenbau. Übrig blieb lediglich die gestufte Terrasse am Schwanenteich. Wer an einer Führung durch den Park teilnimmt, wird auf zwei Spanische Tannen aufmerksam gemacht, die einst im Innenhof des Schlosses standen. An ihrer Rinde können noch Spuren der Sprengung ausgemacht werden. In der alten Schmiede neben dem Marstall hilft die Ausstellung »Das verschwundene Schloss« bei der weiteren Spurensuche.

Puppen am Schwanenteich

Am Ostufer des Schwanensees ließ Fürst Malte I. 1848 auf Wunsch seiner Gattin Luise ein Affenhaus errichten. Doch schon sechs Jahre später wurden die Volieren wieder abgebaut. Seit 1994 zeigt in dem Gebäude ein Puppen- und Spiel-

Oben: Der Schlosspark glänzt mit altem Baumbestand, nur ein Schloss gibt es keines mehr.
Mitte: Im ehemaligen Fürstlichen Pädagogium am Circus werden Internet-Fachkräfte ausgebildet.
Unten: Preußensäule

zeugmuseum darin Teddybären, Modelleisenbahnen sowie Plüsch- und Porzellanpuppen aus dem 19. Jahrhundert. Im verglasten Pavillon des Museumscafés kann man bei einem Espresso den Blick über den Schwanensee gleiten lassen. Nicht weit vom Affenhaus entfernt erinnert ein Denkmal an Fürst Malte I. Der Fürst steht überlebensgroß auf einem Sockel aus feinstem italienischem Marmor. Die Statue ließ 1859 Witwe Luise aufstellen. Eines der vier Reliefs im Sockel zeigt den Architekten Schinkel, wie er die Baupläne für das Jagdschloss Granitz studiert.

Der Hafen von Putbus

Bis ins 19. Jahrhundert hinein war Lauterbach ein kleines Fischernest, das schließlich durch Fürst Malte aus dem Dornröschenschlaf gerissen wurde. Der Hafen von Lauterbach ist heute ein beliebter Treff von Skippern und Startpunkt für Ausflugsfahrten auf die Insel Vilm. Unweit vom Hafen entstand 1818 das 50 m lange Badehaus Goor, mit seiner dorischen Säulenhalle davor sieht es wie ein antiker Tempel aus. Die Badezellen waren mit Wannen aus italienischem Marmor ausgestattet, das Meerwasser dafür wurde in großen Kübeln vom Greifswalder Bodden herangeschafft. Nach jahrelangem Leerstand knüpft seit 2007 ein nobles Wellnesshotel wieder an die alte Badetradition an.

Oben: Lauterbach war einst der Hafen vom fürstlichen Putbus, heute ist er ein beliebter Ankerplatz von Skippern.
Unten: Am Markt erinnert ein Kriegerdenkmal an die Gefallenen aus dem Ersten Weltkrieg.

Infos und Adressen

INFORMATION

Putbus Information. Im Sommerhalbjahr werden Stadt- und Schlossparkführungen angeboten. Orangerie, Alleestr. 35, Tel. 038301/431, www.ruegen-putbus.de

ESSEN UND TRINKEN

Café im Puppen- und Spielzeugmuseum. Mit schönem Blick auf den Schwanenteich. Kastanienallee, Tel. 038301/609 59.

Eis-Café Bistro. Schlichtes Café an der Orangerie. Alleestr. 35, Tel. 038301/886 53.

ÜBERNACHTEN

Hotel Badehaus Goor. 2007 wieder eröffnetes Wellnesshotel in klassizistischem Rahmen. Fürst-Malte-Allee 1, Tel. 038301/882 60, www.hotel-badehaus-goor.de

Wreecher Hof. Neue Reetdachhäuser in sehr ruhiger Lage am Wreechensee, gute Gastronomie. Putbus-Wreechen, Kastanienallee, Tel. 038301/850, www.wreecher-hof.de

Wasserferienwelt im Jaich. Näher am Wasser geht nicht, von der Terrasse der schwimmenden Ferienhäuser kann man ein Fußbad im Bodden nehmen. Putbus-Lauterbach, Am Yachthafen 1, Tel. 038301/80 90, www.im-jaich.de

Gediegenes Interieur im Badehaus in Goor

Das neogotische Mausoleum im Schlosspark

SEHENSWÜRDIGKEITEN

Puppen- und Spielzeugmuseum. Geöffnet April–Okt. tgl. 10–20 Uhr, übrige Zeit 11–16 Uhr, Kastanienallee, Tel. 038301/609 59, www.puppenmuseum-putbus.de

Uhren- und Musikgerätemuseum. Geöffnet Mai–Okt. tgl. 10–18 Uhr, übrige Zeit 11–16 Uhr. Alleestr. 13, Tel. 038301/609 88, www.uhrenmuseum-putbus.de

Theater Putbus. Führungen nach vorheriger Anmeldung mehrmals wöchentlich. Markt 13, Tel. 038301/80 83 30, www.theater-vorpommern.de

Schlosskirche. Im Schlosspark zu Putbus. Geöffnet tgl. 9–mind. 16 Uhr. www.kirche-putbus.de

Fürstenhof. Was früher ein Hotel war, ist heute ein Wohnhaus. Alleestraße 10.

AKTIVITÄTEN

Segeln. Die Wassersportschule Goor lädt zu Törns ein und bietet Segelkurse an. Lauterbach, Tel. 038301/88 27 80, www.goor.de

39 Nationalpark Jasmund
Königsstuhl und Weltnaturerbe

Jasmund ist Deutschlands kleinster Nationalpark, doch mit jährlich 300 000 Gästen gehört er zu den am meisten besuchten. Grund dafür ist die schon von Caspar David Friedrich auf der Staffelei festgehaltene Kreideküste, die zu den eindrucksvollsten Naturwundern an der Ostseeküste gehört. Im Fokus steht der Königsstuhl, an dem 2004 ein modernes Besucherzentrum entstand. Was viele auf den ersten Blick gar nicht wahrnehmen: Auch der Buchenwald in Jasmund ist außergewöhnlich – 2011 wurde er von der UNESCO zum Weltnaturerbe erklärt.

Nationalpark ist die Kreideküste mit ihren angrenzenden Buchenwäldern seit 1990. Der Zugang ist seither für den öffentlichen Verkehr gesperrt. Vom gebührenpflichtigen Großparkplatz in Hagen an der Straße zwischen Sagard und Glowe verkehren alle zehn bis zwanzig Minuten Pendelbusse zum

Mitte: Der Königsstuhl ist das ungekrönte Wahrzeichen der Kreideküste.
Unten: Radweg im Buchenwald von Jasmund; die Wege entlang der Kreideküste stehen allerdings lediglich Wandern offen.

MAL EHRLICH

KÖNIGSSTUHL GRATIS
Dass man Eintritt bezahlt, wenn es etwas zu sehen gibt, ist normal. Für den Königsstuhl zahlt man aber, um darauf zu stehen. Sichtbar wird er durch die Eintrittskarte nicht. Diese berechtigt immerhin, sich im Nationalparkzentrum eine Multivisionsschau anzusehen. Wer diese nicht sehen will, muss trotzdem die sechs Euro für den Königstuhl bezahlen. Warum dann nicht gleich zur fünf Minuten entfernten Victoriasicht gehen, die (noch) nichts kostet und von der man sogar den Königsstuhl sehen kann?

Nationalpark Jasmund

Nationalparkzentrum am Königsstuhl. Wer will, kann auch von Hagen aus auf einem ausgeschilderten Wanderweg in gut 45 Minuten zum Königsstuhl spazieren. Empfehlenswert!

Slawenwall über dem Herthasee

Wenn man zu Fuß von Hagen unterwegs ist, dann liegt auf halber Strecke der sagenumwobene Herthasee, benannt nach keiner geringeren als der germanischen Göttin Hertha (Nerthus). Mit einem von weißen Kühen bespannten Prunkwagen soll die Fruchtbarkeitsgöttin sich immer zum Bade in einen Heiligen Hain zurückgezogen haben. Damit die begleitenden Dienerinnen nichts davon der Außenwelt erzählen konnten, wurden sie kurzerhand von dem elf Meter tiefen See verschlungen – dramatisch und ganz sicher frei erfunden. Historisch belegt ist dagegen die Herthaburg über dem Seeufer, eine slawische Wallanlage aus dem 8. Jahrhundert, von der ein mehrere Meter hoher Ringwall die Zeit überdauerte.

Nationalparkzentrum Königsstuhl

In dem modernen Besucherzentrum gibt eine multimedial aufgemachte Dauerausstellung einen Einblick in den facettenreichen Lebensraum der Kreideküste. Eine der Attraktionen ist das Multivisionskino, im dem auf vier Leinwänden der Park aus der Vogelperspektive dargestellt wird. Vom Besucherzentrum sind es nur wenige Schritte zum Königsstuhl. Von dem exponierten Kreidevorsprung mit einer 200 m² großen natürlichen Plattform schaut man von 118 m über Normalnull auf die Ostsee. Wie der Königsstuhl zu seinem Namen kam, erzählen viele Geschichten. Weniger wahrscheinlich ist die Version, dass 1715 König Karl XII. von Schweden vom Königsstuhl aus eine Seeschlacht gegen die Dänen kommandierte. Es

AUTORENTIPP!

ÖKOLOGISCHE LANDWIRTSCHAFT AUF DEM NATURHOF RÜGEN

Am Westrand des Nationalparks wird in Bisdamitz seit 1994 auf 350 Hektar nach den Richtlinien des Bioland-Verbands ökologische Landwirtschaft betrieben. Zum Hof gehören etwa 60 Milchkühe, 150 Schafe und etliche Sattelschweine; für Kinder dürften die in Kleingehegen gehaltenen vielen anderen Nutz- und Haustiere interessant sein. In einem Nebengebäude des denkmalgeschützten Gutshofs ist eine Hofkäserei untergebracht. Einzelgäste und Familien können in einfach eingerichteten Zimmern zu kleinen Preisen übernachten, wahlweise als Selbstversorger oder mit Frühstück und Halbpension. Mit Zimmern mit Platz für bis zu acht Personen ist die zertifizierte Bildungs- und Beschäftigungsgesellschaft auch auf Kinder- und Jugendgruppen eingestellt..

Naturhof Rügen. Lohme-Bisdamitz, Tel. 038302/888 30, www.naturhof-ruegen.de

soll ihm dabei so langweilig geworden sein, dass er nach einem Stuhl verlangte. Viel weiter zurück geht eine Sage, nach der König von Rügen wurde, der es von der Seeseite als erster schaffte, den Kreidefelsen zu besteigen, um dann oben glücklich angekommen auf einem bereitgestellten Stuhl Platz nehmen zu dürfen.

Zwischen Königsstuhl und Victoriasicht führt ein langer Treppenweg die Steilküste zum Blockstrand hinab. Am Fuß des Königsstuhls sind immer Ausflügler unterwegs, die nach Feuersteinen, Hühnergöttern und Donnerkeilen suchen.

Vergängliche Schönheit

Rügens Kreideküste ist wunderschön, doch auch vergänglich. Wie wohl diese imposante Küste entstanden sein mag? Geologen führen dazu die 70 bis 100 Millionen Jahre zurückliegende Kreidezeit an. Damals lagerten sich feinstzerriebene Schalen von Einzellern auf dem Ostseeboden ab. Die letzte Eiszeit stauchte diese Kreideablagerungen zu einer mehr als 100 m hohen Landmasse auf. Kreide ist bekanntermaßen nicht gerade hart wie Granit. Die Küste reagiert von daher äußerst empfindlich auf

Oben: Sagenhaft: der Herthasee mitten im Nationalpark
Unten: Für Kinder hält das Nationalparkzentrum ein spezielles Programm bereit.

Nationalpark Jasmund

Wettereinflüsse und die stetig heranbrandenden Ostseewellen. Abbrüche gibt es schon so lange, wie es die Kreideküste gibt. Durch anhaltende Regenfälle rutschte am 13. August 2011 zwischen Kollicker Ort und der Piratenschlucht auf 70 m Länge eine Kreidewand ab. Mit geschätzten 120 000 Tonnen war es der größte Kreideabbruch in den letzten Jahren. Ein spektakulärer Abbruch ereignete sich zudem im Februar 2005, als am Wissower Klinken die beiden Hauptzacken ins Meer sackten. Stück für Stück holt sich nun die See das verlorene Terrain zurück.

Rügener Schul- und Schlämmkreide

Wer mehr über Kreide erfahren will, ist in Europas einzigem Kreidemuseum richtig. Es befindet sich im Weiler Gummanz direkt neben dem noblen Jasmar Resort. Am Parkplatz der Jasmar-Therme beginnt ein Naturlehrpfad durch den alten Kreidebruch. Der Kleine Königsstuhl über einem 16 m tiefen Kreidebruchsee erlaubt ganz nebenbei weite Ausblicke aufs Festland. Das Museum ist in der restaurierten Werkhalle der ehemaligen Kreidefabrik untergebracht, in der noch bis 1962 produziert wurde. Historische Filmaufnahmen dokumentieren, wie Rohkreide zu Schlämmkreide wird. Eine umfangreiche Fossiliensammlung gibt zudem Einblicke in die Lebenswelt des Kreidemeeres, zu den neueren Schaustücken gehört ein sechs Meter langes Modell eines Fischsauriers.

Weltnaturerbe Buchenwald

Zusammen mit vier anderen alten deutschen Buchenwäldern sind die Wälder im Nationalpark seit 2011 Weltnaturerbe der UNESCO. Die Stubnitz auf der Halbinsel Jasmund kann heute mit dem größten zusammenhängenden Buchenwald an der

Ostseeküste aufwarten. Als Kernzone des Weltnaturerbes sind die vom Spülsaum der Ostsee sich zur Hochfläche hinaufziehenden Hangwälder ausgewiesen. Die unzugänglichen Steilhänge über dem Blockstrand waren schon immer von menschlichen Eingriffen ausgenommen, hier gedeihen seltene Gehölze wie Wildbirne, Elsbeere und Eibe. Im Kliff nisten Mehlschwalben, darüber ziehen Seeadler ihre Kreise, im Wald sind Dam- und Schwarzwild zuhause. In der Stubnitz machen Rotbuchen etwa 80 % des Waldes aus. Andere Baumarten haben kaum eine Chance sich zu entwickeln, ausgenommen davon sind die feuchten und kühlen Bachtäler, in denen sich auch Esche und Bergahorn ansiedeln. Im Quellgebiet der Bäche gibt es urwüchsige Erlenbrüche.

Die eingestreuten Moore sind zudem Lebensraum für Wollgräser, Fieberklee und Riesenschachtelhalm. Die stille Schönheit des Jasmunder Buchenwalds erschließt sich am besten während einer Wanderung. Besonders reizvoll zeigt sich die Stubnitz im Vorfrühling, wenn durch das noch nicht ausgebildete Blätterdach der Bäume genügend Licht für Frühblüher einfällt und Sauerklee, Anemonen und violett blühender Lerchensporn für Farbtupfer auf dem Waldboden sorgen. Im Mai blüht der auf der Roten Liste stehende Gelbe Frauenschuh, mit seiner großen Blüte gehört er zu den auffälligsten Orchideenarten.

Das Motto »Natur Natur sein lassen« heißt im Weltnaturerbe Buchenwald: Kein Baum wird gefällt, keiner neu gepflanzt. Alte Bäume sterben ab, auf ihrem langsam verrottenden Totholz wächst eine neue Waldgeneration heran. Menschen braucht es dazu lediglich, damit diese Eigendynamik nicht gestört wird und damit wir als Gäste des Waldes noch lange ein Stück intakte Natur erleben dürfen.

Oben: Der Buchenwald ist seit 2011 Weltnaturerbe der UNESCO. **Mitte:** Ausstellung über das Ökosystem im Nationalparkzentrum **Unten:** Das Zentrum ist zu Fuß, per Rad oder einem Shuttle-Bus erreichbar, für den Individualverkehr ist die Zufahrt gesperrt.

Infos und Adressen

INFORMATION

Nationalparkzentrum Königsstuhl. Geöffnet Ostern–Okt. tgl. 9–19 Uhr, übrige Zeit 10–17 Uhr. Von April–Okt. führen Ranger kostenfrei zu den interessantesten Plätzen im Schutzgebiet. Stubbenkammer 2, Tel. 038392/66 17 66, www.koenigsstuhl.com

Von Sassnitz aus fährt die Linie 20 direkt zum Nationalparkzentrum Königsstuhl. Autofahrer nehmen ab Parkplatz Hagen den Pendelbus der Linie 19. Tel. 03838/20 29 55, www.rpnv.de

ESSEN UND TRINKEN

Baumhaus Hagen. Rohrgedecktes ehemaliges Försterhaus an der L 303 zwischen Sassnitz und Hagen. Stubbenkammer, Tel. 038392/223 10, www.baumhaushagen.im-web.de

Gastmahl des Meeres. Traditionsreiches Fischlokal am Fischereihafen. Es werden auch Zimmer vermietet. Sassnitz, Strandpromenade 2, Tel. 038392/51 70, www.gastmahl-des-meeres-ruegen.de

ÜBERNACHTEN

Jasmar Resort Rügen. Nobel restauriertes Gutsherrenhaus am Westrand des Nationalparks. Die zugehörige Therme steht auch Außerhausgästen offen. Neddesitz, Tel. 038302/95, www.jasmar.de

Schloss Spyker. Zu dem noblen Schlosshotel am Spykersee gehören ein gutes Restaurant und eine einladende Café-Terrasse. In den Salons werden Ausstellungen mit zeitgenössischer Kunst gezeigt. Spyker, Schlossallee 1, Tel. 038302/770, www.schloss-spyker.de

SEHENSWÜRDIGKEITEN

Kreidemuseum. Geöffnet Ostern–Okt. tgl. 10–17 Uhr, übrige Zeit Di–So 10–16 Uhr. Gummanz, Tel. 038302/562 29, www.kreidemuseum.de

Fischerei- und Hafenmuseum. Vorzeigestück ist die vor dem Museumsbau ankernde Havel. Der Fischkutter lief 1956 in der Volkswerft Stralsund vom Stapel und fuhr bis 1990. Geöffnet April–Okt. 10–18 Uhr, übrige Zeit bis 17.30 Uhr. Stadthafen Sasnitz, Tel. 038392/578 46, www.hafenmuseum.de

Das moderne Nationalparkzentrum am Königsstuhl

40 Wandern an der Kreideküste
Von Sassnitz zum Königsstuhl

»Nach Rügen reisen heißt nach Sassnitz reisen«, dichtete einst Theodor Fontane in seinem berühmten Roman »Effi Briest«. Mehr als100 Jahre ist das nun her. Als Seebad ist der Fährhafen nach Skandinavien und ins Baltikum heute nur noch zweite Wahl. Nicht so als Ausgangspunkt für Exkursionen zur Kreideküste. Auf der Internetplattform Wanderwelten wählten Nutzer den Hochuferweg jüngst zu den zehn schönsten Wanderwegen Deutschlands.

Ausgangspunkt der Tour ist der Buswendeplatz am Wedding am nördlichen Stadtrand von Sassnitz. Wer mit der Bahn angereist ist und das Stück vom Bahnhof nicht laufen will, erreicht den Einstieg schnell mit dem Stadtbus. Neben dem Kassenhäuschen beginnt ein ausgeschilderter Pfad am bewaldeten Hochufer entlang. Bereits nach zehn Minuten bietet sich auf einer Treppe ein Abstieg durch die Piratenschlucht zum Strand an. Von einer Schlucht ist zwar nicht allzu viel zu sehen, doch soll an dem idyllischen Flecken öfters Klaus Störtebeker an Land gegangen sein, um seine Beute zu verstecken.

Vom Hengst zum Kieler Bach

Weiter auf dem Hochufer wird nach dem Sattel auf dem Kreidefelsen Hengst, einer bronzezeitlichen Wallanlage, und der Querung von zwei Bachläufen der Wissower Klinken erreicht. Die berühmte Kreideformation kam im Februar 2005 in die Schlagzeilen, als nach einem Wintersturm die

Mitte: Die Ernt-Moritz-Arndt-Sicht erlaubt eine der spektakulärsten Ansichten auf die Kreideküste.
Unten: Die Buchenwälder reichen in Jasmund bis an die Steilküste heran.

Wandern an der Kreideküste

Etliche Passagen sind mit Bohlenwegen begehbar gemacht.

AUTORENTIPP!

CAFÉ NIEDLICH

Vom alten Dorfkern in Lohme führt ein steiler Treppenweg zum Hafen hinab. Dabei schaut man direkt auf das rote Dach des Cafés. Von der aussichtsreichen Terrasse kann man bei Kaffee und Kuchen oder einem Drink nicht nur beobachten, was gerade im Hafen so läuft. Auch das Kap Arkona ist voll im Blick, hinter dem allabendlich die Sonne untergeht. Die steile Hanglage hat es allerdings in sich. 2009 musste das Café auf behördliche Anordnung vorübergehend schließen, weil eine Abbruchgefahr des Ufers vermutet wurde. Doch jetzt scheint alles wieder im Lot zu sein.

Café Niedlich. Lohme, Tel. 038302/93 46.

beiden Hauptzacken abrutschten. Seither sind die Klinken nur noch ein Schatten ihrer selbst. Dafür zeigt sich ein Stück weiter die Ernst-Moritz-Arndt-Sicht nach wie vor von ihrer besten Seite: Von dem plateauförmigen Kreidevorsprung ergibt sich ein traumhaftes Panorama auf das Wissower Ufer. Auf einem Bohlenweg geht es zum Kieler Bach hinab, von dem zum Kieler Ufer abgestiegen werden kann, an dem sich der Bach als kleiner Wasserfall in die See ergießt. Ein wildromantisches Plätzchen, von dem sich die Kreideküste in ihrer ganzen Größe zeigt!

Victoriasicht

Kollicker Bach und Kollicker Ort sind die nächsten Landmarken. Richtig spektakulär wird es dann an der Victoriasicht. Die berühmte Aussicht erhielt ihren Namen 1865, als König Wilhelm I. von Preußen sich mit Kronprinzessin Victoria während einer Stippvisite auf Rügen den schönsten Aussichtspunkt auf die Kreideküste zeigen ließ. 100 m

Wanderung zum Königsstuhl

INFORMATION

Die Tour auf dem Steilufer der Halbinsel Jasmund ist eine faszinierende Wanderung an der deutschen Ostseeküste. Der Hochuferweg führt durch wunderbare Buchenwälder. Besonders reizvoll: Immer wieder gibt der Pfad spektakuläre Ausblicke auf die Rügener Kreideküste frei.

An- und Abfahrt: Sassnitz ist sehr gut per Pkw, Bahn und Bus erreichbar. Vom Bahnhof verkehrt ein Stadtbus zum gut 2 km entfernten Buswendeplatz Wedding.

Rückfahrt: Vom Nationalparkzentrum pendeln alle 20 Minuten Busse zum Großparkplatz Hagen, von dem es Anschluss nach Sassnitz gibt.

Ausgangspunkt: Buswendeplatz Wedding am nördlichen Ortsrand von Sassnitz.

Wegbeschaffenheit: Schöne Waldpfade und Bohlenwege. Aus ökologischen Gründen und nicht zuletzt der eigenen Sicherheit wegen bittet die Nationalparkverwaltung darum, den unmittelbaren Bereich an der Abbruchkante zu meiden.

Länge: 9 km; gut 2,5 Std. Gehzeit.

Ausrüstung: Bequeme leichte Wanderschuhe. In den Tagesrucksack gehören Regenschutz, genügend Trinkwasser und ein Snack für Zwischendurch.

Verpflegung: Im Nationalparkzentrum Königsstuhl lädt ein gutes Selbstbedienungsbistro zur Rast, für den Zutritt dazu muss allerdings die Eintrittsgebühr für den Königsstuhl entrichtet werden.

Rad: Der Hochuferweg ist für Radfahrer und Mountainbiker gesperrt.

Variante: Wer will, kann vom Königsstuhl auf dem Hochuferweg bis Lohme (Busanschluss) weiterwandern, zusätzliche Gehzeit: eine Stunde.

WICHTIGE STATIONEN

Ⓐ **Sassnitz/ Wedding** – Startpunkt ist der Buswendeplatz am Wedding.

Ⓑ **Piratenschlucht** – Hier hat man die Möglichkeit, zum Strand hinunterzusteigen.

Ⓒ **Hengst** – Der Hengst ist eine Kreidefelsformation. Auf ihm befindet sich ein bronzezeitlicher Burgwall, der Sattel genannt wird.

Ⓓ **Wissower Klinken** – Etwa 300 m von der Abbruchkante entfernt entsteht derzeit das Unesco-Welterbeforum Waldhalle.

Ⓔ **Ernst-Moritz-Arndt-Sicht** – Schöne Aussicht auf das Wissower Ufer.

Ⓕ **Kieler Ufer** – Vom Aussichtspunkt kann man zum Kieler Bach und Kieler Ufer herabsteigen.

Ⓖ **Kollicker Ort** – Weiter geht es zum Kollicker Bach und Kollicker Ort.

Ⓗ **Victoriasicht** – Ein hervorragender Aussichtspunkt.

Ⓘ **Königsstuhl**– Endpunkt der Wanderung ist der berühmte Kreidefelsen.

An der Victoriasicht fällt die Kreideküste fast senkrecht ab.

über dem Meer gelegen fällt das Land von dort senkrecht ab und erlaubt grandiose Tiefblicke. Caspar David Friedrich wird hier sicherlich oft gestanden haben. Ob die Victoriasicht tatsächlich als Vorlage für sein um 1818 erstandenes weltbekanntes Gemälde diente, bleibt selbst unter Experten umstritten. Seither sind fast zwei Jahrhunderte vergangen. Sichtbar nagt der Zahn der Zeit beständig an den Felsen und modelliert sie ständig neu. Heute erinnert kaum mehr etwas an das Bild des großen Romantikers. Oder war vielleicht die künstlerische Freiheit von Caspar David Friedrich so groß, dass er sich lediglich von den Kreidefelsen inspirieren ließ, ohne dabei auf authentische Details zu achten? Von der Victoriasicht gibt auch das Wanderziel – der Königsstuhl – ein hervorragendes Fotomotiv ab. Bevor vor dem dortigen Nationalparkzentrum die Bushaltestelle erreicht wird, heißt es nochmals eine Entscheidung zu treffen: Auf einem Treppenweg bietet sich die Möglichkeit zum Blockstrand am Fuß des Königsstuhls abzusteigen. 412 Stufen hinab und 412 Stufen wieder hinauf.

Ein Gedenkstein an der Victoriasicht

Infos und Adressen

INFORMATION

Tourist-Service Sassnitz. Strandpromenade 12, Tel. 038392/64 90, www.insassnitz.de

ESSEN UND TRINKEN

Bistro im Nationalparkzentrum. Selbstbedienungslokal mit Außenterrasse. Tel. 038392/66 17 71.

41 Kap Arkona
Deutschlands nördlichstes Kap

Deutschlands bekanntestes Kap liegt auf der Halbinsel Wittow in der nördlichsten Gemeinde von Rügen. Mit zwei Leuchttürmen, einem Peilturm, militärischen Bunkern und den Resten eines slawischen Heiligtums gehört die als Flächendenkmal geschützte Steilküste zu den beliebtesten Ausflugszielen an der Ostseeküste – jedes Jahr finden etwa 700 000 Besucher den Weg in Rügens hohen Norden. An dem 46 m hohen Kap bricht das Land spektakulär zum Meer ab.

Die Kap-Region ist verkehrsberuhigt und für den öffentlichen Verkehr stark eingeschränkt. Wer nach Arkona will, egal ob im Auto oder per Bus, landet automatisch in Putgarten. Am westlichen Ortsrand gibt es einen kostenpflichtigen Großparkplatz, der in der Saison bis auf den letzten Platz belegt ist. Von dort geht es nur zu Fuß, mit dem Rad oder mit der Kap-Arkona-Bahn weiter. Die Kap-Arkona-Bahn ist eine mit Gas betriebene Bimmelbahn, die im Pendelverkehr die Leuchttürme mit dem Fischerdorf Vitt verbindet.

Putgarten

In Putgarten lohnt zunächst ein Spaziergang über die gepflasterte Dorfstraße, an der mehrere hübsche rohrgedeckte Bauernkaten stehen. Fein restauriert zeigt sich das Feuerwehrhaus, in dem früher die Seenotrettungsstation untergebracht war. Sehenswert ist auch der Rügenhof, ein riesiger ehemaliger Gutshof von 1890 mit etlichen großen Nebengebäuden. Von der ursprünglichen Idee, in dem Hof die alte Handwerkstradition der Insel

Mitte: Nahe der Klippen kann auf der Veilchentreppen zum mit Feuersteinen übersäten Strand abgestiegen werden.
Unten: Der ehemalige Marinepeilturm hat unter der Glaskuppel eine Aussichtsplattform.

Am Kap stehen zwei Leuchtturmgenerationen nebeneinander.

wieder aufleben zu lassen, ist allerdings nicht mehr viel übrig geblieben. Das Angebot ähnelt mehr einem großen Verkaufsbasar, auf dem typische Produkte aus Rügen in Nippes und Allerweltssouvenirs untergehen. Wer gute Nerven hat, kann an den meist im Herbst abgehaltenen Schlachttagen zusehen, wie ein Schwein fachmännisch zerlegt wird.

Drei Türme am Kap

Das exponiert gelegene Kap war für Seefahrer schon immer eine wichtige Landmarke. Um die Untiefen vor der Steilküste gefahrlos zu umschiffen, baute man 1827 nach einem Entwurf von Karl Friedrich Schinkel einen 19 m hohen Leuchtturm. Anders als die meisten Leuchtfeuer ist der Schinkelturm nicht rund, sondern ein dreigeschossiger quadratischer Backsteinturm. In zwei ständigen Ausstellungen wird zum einen das Lebenswerk des berühmten Baumeisters vorgestellt, zum anderen über Leuchtfeuer und Seezeichen informiert. Eine ziselierte gusseiserne Treppe führt zu einer Aussichtsgalerie hinauf. Wer auf das ganz große Panorama aus ist, wird nur ein paar Schritte daneben mit dem neuen Leuchtturm noch besser bedient. Der 39 m hohe Rundturm löste 1902 den

Schinkelturm ab. Die Aussichtswarte erlaubt einen fulminanten Ausblick auf die Halbinsel Wittow und hinüber nach Jasmund. Das alte Leuchtturmwärterhaus neben den beiden Türmen wird als Ferienwohnung vermietet. In der Nebensaison ist das sicherlich eine außergewöhnliche Lage. Im Sommer ist der Standort allerdings nur für Gäste empfehlenswert, denen der Rummel mit tausenden von Ausflüglern und mitunter mehreren Hochzeitsgesellschaften pro Tag nichts anhaben kann.

Auch der Dritte im Bunde, ein ehemaliger Marinepeilturm von 1927, wartet mit einer Aussichtsgalerie auf. Von dem von einer Glaskuppel abgeschlossenen Turm kontrollierte einst die Reichsmarine den Ostseeraum, auch versuchte man durch abgestrahlte Funkwellen die Navigation der Eisenbahnfähre von Sassnitz nach Trelleborg zu verbessern. Heute werden in dem Turm wechselnde Ausstellungen gezeigt. Im Sommer stellt unter der Glaskuppel ein extravagantes Schmuckatelier ausgefallene Pretiosen aus.

Abstieg zum Blockstrand

Der Abstieg auf der Königstreppe nahe den Leuchttürmen ist nach einem Unglück gesperrt. Will man zum Blockstrand hinab, folgt man auf dem Hochufer nun dem Rad- und Wanderweg auf dem Kap nach Westen und erreicht ein paar Minuten nach der Nebelsignalstation Rügens nördlichsten Punkt, den Gellort. Neben der Aussichtsplattform führt eine Treppe zum Siebenschneiderstein hinab – der 165 Tonnen schwere Findling am Ostseestrand gibt einen originellen Rastplatz ab.

Fischerdorf Vitt

Pures Idyll erwartet den Besucher in dem Fischerort Vitt an der Nordostküste von Wittow, das in

Oben: Auf Exkursionen am Fuß vom Kap Arkona ist äußerste Vorsicht geboten - es kommt immer wieder zu Landabbrüchen.
Unten: Der Schinkelturm am Kap Arkona

Kap Arkona

Das Fahrrad ist die beste Möglichkeit, die Region zu erkunden.

Geografisch genau genommen ist das Kap Arkona nicht der nördlichste Punkt von Rügen. Dieser liegt vielmehr ein Stück weiter westlich am Gellort. Man erreicht ihn auf einem in der Saison viel frequentierten Hochuferweg, der auch mit dem Rad befahrbar ist. Weiter auf dem Pfad gelangt man nach etwa drei Kilometer zu einem Parkplatz, an dem eine Treppe zum Strand hinabführt. Der Nordstrand gehört zu den schönsten natürlichen Badeplätzen Rügens. Er ist nicht bewirtschaftet, d. h. es gibt weder Strandkörbe noch eine Strandbar. Autofahrer erreichen den Strand von Putgarten aus auf einem schmalen Sträßchen in Richtung Varnkevitz, 800 m nach Putgarten zweigt rechts ein Plattenweg zum Parkplatz am Hochufer ab.

Vom Nordstrand aus kann dem Hochuferweg noch weiter nach Westen bis zum Bakenberg gefolgt werden. Die dortige ebenfalls sehr schöne Strandregion wird überwiegend von Gästen des Regenbogencamps in Beschlag genommen, in dem es auch einen kleinen Supermarkt und etliche Einkehrmöglichkeiten gibt.

ein schluchtartiges Tal geduckt ist. Die kleine Bucht wird von etwa einem Dutzend rohrgedeckten Fischerhäuschen ausgefüllt. Eine Steinmole schützt den kleinen Hafen, in dem eine Räucherei an Ort und Stelle den fangfrischen Fang verarbeitet. Hinter dem Landgasthof »Zum Goldenen Anker« führt ein Pfad auf die Steilküste, von der man immer an der Abbruchkante entlang wandernd in einer guten halben Stunde zur Jaromarsburg und nach Arkona kommt und dabei eindrucksvolle Aussichten auf das Kap genießen kann. Kurz vor der Jaromarsburg erlaubt die Veilchentreppe durch eine üppige Buschvegetation den Abstieg zum Strand – einem beliebten Revier für Feuersteinsucher.

Oberhalb von Vitt steht eine 1816 errichtete achteckige Kapelle mit einem Altarbild des Wolgaster Malers Philipp Otto Runge. Es ist allerdings nur eine Kopie, das Original ist wie fast alle Werke des Ostseemalers im Besitz der Kunsthalle Hamburg. Die Kapelle entstand angeblich nach einem Entwurf von Karl Friedrich Schinkel, die Anregung zu deren Bau gab der Pfarrer und Heimatdichter Ludwig Gotthard Kosegarten. Bis zu ihrer Fertigstellung hielt der Altenkirchener Pfarrer für die Vitter Fischer seine Uferpredigten unter freiem

Oben: Der Siebenschneiderstein am Fuß der Steilküste ist ein beliebter Rastplatz für Wanderer.
Mitte: Holzskulptur der viergesichtigen slawischen Gottheit Svantevit
Unten: Die Besucherströme kommen mit der Arkona-Bahn bequem zu den Leuchttürmen am Kap.

Himmel ab. Die Fischer hatten dabei immer ein Auge auf die See gerichtet und konnten sofort reagieren, wenn ein Heringsschwarm auftauchte – wenn es sein musste mitten in der Predigt. Auch von der Kapelle hat man die See im Blick.

Slawische Orakelburg

Der Stamm der Ranen siedelte vom 6.–12. Jahrhundert am Kap. Die in jener Zeit errichtete Jaromarsburg gilt als eine der bedeutendsten Kultstätten der Slawen. Die Lage war strategisch günstig gewählt. An zwei Seiten bricht hier das Land steil zum Meer ab, die Landseite wurde vor Angreifern durch einen bis zu 15 m hohen Wall geschützt, dessen Überreste noch deutlich auszumachen sind. Die nach dem letzten Ranenfürst Jaromar benannte Wallanlage sicherte zusätzlich ein hölzerner Palisadenaufbau.

Nach Aufzeichnungen des dänischen Geschichtsschreibers Saxo Grammaticus (um 1140–1220) befand sich im Zentrum der Burg eine heidnische Orakelstätte. Grammaticus zufolge gab es eine aus Eichenholz geschnitzte überlebensgroße Statue des viergesichtigen Kriegsgottes Svantevit, der in seiner rechten Hand ein Trinkhorn hielt. Dieses wurde von einem Hohepriester jedes Jahr mit Honigmet aufgefüllt. Der Priester las dann im darauf folgenden Jahr am Verdunstungsgrad des Mets ab, wie wohl die kommende Ernte ausfallen würde. Archäologische Notgrabungen förderten etliche Opfergaben und Relikte von Waffen zutage. Die Hochburg der Ranen wurde 1168 von den Dänen zerstört. Seither setzten Wind und Wetter dem Tempelheiligtum stark zu, etwa zwei Drittel der ursprünglichen Fläche sind mittlerweile ins Meer abgerutscht. Seit einem großen Kreideabbruch im Januar 2008 ist die Burg aus Sicherheitsgründen für Besucher gesperrt.

Infos und Adressen

INFORMATION

Informationsamt. Putgarten, Am Parkplatz 1, Tel. 038391/41 90, www.kap-arkona.de

ESSEN UND TRINKEN

Zum Goldenen Anker. Historischer Dorfgasthof aus dem 17. Jahrhundert mit gutem Fisch und Bio-Kaffee. In der Saison allerdings meist überlaufen. Vitt Nr. 2, Tel. 038391/121 34, www.gasthof-vitt.de

Helene-Weigel-Haus. Gemütliches Kulturcafé, das in den 1950er-Jahren der Schauspielerin Helene Weigel und dem Berliner Ensemble als Ferienziel diente. Geöffnet Mai–Okt. Putgarten, Dorfstr. 16, Tel. 038391/43 10 07, www.helene-weigel-haus.de

ÜBERNACHTEN

Ferien unter dem Reetdach. Geräumige Ferienwohnungen mit zwei bis drei Schlafzimmern. Der denkmalgeschützte Bauernhof nahe der Nordküste von Wittow liegt nur wenige Gehminuten von einem sehr schönen Strandrevier entfernt.

Schwarbe 14, Tel. 0641/877 37 30, www.ferien-unter-dem-reetdach.com

Leuchtturmwärterhaus. Kap Arkona, Vermietung über den Rügenhof Putgarten, Tel. 038391/40 00, www.kap-arkona.de

SEHENSWÜRDIGKEITEN

Schinkelturm. Geöffnet Juli/Aug. 10–19 Uhr, Nov.–März 11–17 Uhr, April, Mai, Okt. 10–17 Uhr, Juni, Sept. 10–18 Uhr.

Neuer Leuchtturm. Geöffnet Juli/Aug. 11–18 Uhr, April, Mai, Okt. 11–16 Uhr und Juni, Sept. 11–18 Uhr.

Marineführungsbunker. Führung im Sommer 11–16 Uhr zu jeder vollen Stunde, im Winter 12–15 Uhr.

EINKAUFEN

Rügenhof. Basarähnlicher Gutshof, in dem es auch ein Café gibt. Putgarten, Dorfstr. 22a.

AKTIVITÄTEN

Fahrt mit der Kap-Arkona-Bahn. Ab Putgarten bis zum Kap. Tel. 038391/132 13, www.kap-arkona-bahn.de

Zahlreiche Spaziergänger und Radler nutzen die für den Autoverkehr gesperrte Zufahrt zum Kap.

42 Insel Hiddensee
Rügens kleine Schwester

Hiddensee ist bei Tagesausflüglern ausgesprochen populär. Im Sommer setzen vom Fährhafen Schaprode an Rügens Ostküste täglich tausende von Gästen zur kleinen Schwesterinsel über. Hauptattraktionen sind neben dem kilometerlangen Weststrand das Gerhart-Hauptmann-Haus und eine Wanderung zum Leuchtturm auf dem Dornbusch. Erst nach Ablegen der letzten Fähre kommt die Insel wieder zur Ruhe. Wer den wirklichen Zauber von Hiddensee erleben möchte, sollte für ein paar Tage in der Nebensaison kommen.

Knapp 1000 Einwohner verteilen sich auf die vier Inseldörfer Kloster, Vitte, Neuendorf und Grieben. Hiddensee ist autofrei, ausgenommen einer Handvoll Dienstfahrzeuge. Unter anderem sind der Polizist und der Arzt motorisiert, dazu gibt es ein Müllauto und den Inselbus, der die Dörfer im Pendelverkehr miteinander verbindet.

Hauptverkehrsmittel sowohl für Insulaner als auch Gäste ist das Fahrrad. Wer kein eigenes Rad mitbringt, kann auf eine der achtzehn Verleihstationen zurückgreifen, die zusammengenommen über mehr als 1000 Räder verfügen. Hört sich im ersten Moment viel an, doch wenn in der Hauptsaison alle 3000 Gästebetten belegt sind, und das sind sie in der Regel, können Räder schon mal knapp werden. Alternativ bieten sich Pferdekutschen an, die auch den Gepäcktransport von den drei Fährhäfen in die Unterkünfte übernehmen. Oder man geht eben zu Fuß. So groß ist die Insel nicht. Sie ist zwar fast 17 km lang, doch an den meisten Stellen weniger als einen Kilometer breit.

Mitte: Hiddensees attraktivstes Baderevier ist der Weststrand, hier bei Vitte.
Unten: Ferienhäuser ab vom Schuss garantieren ruhige Tage.

Insel Hiddensee

Der Leuchtturm thront exponiert auf dem Dornbusch.

Prominententreff

Im Windschatten von Rügen zog Hiddensee vornehmlich Besucher an, die ab vom Schuss sein wollten. Bevorzugt Künstler und Literaten ließen sich von der Ruhe und Abgeschiedenheit der Insel inspirieren. Von der Künstlergruppe Brücke malten Otto Mueller und Erich Heckel auf Hiddensee. Hans Fallada brachte dort seinen Roman »Kleiner Mann – was nun« zu Ende, der Kabarettist Joachim Ringelnatz besuchte regelmäßig die dänische Stummfilmdiva Asta Nielsen, die sich von dem Architekten Max Taut in den 1920er-Jahren ihr Sommerhaus »Karusel« bauen ließ. »Nirgends ist man so jung, so froh und so frei wie auf dieser schönen Insel«, schrieb die damals in Deutschland berühmteste Filmschauspielerin. Der geschwungene Rundbau, in dem auch Carl Zuckmayer zu Gast war, steht noch heute am Nordrand von Vitte. Manche Promis kamen auch nur, um sich zu erholen. Sigmund Freud sonnte sich mit Töchterchen

AUTORENTIPP!

**INSELFÜHRUNGEN
MIT MARION MAGAS**

Die Inselchronistin und Autorin verschiedener Hiddensee-Bücher nimmt ihre Teilnehmer auf Inselspaziergängen mit, durch Kloster, Vitte und in die Dünenheide. Sie hat dabei interessante Geschichten von bekannten und weniger bekannten Menschen zu erzählen, die nach Hiddensee zur Erholung oder zum Arbeiten kamen. Eines der Themen von Marion Magas sind die Malweiber von Hiddensee, die sich in den Goldenen Zwanzigern zu einem Künstlerinnenbund zusammenschlossen. Auch DDR-Spezifisches kommt zur Sprache. So ist etwa während eines Spaziergangs durch die Hiddenseer DDR-Geschichte zu hören, dass am Weststrand Luftmatratzen nur am Strand, nicht jedoch im Wasser benutzt werden durften. Paddeln im Schlauchboot war ebenfalls verboten – die Fluchtdistanz von Hiddensee nach Dänemark betrug lediglich 33 Seemeilen. Im Sommer patrouillierten immer Schiffe vor der Küste.

Marion Magas. Tel. 0160/328 74 84, www.hiddensee-kultur.de

DER HIDDENSEER GOLDSCHATZ

Im Spätherbst 1872 wurde die Insel Hiddensee von einem Sturmhochwasser heimgesucht, das am Neuendorfer Strand so allerlei Preziosen freilegte. Einwohner fanden in den nächsten beiden Jahren insgesamt 16 so gut wie unversehrte Schmuckstücke aus Gold. Woher genau die Fundstücke kamen, ob von einem vor der Küste gesunkenen Schiff oder von in einem am Strand eingegrabenen Gefäß, darüber kann nur spekuliert werden. Über die Schmuckteile selbst weiß man dagegen mehr. Sie wurden um 980 von einem Wikinger Goldschmied gefertigt und ergeben zusammengefügt einen kostbaren Halsschmuck, der wohl von einer reichen Wikingerfrau getragen wurde. Das aus 23-karätigem Feingold gefertigte Stück wiegt 596 Gramm. Es wurde damals vom Stralsunder Kulturhistorischen Museum für 2257 Mark erworben. Dort liegt der Schatz bis heute sicher verwahrt, im Heimatmuseum von Hiddensee gibt es ein Duplikat davon.

Anna am Weststrand, Gustav Gründgens logierte im Haus am Dornbusch. Ab 1919 kam mehrmals Albert Einstein, mit Bekannten und Freunden organisierte der passionierte Geigenspieler gemeinsame Musikabende.

Gerhart-Hauptmann-Haus

Unter den hunderten mehr oder weniger prominenten Sommergästen, welche die Insel im Lauf der letzten hundert Jahre beherbergte, ragt Gerhart Hauptmann heraus. Zum ersten Mal kam der Dramatiker 1885 auf seiner Hochzeitsreise auf die Insel. Hiddensee sollte für den späteren Nobelpreisträger für fast ein halbes Jahrhundert Sommersitz werden. Im Juli 1924 verbrachte er zusammen mit der Familie von Thomas Mann in der Pension Haus am Meer einen gemeinsamen Sommerurlaub. Schließlich kaufte sich der Dichter 1930 in Kloster das Haus Seedorn. Neben dem alten Gebäude ließ er einen Anbau mit großem Arbeitszimmer errichten, in dem heute seine Nobelpreismedaille ausgestellt ist. Im Abendzimmer empfing Hauptmann bevorzugt Gäste – und davon gab es immer viele.

Hauptmann starb am 6. Juni 1946 im schlesischen Agnetendorf. 52 Tage darauf wurde sein Leichnam in seine Wahlheimat Hiddensee überführt und am Sonnenaufgang des 28. Juli 1946 auf dem Friedhof von Kloster beigesetzt. Die Grabstelle hinter der Kirche ist leicht zu finden, ein riesiger Findling fungiert als Grabstein. Seit 1956 steht sein Haus als Gedenkstätte offen. Im Eingangsbereich dokumentiert eine kleine Dauerausstellung Hauptmanns Beziehung zu Hiddensee. Wie ein Blick in sein Schlafzimmer zeigt, schrieb Hauptmann in allen Lebenslagen. Über seinem Bett sind originale Wandnotizen erhalten, unter anderem der Satz »Schweigen ist die größte Kunst«.

Von Kloster auf den Dornbusch

Von den vier Inseldörfern zieht Kloster die meisten Tagesausflügler an. 1296 von den Zisterziensern gegründet bestimmten die Mönche bis zur Auflösung des Klosters 1534 wesentlich das Inselleben mit. Die im Dreißigjährigen Krieg zerstörte Abtei ist heute nur noch im Ortsnamen gegenwärtig. Die mehrfach veränderte Dorfkirche glänzt mit einem mit hunderten Rosen ausgemalten Tonnengewölbe. Eine Besichtigung lohnt!

Nach der Ortsbesichtigung brechen viele Ausflügler zum obligatorischen Spaziergang auf den Dornbusch auf. Das bucklige Hügelland nimmt die ganze Nordhälfte der Insel ein. An höchster Stelle thront auf dem Bakenberg der Leuchtturm, Hiddensees ungekröntes Wahrzeichen. Der Andrang ist mitunter groß, alle wollen von der Aussichtsgalerie das phänomenale Rundumpanorama bis hinüber nach Dänemark genießen. Ruhiger geht es ein Stück weiter nördlich auf dem Swantiberg zu. Der Name der von Weiß- und Sanddorn bedeckten Kuppe weist auf ein slawisches Heiligtum hin. Am Waldrestaurant Klausner kann auf der Klausner-Treppe zum Weststrand abgestiegen werden, der sich am Fuß der Treppe zwar ziemlich steinig präsentiert, angesichts der urwüchsigen Szenerie dennoch den Abstecher lohnt.

Oben: Das Gerhart-Hauptmann-Haus ist heute ein Museum.
Mitte: Das Schlafzimmer im Gerhart-Hauptmann-Museum
Unten: Auf dem Inselfriedhof in Kloster schmückt ein Findling das Grab des Nobelpreisträgers.

Vitte und der Süden

Von Kloster verbindet die Inselhauptstraße mit Vitte. Zwar muss nicht groß mit Verkehr gerechnet werden, doch viele Radler und Wanderer bevorzugen den aussichtsreichen Deichweg über dem Weststrand. Wenn man so will, ist Vitte das Verwaltungszentrum der Insel. Dort hat der ehrenamtliche Bürgermeister sein Büro, die Polizeistation regelt das Wenige, was es zu regeln gibt, und Gäste können sich in der Sparkassenfiliale am einzigen Geldautomaten der Insel bedienen. Am nördlichen Ortsrand zeigt das Nationalparkamt im 3D-Betrachter verschiedene Facetten der Insel. Etwa zwei Drittel der Inselfläche gehören zum Gebiet des Nationalparks Vorpommersche Boddenlandschaft, ausgenommen sind praktisch nur die vier Siedlungskerne.

Blaue Scheune

Blickfang in Vitte ist die Blaue Scheune, ein zweihundert Jahre altes hübsches Reetdachhaus, in dem einst die jüdische Malerin Henni Lehmann die Sommer verbrachte. Über die nicht unbedingt schlanke Berlinerin wetterte Gerhart Hauptmann 1910 in seinem Tagebuch: »Hiddensee. Es ist ein ekelhaft bekrochenes Eiland geworden. Ein dickes Weib hat eine Villa errichtet und malt frech vor der Tür mit zwei Zentnern am Leibe. Fürchterlich!« In der Blauen Scheune traf sich unter Federführung von Henni Lehmann jahrelang der Hiddenseer Künstlerinnenbund, zu dem u. a. die Stralsunder Landschafts- und Portraitmalerin Elisabeth Büchsel gehörte. Heute werden darin wechselnde Ausstellungen gezeigt. Südlich von Vitte beginnt die Dünenheide. Charakterpflanzen dieser schon seit den 1960er-Jahren geschützten Region sind Heidekraut, Krähenbeere und Kriechweide –der schmale Landstrich zeigt sich zur Blütezeit im Spätsommer in violetten Farbtönen.

Oben: Die Bänke der kleinen Inselkirche in Kloster werden vom Hiddenseer Rosenhimmel überspannt.
Mitte: Botanisches Wahrzeichen der Insel ist der Sanddorn.
Unten: Auf der autofreien Insel ist man zu Fuß, mit dem Rad oder der Pferdekutsche unterwegs.

Infos und Adressen

INFORMATION

Insel Information. Vitte, Norderende 162,
Tel. 038300/64 20, www.seebad-hiddensee.de
Nationalparkhaus. Vitte, Norderende 2,
Tel. 038300/680 41, April–Okt. tgl. 10–16 Uhr, übrige Zeit 10–15 Uhr.

Ein Fischimbiss in Vitte wirbt für Kundschaft.

ESSEN UND TRINKEN

Zum kleinen Inselblick. Heimeliges Café mit
Biergarten am nördlichen Ortsrand. Kloster, Birkenweg 2, Tel. 038300/234.
Waldrestaurant Klausner. Auch Pension. Im
Dornbuschwald 1, Tel. 038300/66 10,
www.klausner-hiddensee.de

ÜBERNACHTEN

Hotel Hitthim. Stolzes dreistöckiges Fachwerkhaus mit einfach möblierten Zimmern und uriger
Schankstube mit netter Terrasse. Kloster, Hafenweg 8, Tel. 038300/66 60, www.hitthim.de
Apartmenthaus Dornbusch. Komplett eingerichtete Apartments mit Platz für bis zu vier Personen.
Wer es absolut einsam mag: Unter gleicher Leitung steht das Hotel Heiderose in der Dünenheide
zwischen Vitte und Neuendorf. Kloster, Weißer
Weg 2-3, Tel. 038300/604 00,
www.hiddensee-dornbusch.de

SEHENSWÜRDIGKEITEN

Gerhart-Hauptmann-Haus. Geöffnet Mai–Okt. tgl.
10–17. Kloster, Kirchweg 13, Tel. 038300/397,
www.hauptmannhaus.de
Heimatmuseum. Geöffnet April–Okt. tgl.
10–16 Uhr, übrige Zeit Do–Sa 11–15 Uhr. Kloster,
Kirchweg 1, Tel. 038300/363,
www.heimatmuseum-hiddensee.de
Blaue Scheune. Öffnungszeiten: Mi und So
10–12 Uhr (nur in den Sommermonaten). Vitte,
Norderende 162.
Henni Lehmann-Haus. Kann zu den Öffnungszeiten der darin untergebrachten Inselbibliothek besichtigt werden (Info über die Tourist-Information,
Tel. 038300/64 20), Vitte, Wiesenweg 2.
Kirche Hiddensee. Kloster, Kirchweg 42.

AKTIVITÄTEN

Reederei Hiddensee. Ab Schaprode (Rügen)
ganzjährige Fährverbindung mit bis zu 16 Abfahrten täglich; im Sommerhalbjahr auch ab Stralsund.
Angelaufen werden die drei Inselhäfen Neuendorf,
Vitte und Kloster. Eilige Fahrgäste können außer
Fahrplan ein Wassertaxi in Anspruch nehmen.
Tel. 038300/210, www.reederei-hiddensee.de

Der Hafen von Vitte hat noch viel Fischerromantik.

OST-VORPOMMERN

43 Greifswalds Altstadt
Aufstrebende Universitätsstadt am Ryk

Die alte Hansestadt ist das urbane Zentrum des 2011 neu geschaffenen Landkreises Vorpommern-Greifswald. Mit der Ernst-Moritz-Arndt-Universität ist Greifswald zugleich der wichtigste Bildungsstandort der Region. Die vielen Studenten machen die Stadt am Greifswalder Bodden zu einer der jüngsten Städte Deutschlands. Besucher zieht es vor allem an den von alten Giebelhäusern umstandenen Marktplatz und zum Museumshafen.

Die Stadt an der Mündung des Ryk entwickelte sich aus dem gegen Ende des 12. Jahrhunderts gegründeten Kloster Eldena. Mit dem Beitritt zum Hansebund (um 1278) blühte der Handel auf. Doch lag Greifswald bald im Schatten der benachbarten Hansestädte Stralsund, Rostock und Wismar. Grund dafür war der zunehmend versandende Hafen. Neue Impulse erhielt die Hansestadt durch die Gründung einer Universität, bis der Dreißigjährige Krieg, eine verheerende Pestepidemie, der Nordische Krieg und der Siebenjährige Krieg die Bevölkerung in Elend und Verarmung stürzten. Zumindest kurz vor Ende des Zweiten Weltkriegs hatte Greifswald Glück im Unglück. Dank des weitsichtigen Stadtkommandanten Rudolf Petershagen, der die Stadt am 30. April kampflos den russischen Truppen übergab, konnten größere Zerstörungen vermieden werden. Dafür litt das historische Stadtbild unter dem DDR-System – es wurde ernsthaft diskutiert, die Altstadt komplett abzureißen und dafür von Plattenbauten gesäumte Boulevards stalinistischer Prägung anzulegen. Soweit kam es dann doch

Vorangehende Doppelseite:
Jachthafen von Greifswald
Unten: Langer Nikolaus wird von den Greifswaldern der fast 100 m hohe Turm des Doms genannt.

Greifswalds Altstadt

Vor historischer Kulisse wird wöchentlich Markt gehalten.

nicht, doch etliche alte Gebäude verschwanden von der Bildfläche, darunter das mittelalterliche Steinbecker Tor. Umso beachtlicher sind die Sanierungsmaßnahmen seit der Wiedervereinigung zu bewerten. Greifswald ist auf dem besten Wege zu neuem Glanz und neuer Blüte. Entwicklungsmotor ist die expandierende Universität, die entscheidend dazu beigetragen hat, den durch den nach der Wende bedingten Bevölkerungsschwund auszugleichen. Mit rund 55 000 Einwohnern blieb die Einwohnerzahl in den letzten Jahren glücklicherweise ziemlich konstant.

Am historischen Marktplatz

Der Markt macht als Aushängeschild der Stadt eine gute Figur. An der westlichen Seite steht das ursprünglich gotische Rathaus. Das ochsenblutrote Gebäude mit hübschem Volutengiebel entstand 1738 auf den Ruinen von zwei abgebrannten Vorgängerbauten. Am Haupteingang erinnert eine schwere Bronzetür des Rostocker Bildhauers Jo Jastram an die im Zweiten Weltkrieg kampflose

Übergabe an die russische Armee. In dem historischen Rathaus hat nach wie vor der Oberbürgermeister sein Büro. An der Ostseite vom Markt fallen zwei außerordentlich gelungene Backsteinbauten ins Auge. Das Haus Markt 11 besticht durch seine rund 600 Jahre alte Schaufront aus glasierten Formsteinen und einem von schlanken Pfeilern geschmückten Stufengiebel. Wer im Café Marimar (siehe S. 236) einkehrt, kann auch einen Blick ins Innere des Gebäudes werfen. Das gilt auch für das Haus Markt 13, in dem sich das Braugasthaus Fritz befindet. Das alte Kaufmannshaus wurde um 1290 errichtet, bis in die 1930er-Jahre hatte darin die jüdische Gemeinde ihren Betsaal.

Greifswalds Kirchen und Türme

Drei Pfarrkirchen prägen die Silhouette der Stadt. Stolz überragt der fast 100 m hohe Turm des Doms St. Nikolai (»langer Nikolaus«) die Altstadt. Das schöne daran: Man kann ihn auf 264 Stufen besteigen und von oben wunderbar die Altstadt überblicken. Sicherlich der imposanteste

Oben: Im Dom Sankt Nikolai wurde Caspar David Friedrich getauft.
Unten: Die Baugeschichte der Staffelgiebelfassade an der Ostseite des Marktplatzes reicht bis ins 13. Jahrhundert zurück.

Stadtrundgang

Ⓐ Rathaus – Anstelle des durch einen Brand zerstörten gotischen Vorgängers aus der Hansezeit dominiert ein frühbarocker Bau mit schönem Volutengiebel den Marktplatz.

Ⓑ Caspar-David-Friedrich-Zentrum – Das Informationszentrum macht mit dem berühmtesten Maler der deutschen Romantik bekannt und gibt einen Einblick in die elterliche Seifensiederei (siehe auch S. 238).

Ⓒ Dom St. Nikolai – Der fast hundert Meter hohe schlanke Turm des Doms setzt eine weithin sichtbare Landmarke. In der Basilika aus dem 15. Jahrhundert ist u. a. das Rubenow-Bild sehenswert (siehe S. 239). Domstr. 54, Tel. 03834/26 27.

Ⓓ Ernst Moritz Arndt Universität – Das spätbarocke Hauptgebäude mit sehenswerter Aula kann im Rahmen einer Führung besichtigt werden. www.uni-greifswald.de/sommerfuehrungen Auch die von dem Berliner Architekten Martin Gropius konzipierte Universitätsbibliothek lohnt einen Blick. Sie gehört zu den ältesten Universitätsbibliotheken Deutschlands.

Ⓔ St. Jacobi – Die auf das Jahr 1250 zurückgehende dreischiffige Hallenkirche gefällt durch die heitere Bemalung des Innenraums. Von der Innenausstattung ist eine Granittaufe erhalten.

Ⓕ Museumshafen – An den Ufern des Ryk entstand nach der Wende einer der größten Museumshäfen Deutschlands. Hafenstr. 31.

Ⓖ Fangenturm – Der Rundturm schloss als letztes Glied der Stadtbefestigung die mittelalterliche Wehranlage zum Hafen ab. Der 13,5 Meter hohe Turm befindet sich direkt am Museumshafen.

Ⓗ St. Marien Kirche – Der wuchtige Turm der »dicken Marie« macht den Sakralbau zu einem der imposantesten Bauten der norddeutschen Backsteingotik. Brüggestr. 35, Tel. 03834/22 63.

Ⓘ Pommersches Landesmuseum – Der Museumskomplex zeigt Exponate zur Natur- und Landesgeschichte Vorpommerns. Die Gemäldegalerie im Quistorp-Bau besitzt etliche Werke von Caspar David Friedrich. Mai–Okt. 10.–18 Uhr, Nov.–April 10–17 Uhr, Mo geschlossen. Tel. 03834/831 20.

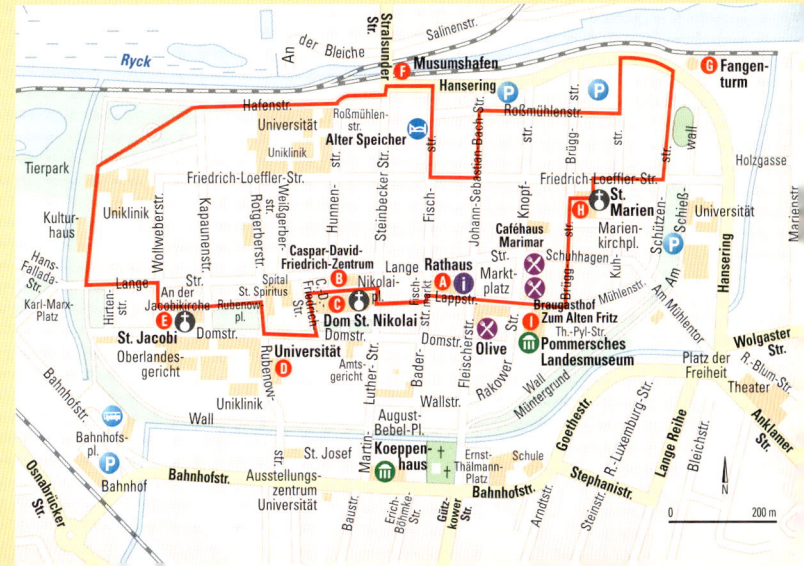

AUTORENTIPP!

CAFÉHAUS MARIMAR

Gotische Backsteinkunst in höchster Vollendung! Mit der von einem Pfeilergiebel und glasierten Steinen reich gegliederten Schmuckfassade ist das Haus an der Ostseite des Greifswalder Markplatzes ohne Zweifel das schönste Haus der Hansestadt. Kurz nach 1400 als Bürgerhaus erbaut wurde das Erdgeschoss in der Mitte des 19. Jahrhunderts im neugotischen Stil umgestaltet.

Das darin untergebrachte Café bietet zu Wiener Kaffeespezialitäten Torten, Kuchen vom Blech, Pralinen und Eiscreme aus eigener Herstellung – wer keine Kalorien zählt, gönnt sich eine Haustorte mit Himbeersauce. Kleine warme Gerichte, etwa eine leckere Gemüsesuppe, runden das Angebot ab. Die Innenräume werden von Seidenmalerei der Kaffeehausbesitzerin geschmückt. Im Sommer sitzt man auf der großen Außenterrasse direkt auf dem Marktplatz und schaut zum roten Rathaus hinüber.

Caféhaus Marimar. Geöffnet tgl. 10–18 Uhr. Markt 11, Tel. 03834/ 89 84 20, www.cafe-marimar.de

Greifswalder Sakralbau ist die Marienkirche, die ihren Spitznamen »dicke Marie« dem gedrungen wuchtigen Turm verdankt. Mit dem von Maßwerk und Filialen gezierten Ostgiebel gehört die Hallenkirche zu den bedeutendsten Bauten der norddeutschen Backsteingotik. Architektonisch auffällig ist das Fehlen des Chors, dafür glänzt der Sakralbau mit einem spätgotischen Flügelaltar (1500) und einer Renaissancekanzel (1587). Die kleinste im Dreierbund ist die Jacobikirche (»der kleine Jacob«) westlich vom Markt in der ab Mitte des 13. Jahrhunderts angelegten Neustadt. Napoleonische Truppen betrieben darin von 1807 bis 1810 eine Feldbäckerei. Von der mittelalterlichen Stadtbefestigung überlebte einzig der Fangenturm (1270/80) am Stadthafen. Er war der Gefangenen- und Pulverturm der Stadt, zeitweise betrieb darin die Universität eine Sternwarte.

Ernst-Moritz-Arndt-Universität

1456 gegründet ist die Greifswalder Alma Mater nach Rostock die zweitälteste Universität im Ostseeraum. Nach dem deutschen Lyriker und Politiker Ernst-Moritz Arndt wird sie erst seit 1933 genannt. Nach der Wende hat sich die Studentenzahl an den fünf Fakultäten auf derzeit 12 000 Studierende vervierfacht. Im spätbarocken Hauptgebäude gehört die zweigeschossige Aula zu den schönsten universitären Versammlungssälen. Sie kann genauso wie der Karzer im Rahmen einer Führung besichtigt werden. Die Universität ist im Besitz wertvoller Kunstschätze. Einige erlesene Stücke werden als Leihgaben im Pommerschen Landesmuseum ausgestellt, etwa der nach dem Stifter Herzog Ernst Bogislaw von Croÿ (1620–1684) benannte Croÿ-Teppich oder ein filigran bestickter Rektorornat von 1619. Zum Bestand der Uni gehört auch eine Gutenberg-Bibel aus der Mitte des 15. Jahrhunderts.

Infos und Adressen

INFORMATION

Stadtinformation. Rathaus am Markt,
Tel. 03834/52 13 80, www.greifswald.info

ESSEN UND TRINKEN

Braugasthaus Fritz. Franchising-Lokal am Marktplatz mit Biofleisch und Störtebeker Bier. Am
Markt 13, Tel. 03834/578 30,
www.fritz-braugasthaus.de

Olive. Mediterran-orientalische Küche neben dem
Pommerschen Landesmuseum. Bei schönem Wetter steht der von Weinreben überrankte Innenhof
offen (So Ruhetag). Domstr. 40,
Tel. 03834/79 91 43, www.olive-greifswald.de

Das Pommersche Landesmuseum zeigt unter anderem naturgeschichtliche Exponate.

Kreuzrippengewölbe im Hauptschiff der Marienkirche

Zur Fähre. Außer Fisch kommen auch Wildspezia-
litäten auf den Tisch. Von dem Biergarten vor dem
Haus hat man das Geschehen an der Klappbrücke
im Auge. Ortsteil Wieck, Fährweg 2,
Tel. 03834/84 00 49, www.zurfaehre.net

Fischerhütte. Gutes Fischlokal mit saisonalen
Spezialitäten. Ortsteil Wieck, An der Mühle 12,
Tel. 03834/83 96 54, www.fischer-huette.de

ÜBERNACHTEN

Hotel Alter Speicher. Innenstadthotel, Zimmer mit
Blick auf den Museumshafen. Roßmühlenstr. 25,
Tel. 03834/777 00, www.alter-speicher.de

Ryck-Hotel. Angenehmes Haus mit kleinem Wellnessbereich, ruhiger Lage und umweltfreundlicher
Hotelführung. Ortsteil Wieck, Rosenstr. 17b,
Tel. 03834/833 00, www.ryck-hotel.de (außerhalb
der Karte)

SEHENSWÜRDIGKEITEN

Koeppenhaus. In dem Geburtshaus des Schriftstellers Wolfgang Koeppen (1906–1996) finden regelmäßig Lesungen, Ausstellungen und Jazzkon-
zerte statt; mit Literaturcafé. Bahnhofstr. 4,
Tel. 03834/77 35 10, www.koeppenhaus.de

Arboretum. Geöffnet April 9–15.45 Uhr, Mai–Sept.
9–18 Uhr, Okt. 9–15.45 Uhr. Friedrich-Ludwig-
Jahnstraße.

Kunsthalle Pommernhus Greifswald. Modern
eingerichtete Kunstgalerie. Geöffnet Mo–Fr
10–16 Uhr, So 14–17 Uhr. Knopfstraße 1.

Galerie im IPP Greifswald. Wissenschaft begeg-
net Kunst im Greifswalder Max-Planck-Institut für
Plasmaphysik. Geöffnet tgl. 10–17/18 Uhr, Wen-
delsteinstraße 1.

VERANSTALTUNG

Fischerfest Gaffelrigg. Maritimes Volksfest im
Museumshafen, mit Traditionsseglern, Regatten
und Drachenbootrennen (Mitte Juli).
www.greifswald.de

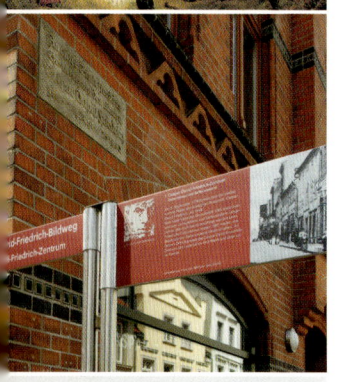

Mitte: Die »Kreidefelsen auf Rügen« von Caspar David Friedrich
Unten: Auf dem CDF-Bildungsweg machen Tafeln mit den Lebensstationen des Malers bekannt.

44 Greifswald – Caspar David Friedrichs Spuren
Maler der deutschen Romantik

Greifwalds berühmter Sohn gilt als der Maler der deutschen Romantik schlechthin. Seine dramatisch inszenierten Bilder von den Rügener Kreidefelsen und der Klosterruine Eldena machten Caspar David Friedrich weltbekannt. »Nicht die treue Darstellung von Luft, Wasser, Felsen und Bäumen ist die Aufgabe des Bildners«, mit diesem Satz bereitete Caspar David Friedrich den Boden für Impressionismus und Abstraktion. Er selbst hielt sich jedoch weiter an das Gegenständliche. Ein jüngst eröffnetes Infozentrum lässt kaum eine Frage zu seinem Lebenswerk offen.

Der Maler wurde am 5. September 1774 in der Langen Straße 57 geboren. Sein Vater betrieb dort zusammen mit Friedrichs Brüdern eine Werkstatt, in der Seifen gesiedet und Kerzen gezogen wurden. Das Geburtshaus brannte 1901 ab, an dessen Stelle steht heute ein neuerer Backsteinbau, in dem 2011 das Caspar-David-Friedrich-Zentrum eröffnete.

Caspar-David-Friedrich-Zentrum

In einer Ausstellung wird der Werdegang des Malers vorgestellt. Ein Touchscreen schafft Bezüge zur Zeitgeschichte des Males und stellt bedeutende Weggefährten vor. Authentische Atmosphäre vermittelt die rekonstruierte Werkstatt im Hinterhaus, in der Friedrichs Vater und seine Brüder ihre Seifen- und Kerzenmanufaktur betrieben. Nach vorheriger Anmeldung kann man sich in einem zweistündigen Workshop mit den grundlegenden

Caspar David Friedrichs Spuren

Die Ruine Eldena diente Caspar David Friedrich als Vorlage.

Techniken des alten Handwerks vertraut machen. Eine Galerie zeigt zeitgenössische Kunst, auch werden die Räumlichkeiten für Vorträge und Lesungen genutzt. Das Zentrum ist zugleich erste Station des Caspar-David-Friedrich-Bildwegs. Auf dem jüngst geschaffenen Spazier- und Radweg werden die wichtigsten Lebensstationen des Malers vorgestellt.

Aussichtswarte auf dem Dom

Nur ein paar Schritte vom Geburtshaus entfernt wurde Caspar David Friedrich im Dom St. Nikolai getauft. Dem von zwei barocken Laternen verzierten schlanken Turm des »langen Nikolaus« fehlen lediglich drei Zentimeter, dann würde er genau 100 m in den Himmel ragen. Die Aussichtsgalerie erlaubt einen weiten Ausblick auf Stadt, Land und die See. Das wusste natürlich auch schon Caspar David Friedrich zu schätzen, der den anstrengenden Aufstieg in den Turm viele Male auf sich nahm, um aus luftiger Höhe Skizzen von seiner Heimatstadt anzufertigen. In der im 19. Jahrhundert im neogotischen Stil umgestalteten dreischiffigen Hallenbasilika ist das Rubenow-Bild bemerkenswert. Es wurde 1460 vom Bürgermeister Heinrich Rubenow gestiftet und zeigt im

FISCHERDORF WIECK

Das eingemeindete Örtchen Wieck fünf Kilometer östlich von der Greifswalder Altstadt zeigt sich dem Gast ausgesprochen reizvoll. Rohrgedeckte Kapitänshäuser säumen die Dorfstraße, in den Vorgärten blühen Rosen und Malven. Im kleinen Hafen dümpeln etliche Fischer- und Segelboote im Wasser des Ryk, der hier in den Greifswalder Bodden mündet. Die Attraktion ist allerdings eine 30 m lange hölzerne Klappbrücke, die seit 1887 über den Ryk hinüber nach Eldena führt. Der holländisch-französische Einfluss ist unverkennbar, sogleich fühlt man sich in die Bilderwelt von Vincent van Gogh versetzt, der in Arles eine fast baugleiche Brücke mehrmals als Motiv wählte und weltberühmt machte. Die Wiecker Klappbrücke öffnet nur nach Bedarf, und wie eh und je wird sie per Seilwinde im Handbetrieb hochgefahren. Rund um die Brücke gibt es etliche Ausflugslokale, von der Terrasse des Gasthauses zur Fähre hat man beispielsweise das Geschehen an dem Baudenkmal voll im Blick.

Angesicht der Jungfrau Maria die gerade zu Ehren und Würden gekommene Professorenschaft der Greifswalder Universität. Ein paar Schritte vom Dom entfernt erinnert ein zwölf Meter hohes Zinkgussdenkmal an den rührigen Bürgermeister, Universitätsgründer und ersten Rektor. Rubenow war in Greifswald nicht unumstritten und in so manche Intrige verstrickt – in der Silvesternacht 1462 wurde er von seinen Gegnern ermordet.

Karrierestart an der Uni

Schräg gegenüber vom Dom nahm Friedrich in der Universität Zeichenunterricht bei Johann Gottfried Quistorp. Der akademische Zeichenlehrer der Uni war in Greifswald zugleich ein viel beschäftigter Architekt. Er baute die nach ihm benannten Quistorp-Häuser. Das bekannteste davon ist der Bau in der Rakower Straße, in dem sich heute das Pommersche Landesmuseums befindet. Quistorp erkannte schnell das Talent seines Schülers und verhalf Friedrich zu einem Stipendium an der Königlichen Kunstakademie in Kopenhagen. Caspar David Friedrich verewigte seinen Lehrer in einer skurrilen Skizze, in der Quistorp ganz entspannt auf einem Hünengrab liegt.

Pommersches Landesmuseum

Friedrichs Hauptwerke werden in den renommiertesten Kunstgalerien Europas gezeigt. Beispielsweise glänzt die Alte Nationalgalerie in Berlin mit dem »Greifswalder Hafen« (1818/20), der Louvre mit »Krähen auf einem Baum« (1822) und im Museum Oskar Reinhart in Winterthur hängen die »Kreidefelsen auf Rügen« (1818), sicherlich das berühmteste Bild der deutschen Romantik. Schön, dass auch die Heimatstadt des Malers ihren Besuchern etliche hochkarätige Werke bieten kann. Im Pommerschen Landesmuseum ist neben sechs Öl-

Oben: Postkarten mit Motiven von Caspar David Friedrich.
Mitte: Das Caspar-David-Friedrich-Zentrum informiert umfassend über das Lebenswerk des Künstlers.
Unten: Ein ganzer Raum ist der Klosterruine Eldena gewidmet.

Caspar David Friedrichs Spuren

bildern auch das Aquarell »Marktplatz von Greifswald« (1818) zu bestaunen. Es zeigt leicht verändert die Ratsapotheke neben dem Rathaus. Das
Bild ist eine Art Familienportrait: In der Männer-
gruppe in der Bildmitte hält Friedrich seine Brüder
Adolf, Heinrich und Christian fest, die zugehörigen Frauen und Kinder stehen etwas abseits im
Hintergrund.

Die Gemäldegalerie im Quistorp-Bau ist nur ein
Schwerpunkt des 2005 eröffneten Landesmuseums. Eine gläserne Museumsstraße verbindet
sechs Ausstellungsbauten zu einem weitläufigen
Museumskomplex, für den man am besten einen
ganzen Tag einplanen sollte. Im Zeitraffer kann
die Erdgeschichte durchlaufen werden, angefangen vom Bernsteinwald bis zum Vorabend des Ersten Weltkriegs. Zu den herausragenden Exponaten
gehört der Croy-Teppich, ein vier mal sieben Meter großer polygoner Gobelin aus dem Jahr 1554,
auf dem unter anderem die Portraits der Refor-
matoren Luther, Melanchthon und Bugenhagen
dargestellt sind.

Klosterruine Eldena

Ein Besuch in Greifswald wäre ohne die Klosterruine Eldena fünf Kilometer östlich von der Altstadt unvollständig. Das ehemalige Zisterzienserkloster an der Mündung des Ryk gehörte zu
Caspar David Friedrichs bevorzugten Motiven. Er
malte die Ruine aus verschiedenen Perspektiven,
mal als »Abtei im Eichwald« (1809/10), mal als
»Ruine Eldena im Riesengebirge« (1830/34). Das
1199 von dänischen Mönchen gegründete Kloster war wesentlich an der Christianisierung Vorpommerns beteiligt. Sein Einflussbereich erstreckte sich bis nach Südrügen, wo mit dem
Mönchgut eine weltabgeschiedene Dependance
entstand.

Im Dreißigjährigen Krieg verwüstet, wurde die einst stolze Backsteinabtei als Steinbruch für die Bauten der Greifswalder Universität genutzt. Erhalten blieb die romanische Chorsüdwand. Seit 1981 stellt sie die Kulisse für die Eldenaer Jazz Evenings.

Und noch ein berühmter Sohn

Bei all dem Rummel um den Maler Caspar David Friedrich wird vielfach vergessen, dass Greifswald eine zweite Berühmtheit hervorgebracht hat. Mit dem bürgerlichen Namen Rudolf Wilhelm Friedrich Ditzen werden allerdings die wenigsten etwas anfangen können, mit seinem Pseudonym Hans Fallada (1893–1947) schon. Seine Romane »Kleiner Mann – was nun?« und »Wer einmal aus dem Blechnapf frisst« machten Fallada international bekannt. Der 1947 posthum erschienene Widerstandsroman »Jeder stirbt für sich allein« wurde in neuen Übersetzungen ins Französische und Englische jüngst zum Weltbestseller. In Israel stand das Buch 2011 mehrere Monate auf Platz eins der Verkaufslisten. Fallada verlebte seine letzten Jahre zurückgezogen im mecklenburgischen Carwitz, er starb 1947 in Berlin – depressiv, alkohol- und morphiumabhängig.

Oben: Oft zog es den Maler Friedrich zur nur wenige Kilometer von Greifswald entfernten Klosterruine Eldena.
Unten: Der Innenhof des Geburtshauses

Infos und Adressen

INFORMATION

Caspar-David-Friedrich-Zentrum. Ein ausliegender Flyer zum Bildweg macht auf 15 Stationen mit dem Maler bekannt. Geöffnet Di–So 11–17 Uhr, Lange Str. 57, Tel. 03834/88 45 68, www.caspar-david-friedrich-gesellschaft.de

SEHENSWÜRDIGKEITEN

Pommersches Landesmuseum. Geöffnet Mai–Okt. Di–So 10–18 Uhr, übrige Zeit Di–So 10–17 Uhr. Rakower Str. 9, Tel. 038343/831 20, www.pommersches-landesmuseum.de

Dom St. Nikolai. Wunderbare Aussicht vom Turm. Dieser kann im Rahmen der Öffnungszeiten bestiegen werden: Mai–Okt. Mo–Sa 10–18 Uhr, So 11.30–12.30 und 15–18 Uhr, übrige Zeit Mo–Sa 10–16, So 11.30–15 Uhr. Domstraße 54, www.dom-greifswald.de

Rats-Apotheke. Caspar David Friedrich hat sie verewigt. Markt 1, Tel. 03834/21 38.

Neben dem künstlerischen Werk des Malers informiert das Zentrum auch über die Seifenherstellung in der elterlichen Manufaktur.

VERANSTALTUNG

Eldenaer Jazz Evenings. Ein jeweils am ersten Juliwochenende abgehaltenes kleines Jazzfestival auf der Freilichtbühne der Klosterruine Eldena lädt zum Mitfeiern ein. www.jazzingreifswald.de

Im Geburtshaus von Caspar David Friedrich befand sich zugleich die elterliche Seifensiederei.

45 Usedoms Kaiserbäder
Nostalgisch, schick und modern

Unter dem Zweckverband Kaiserbäder schlossen sich 2005 Ahlbeck, Heringsdorf und Bansin zur Gemeinde »Drei Kaiserbäder« zusammen. Der Name ist mehr als ein Marketinggag, in den Villen logierten tatsächlich einmal gekrönte Häupter. Die einstigen Fischerdörfer sind mittlerweile zu Kleinstadtgröße mit 9000 Einwohnern zusammengewachsen. Der bis zu 200 m breite Sandstrand vor der herausgeputzten Bäderarchitekturkulisse zieht jedes Jahr zwei Millionen Gäste an.

Heringsdorf ist die Nummer eins auf Usedom, und das schon seit mehr als 130 Jahren. Der bescheidene Name der Ortschaft täuscht. In der wilhelminischen Zeit war es das vornehme Modebad schlechthin, in dem Adel, Hochfinanz und alles, was sonst noch über genügend Kleingeld verfügte, die schönsten Tage des Jahres verbrachten. Auch wenn sich seither das Publikum gewandelt hat, ein bisschen teurer als anderswo ist Heringsdorf nach wie vor.

Mitte: Die Seebrücke in Bansin erlaubt einen schönen Rückblick auf Strand und Ferienarchitektur.
Unten: Aufgefrischte Bädervillen im Seebad Bansin

MAL EHRLICH

BAUSÜNDEN
Spätestens bei einem Bummel über die Heringsdorfer Seebrücke fallen die beiden Hochhaustürme des Kurhotels auf. Sie wurden zu DDR-Zeiten anstelle des Traditionshotels Kaiserhof Atlantic gebaut und fügen sich nur schwer in die Bäderarchitektur ein. Trotz aufgehübschter Fassade wäre nach der Wende ein Abriss besser gewesen. Nur gut, dass Heringsdorf architektonisch auch anders kann.

Seeheilbad Heringsdorf

Wie kaum ein zweites Ostseebad punktet der Ort zwischen Ahlbeck und Bansin mit seiner nach der Wende gründlich aufgefrischten Bäderarchitektur. Den Grundstein für den Aufstieg zum größten Seebad an der deutschen Ostseeküste legte Oberforstmeister Georg Bernhard von Bülow, der 1825 am Kulm eine Badeanstalt und die ersten Logierhäuser eröffnete. Richtig Fahrt nahm der Ort jedoch erst ein paar Jahrzehnte später auf. 1871 kauft sich der Berliner Geheimrat und Bankier Hugo Delbrück in Heringsdorf groß ein. Er betrieb das aufstrebende Seebad als Aktiengesellschaft und ließ in den folgenden Jahren neben pompösen Ferienvillen eine Seebrücke und auf dem Präsidentenberg die Bismarckwarte erbauen. Letztere wurde nach dem Zweiten Weltkrieg von der Roten Armee gesprengt. Ein Spaziergang durch die nach ihm benannte Delbrückstraße macht mit der mondänen Vergangenheit bekannt, fast noch besser einsehbar sind die von parkähnlichen Grünanlagen umrahmten Prunkvillen von der Strandpromenade aus.

Historische Spuren

Ein architektonisches Kleinod ist die Villa Oechsler in der Delbrückstraße 4. Im Dreiecksgiebel des spätklassizistischen Baus stellt ein sehenswertes Mosaikbild von Antonio Salviati die Badenden Grazien dar. Heute wird hinter dem Säulenportikus exklusive Designermode verkauft. Nebenan pflegte auf der Veranda der Villa Staudt Kaiser Wilhelm II. mit Gastgeberin Frau Konsulin Elisabeth Staudt Tee zu trinken. 1938 unterhielt darin Hitlers Leibarzt Theodor Morell ein Privatsanatorium. Die Villa Oppenheim (Nr. 10) war zwischen 1908 und 1912 Malerdomizil von Lyonel Feininger, der das klassizistische Ensemble mehrfach auf Aquarellen und Holzschnitten festhielt. In der

CHAPEAU ROUGE

Das auffällig rote Theaterzelt hat sich seit 1993 zu einer festen Größe im Kulturbetrieb von Heringsdorf entwickelt. Die Außenstelle der Vorpommerschen Landesbühnen befindet sich in bester Lage direkt an der Strandpromenade, nur wenige Schritte von der Seebrücke entfernt. Je nach Wellengang sorgt die Ostsee für mehr oder weniger wahrnehmbares Hintergrundrauschen. Das Zelt bietet Platz für 250 Besucher. Tagsüber stehen für Kinder Puppentheater und Märchen wie »König Drosselbart« auf dem Spielplan, abends werden Musicals, Komödien und Dramen zum Besten gegeben.

Chapeau Rouge. Gespielt wird von Ende Mai bis Anfang September.
Tel. 03971/20 89 25,
www.chapeau-rouge.de

SEITENSPRUNG NACH POLEN

Nach der Wende avancierte Ahlbeck zum Ausgangspunkt für Tagesausflüge ins polnische Nachbarland. Zu Fuß oder per Rad queren in der Hauptsaison täglich Tausende die Grenze. Die meisten bleiben gleich hinter dem Schlagbaum am Polenmarkt hängen, um dort billige Lebensmittel, Textilien und Zigaretten einzukaufen. Seit dem Beitritt Polens zum Schengener Abkommen im Dezember 2007 steht der Grenzübergang auch für Fahrzeuge offen. Seit 2008 fährt die Usedomer Bäderbahn bis ins Zentrum von Świnoujście (deutsch Swinemünde), die Fahrzeit ab Ahlbeck beträgt gerade mal sechs Minuten. Die sicherlich schönste Annäherung nach Swinemünde bietet das Adler-Schiff ab einer der Usedomer Seebrücken. Die heute 41 000 Einwohner große Stadt war bis zum Beginn des Zweiten Weltkriegs eines der größten deutschen Seebäder. Touristische Anlaufpunkte sind unter anderem der 68 m hohe Leuchtturm von 1858, die Seefestung an der Hafeneinfahrt und das Museum für Hochseefischerei.

Centrum Informacji Turystycnej.
Swinemünde, im Pavillon an der Fähre, Tel. 0048/91/322 49 99, www.swinoujscie.pl

Delbrückstraße 14 ließ der deutsch-jüdische Bankier Gerson von Bleichröder 1890 die Villa Diana erbauen, die nach der Enteignung durch die Nationalsozialisten als Sommerhaus für Gestapo-Gründer Hermann Göring diente. Der von Jugendstilelementen gezierte neobarocke Prachtbau steht heute als Residenz Bleichröder Feriengästen offen.

Schinkels weißes Schloss

Ein Abstecher lohnt auch zum Weißen Schloss, ein von Karl Friedrich Schinkel entworfenes klassizistisches Logierhaus 35 m über den Ostseewellen. In den 1920er-Jahren zog sich der Berliner Kurt Tucholsky immer dann in die weiße Villa zurück, wenn er die »Nase voll von der Hauptstadt« hatte. Von innen kann die als Museum eingerichtete Villa Irmgard besichtigt werden. In dem 1907 erbauten Jugendstilhaus verbrachte 1922 der lungenkranke Maxim Gorki die Sommermonate. Der russische Dichter schrieb am 15. September, dem Tag seiner Abreise, einen bemerkenswerten Satz ins Gästebuch: »Dennoch und trotz alledem werden die Menschen eines Tages wie Brüder miteinander leben.«

Deutschlands längste Seebrücke

Ein Superlativ des Seebades ist seine Seebrücke. Mit 508 m Länge kann kein anderer Schiffsanleger der Heringsdorfer Brücke das Wasser reichen. 1995 erbaut ruht die moderne Konstruktion auf bis zu zehn Meter tief im Meeresboden verankerten Stahlträgern, die bislang erfolgreich allen Winterstürmen trotzten. Auf dem überdachten Wandelgang kann man selbst bei Schlechtwetter, ohne nass zu werden, zum Pyramidenrestaurant am Brückenkopf spazieren. Und von dort lässt sich mit einem halben Kilometer Distanz gut auf die Silhouette des Seebads zurückblicken. Die Brücke

ist zugleich eine attraktive Einkaufsmeile, die 2010 mit dem Ausbau der Mittelplattform um neue Läden erweitert wurde. Rund 25 Geschäfte haben u. a. Designermoden, Outdoor-Kleidung und Schuhe im Angebot, im Untergeschoss der Seebrücke gibt es gar ein Kino. Und nicht zu vergessen: Schiffe in die benachbarten Seebäder legen von der Seebrücke natürlich auch ab.

Frische Ostseemode

Seit 2002 ist Heringsdorf auch modisch *en vogue*. Jeweils im Frühjahr treffen sich im Kursaal des Maritim Hotels Kaiserhof Modedesigner aus dem ganzen Ostseeraum zu einem internationalen Modewettbewerb. Eine Fachjury nominiert die besten Entwürfe mit dem Baltic Fashion Award. Zu einem Publikumshit avancierte die Bridge of Fashion im Sommer, wenn die Seebrücke sich in den längsten Freiluftlaufsteg an der Ostsee verwandelt. Gezeigt werden die neuesten Trends, angefangen von luftiger Sommermode über legere Streetwear bis zur großen Abendrobe. 2011 wurde das Brückenspektakel erstmals von professionellen Tänzern begleitet.

Seeheilbad Ahlbeck

Namensgeber für das Seebad war der Ahlbach (niederdeutsch: *Ahlbeek*), in dem einst wohl reichlich Aale schwammen. An seinen Ufern entstanden kurz vor der Einmündung in die Ostsee zwei zunächst eigenständige kleine Siedlungen mit einer Wassermühle, Fischerkaten und einer Handvoll Büdnereien, die schließlich unter dem Preußenkönig Friedrich II. zusammengelegt wurden.

Die ersten Sommergäste aus Stettin und Swinemünde kamen 1852. Ein Tourist der ersten Stunde war auch der Dichter Theodor Fontane. Spätestens ab 1894, als Ahlbeck mit der Bahn von Berlin aus

Oben: Auf der Heringsdorfer Seebrücke kann über den Ostseewellen eingekehrt werden.
Mitte: Liebe fürs Detail: Ein Giebelrelief in Bansin
Unten: Die Seebrücke in Ahlbeck ist das unbestrittene Wahrzeichen von Usedom.

in drei Stunden erreichbar war, entwickelte sich der Fischerort zum Badeort für eine breite Mittelschicht.

Das Wahrzeichen aus der Bäderzeit ist bis heute die 1898 eröffnete Seebrücke. Zwar zerstörten Eisgang und Brände mehrmals den Schiffsanleger, der Holzpavillon auf dem Brückenkopf überstand jedoch weitgehend unbeschadet alle Wirren der Geschichte und präsentiert sich nach gründlicher Restaurierung schöner denn je. Bundesweit bekannt wurde der von vier kleinen Türmchen eingefasste Brückenaufbau als Filmkulisse zu Loriots Kinokomödie »Papa ante portas« (1991). Vor dem Pavillon steht seit 100 Jahren eine fünfeinhalb Meter hohe Jugendstiluhr, ein wohlhabender Kurgast schenkte sie dem Seebad.

Luxus im Ahlbecker Hof

Prunkstück der Ahlbecker Fin-de-Siècle-Architektur ist der 1890 eröffnete Ahlbecker Hof in prominenter Lage neben der Seebrücke. Prominent ist auch die Gästeliste des noblen Hauses. Den Schildern neben dem Eingangsportal ist zu entnehmen, dass hier u. a. der österreichische König Franz Joseph I. und Königin Silvia von Schweden logierten. Eine schwere Zeit durchlebte der Hof unter dem DDR-System, als darin ein Ferienheim untergebracht war. Nach der Wende übernahm die Usedomer Hotelgruppe Seetel das heruntergekommene Gebäude und machte es zu einer der attraktivsten Luxusoasen der Insel. Die Marmorbäder haben beheizte Fußböden und immer angewärmte Handtücher.

Oben: Nicht überall trägt die Bäderarchitektur ein filigranes Gesicht.
Mitte: Ahlbeck wird mit seinem breiten Sandstrand als Familienbad geschätzt.
Unten: Der Ahlbecker Hof thront an der Uferpromenade.

Flaniert wird in Ahlbeck auf der Promenade, eingekauft in der vom Ostseeplatz landeinwärts laufenden Seestraße. Mit dicht an dicht stehenden Bädervillen, Boutiquen und Cafés zeigt sich hier das Seebad von seiner kleinstädtischen Seite. Bei weniger gutem Wetter flüchten sich viele Gäste in die subtropische Badewelt der Ostseetherme. Die sechs wohltemperierten Becken sind mit Heringsdorfer Jodsole gefüllt, die aus 408 m Tiefe an die Oberfläche gepumpt wird. Sie ist unter anderem bei Hauterkrankungen und rheumatischen Beschwerden angezeigt. Neben der Therme erlaubt ein 48 m hoher Stahlturm einen wunderbaren Ausblick über die drei Kaiserbäder.

Seeheilbad Bansin

Das westlichste der drei Kaiserbäder ist zwar das jüngste und kleinste, weist jedoch mit einem feinen Sandstrand, nostalgischen Bädervillen und einer gepflegten Hotellerie alles auf, was ein Ostseebad ausmacht. Von seiner schönsten Seite zeigt sich Bansin in der Bergstraße, in der sich aneinandergereihte Gründerzeitvillen zu einem schmucken Ensemble verbinden. Auch in der landeinwärts führenden Seestraße, die zugleich die örtliche Einkaufsmeile ist, findet sich ansprechende Bäderarchitektur.

Das Seebad ist eng mit dem Namen des Literaten Hans Werner Richter (1908–1993) verbunden. Der gebürtige Bansiner gründete 1947 den die deutsche Nachkriegsliteratur prägenden Literaturkreis »Gruppe 47«, zu dem mit Heinrich Böll, Günter Grass, Alfred Andersch und Ingeborg Bachmann einige der berühmtesten deutschsprachigen Lyriker und Schriftsteller des 20. Jahrhunderts gehörten. Eindrücke aus den Anfängen des Seebads vermitteln Richters jüngst neu aufgelegten »Geschichten aus Bansin«. Im Hans-Werner-Richter-Haus wird unter anderem mit einem rekonstruierten Arbeitszimmer an den großen Sohn erinnert, für Literaturfreunde werden im Sommer regelmäßig Lesungen veranstaltet.

Infos und Adressen

INFORMATION

Tourist-Information Bansin. An der Seebrücke, Tel. 038378/470 50.

Tourist-Information Heringsdorf. Kulmstr. 33, Tel. 038378/24 51.

Tourist-Information Ahlbeck. Dünenstr. 45, Tel. 038378/49 93 50, www.drei-kaiserbaeder.de

Erinnerung an die Gründerzeit des Seebades

ESSEN UND TRINKEN

Fischkopp. Fleischgerichte sind in diesem Fischlokal in der Bansiner Flaniermeile zweite Wahl. Seestr. 66, Tel. 038378/806 23, www.fischkopp-bansin.de

Suan Thai. Authentische Thai-Küche, die vielleicht beste an der ganzen Ostseeküste. Man sitzt in einem großen Wintergarten und lässt sich von Kokosmilchsuppe, scharfen Currys, knackigem Gemüse aus dem Wok und rosa gebratener Ente in Tamarindensauce verwöhnen. Geöffnet ab 17 Uhr, Mo Ruhetag. Ahlbeck, Dünenstr. 47, im Seehotel Ahlbecker Hof, Tel. 038378/620, www.seetel.de

Restaurant Seebrücke. Einmalige Lage, gemütliche Atmosphäre, spanische Küche und nachmittags große Kuchenauswahl. Ahlbeck, Auf der Seebrücke, Tel. 038378/283 20.

Usedomer Brauhaus. Zu deftiger Hausmannskost trinkt man das hauseigene naturtrübe Usedomer Inselbier. Heringsdorf, Platz des Friedens, Tel. 038378/614 21.

Spuren aus der wilhelminischen Epoche

ÜBERNACHTEN

Maritim Hotel Kaiserhof. Mit Spa, Sauna, Schwimmbad, Physiotherapie. Heringsdorf, Strandpromenade, Tel. 038378/650, www.maritim-usedom.de

Steigenberger Grandhotel & Spa Heringsdorf. Das 2011 direkt an der Strandpromenade eröffnete Luxusresort ist die neue Nummer eins der Kaiserbäder, mit 2000 m² großer Wohlfühlebene und hauseigener Kinderbetreuung. Liehrstr. 11, Tel. 038378/49 50, www.heringsdorf.steigenberger.de

Seehotel Ahlbecker Hof. Die Nobelherberge mit fünf Sternen hat viel vom einstigen Charme der Bäderzeit in die Gegenwart mitgenommen. Eines der besten Häuser auf Usedom. Ahlbeck, Dünenstr. 47, Tel. 038378/620, www.seetel.de

Residenz Bleichröder. Schlossähnliches Ambiente mit antiquarisch möblierten Zimmern im viktorianischen Stil. Heringsdorf, Delbrückstr. 14, Tel. 038378/36 20, www.residenz-bleichroeder.com

Strandhotel Atlantic. Mit 32 Zimmern und 14 Suiten überschaubares Traditionshotel, hervorragende Gastronomie. Bansin, Strandpromenade 18, Tel. 038378/605, www.seetel.de

Kaiser Spa Hotel zur Post. Großes, modernes Wellnesshotel nur 100 m vom Ostseestrand entfernt. Neben Doppelzimmern verschiedener Kategorien gibt es auch Apartments und geräumige

Penthouse-Suiten mit getrenntem Wohn- und Schlafbereich. Bansin, Seestr. 5, Tel. 038378/560, www.hzp-usedom.de

AUSGEHEN

Atlantic Pub. Die Bar im Strandhotel Atlantic gehört zu den beliebtesten Treffs der Kaiserbäder, freitags immer mit Livemusik. Bansin, Strandpromenade 18, Tel. 038378/605, Do–So ab 17 Uhr.

SEHENSWÜRDIGKEITEN

Hans-Werner-Richter-Haus. Bansin, Waldstr. 1, Tel. 038378/478 01.

Museum Villa Irmgard. Heringsdorf, Maxim-Gorki-Str. 13, Tel. 038378/223 61.

Kunstpavillon Heringsdorf. Geöffnet Mi–So 15–18 Uhr. Auf der Promenade am Rosengarten, Tel. 038378/228 77, www.kunstpavillon-ostseebad-heringsdorf.de

Bummeln auf der Heringsdorfer Seebrücke

EINKAUFEN

Bürgelhaus. Formschöne Keramik aus Thüringen in traditionell blau-weißem Dekor. Ahlbeck, Seestr. 16, Tel. 038378/806 70, www.buergelhaus.de

Maison Vogue. Exklusive Designermode in historischer Kulisse. Boutique in der Villa Oechsler. Heringsdorf, Dellbrückstr. 5, Tel. 038378/227 10.

Ein Betreiber stellt seine Modeleisenbahn vor.

VERANSTALTUNG

Baltic Fashion Award. Auf dem Treff der Modewelt stellen junge Designer die neuesten Trends im Ostseeraum vor (Mitte Mai). Tel. 038378/244 20, www.baltic-fashion-award.de

AKTIVITÄTEN

Ostseetherme. Wellnessoase mit balinesischem Spa, Mitternachtssauna und Wasserkursen in Heringsdorfer Jodsole. Geöffnet Mai–Okt. Mo–Sa 10–22 Uhr, So 10–20 Uhr, übrige Zeit Mo–Sa 10–21 Uhr, So 10–20 Uhr. Ahlbeck, Lindenstr. 60, Tel. 038378/27 30, www.ostseetherme-usedom.de

Wellnessoase Shehrazade. Orientalische Wohlfühllandschaft auf zwei Etagen, mit Hallenbad, Dampfbad, Saunen und Erlebnisduschen. In der Ostseeresidenz Heringsdorf, Seestr. 41, Tel. 038378/470 20, ww.seetel-resorts.de, Wellnessoase tgl. 7–22 Uhr, Sauna 14–21.30 Uhr.

Segway-Usedom. Geführte Touren durch die Kaiserbäder und auf der Seepromenade nach Swinemünde. Ahlbeck, Goethestr. 30, Tel. 0171/784 41 04, www.segtouren.de

Schiffsfahrt. Ab der Seebrücke Ahlbeck verbinden in der Saison täglich Personenfähren mit Heringsdorf, Bansin, Koserow und Zinnowitz. www.adler-schiffe.de

Eisarena. Kunsteisbahn an der Seebrücke von Ende Nov.–Anfang März Di–So. Heringsdorf, Tel. 038378/244 28, www.eisarena-insel-usedom.de

46 Usedom – Koserow
Salzhütten und Künstlerrefugium

Die drei Kaiserbäder machen vor, wie eine Ferienregion erfolgreich vermarktet werden kann. Doch an Usedoms 42 km langen Außenküste warten noch andere Seebäder auf Entdeckung. Frei nach dem Motto »gemeinsam sind wir stärker« haben sich die Orte Koserow, Ückeritz, Kölpinsee und Zempin zu den Bernsteinbädern zusammengeschlossen. Viel nostalgische Bäderarchitektur darf hier nicht erwartet werden, dafür gibt es an den feinen Sandstränden noch viel Platz.

Hauptort der »Bernsteinküste« ist das Seebad Koserow. Einen der besten Aussichtspunkte über das kilometerlange Strandrevier erlaubt der Streckelsberg. Man erreicht ihn von der Meinholdstraße aus auf einem kurzen Wanderweg. Aus luftiger Höhe von knapp sechzig Metern öffnet sich von der bewaldeten Kliffranddüne der Blick auf die vorgelagerte Insel Greifswalder Oie, bei klarem Wetter zeigen sich die Halbinsel Mönchgut auf

Mitte: Der Streckelsberg erlaubt eine feine Aussicht auf den Koserower Strand.
Unten: Seebrücke von Koserow

Rügen und im Südosten die polnische Nachbarinsel Wollin. Der Streckelsberg ist schon seit 1961 Naturschutzgebiet. Vor allem im Frühjahr ist ein Spaziergang über die eiszeitliche Stauendmoräne lohnend, wenn in dem noch lichten Buchenwald Leberblümchen, Anemonen und das Rote Waldvögelein um einen Platz an der Sonne kämpfen.

Der Koserower Pfarrer und Heimatdichter Wilhelm Meinhold ließ sich von dem Berg zu seinem 1843 erschienenen Roman »Die Bernsteinhexe« inspirieren. In der im Dreißigjährigen Krieg angesiedelten Geschichte stößt Pfarrerstochter Maria auf eine ergiebige Bernsteinader, die ihr zwar großen Reichtum, doch auch viel Leid und Unglück beschert. Noch heute machen sich am Fuß der Kliffküste viele Strandwanderer auf die Suche nach dem Gold der Ostsee, wenn schon keinen Bernstein, finden sie zumindest reichlich Muscheln und Hühnergötter.

Koserower Salzhütten

Bevor es in Koserow Tourismus gab, lebte man mehr schlecht als recht vom Fischfang, sprich vom Hering. Vor allem außerhalb der Heringssaison im Frühjahr hatten die Küstenfischer einen schweren Stand. Für ein besser übers Jahr verteiltes Einkommen sorgten die im 19. Jahrhundert vom preußischen Staat geförderten Salzhütten. Direkt am Strand entstanden zu jener Zeit etwa fünfzehn Hütten, in denen der Hering in Holzfässern eingesalzen und so über Monate haltbar gemacht werden konnte. Das dazu notwendige Steinsalz stellte der Staat zur Verfügung. Einige der einfachen Hütten, die den Fischern auch als Lager dienten, blieben bis heute erhalten. In einer davon eröffnete 1991 das Fischlokal »Koserower Salzhütte«, zu dem auch ein kleines Museum gehört. Es ist einen Besuch wert!

Der Maler Otto Niemeyer-Holstein

Zwischen den Seebädern Koserow und Zempin ist Usedom keine 500 m breit. Genau an der schmalsten Stelle der Insel schuf sich in den 1930er-Jahren der Berliner Maler Otto Niemeyer-Holstein (1896–1984) ein Refugium, das ein halbes Jahrhundert lang bis zu seinem Tod sein Lebensmittelpunkt werden sollte. Die ersten Jahre wohnte Niemeyer-Holstein in einem aus Berlin mitgebrachten ausrangierten S-Bahn-Waggon, später kamen ein richtiges Wohnhaus und ein Atelier hinzu. Max Liebermann erzählte einst über den jungen Nachwuchskünstler: »Aus dem wird wat, denn der klaut sich de Farben aus'm Meer.« Niemeyer-Holstein fand seine Motive praktisch vor der Tür seines Wohnwagens – Strand, Schilf, Buhnen, Möwen. Seine mit dem Kürzel ONH signierten Landschaftsbilder machten ihn zu einem der bekanntesten Maler der DDR. Gemäß dem Wunsch von Niemeyer-Holstein wurde der von ihm Lüttenort getaufte Wohnsitz nach seinem Tode öffentlich zugänglich gemacht. In einem modernen Galerieanbau werden seine Arbeiten ausgestellt. Die Galerie und der Skulpturengarten können individuell entdeckt werden, Wohnhaus und Atelier sind nur im Rahmen einer Führung zugänglich. Jeden Mittwoch werden Filme über Otto Niemeyer-Holstein gezeigt.

Kultur in Zinnowitz

In Zinnowitz findet man eine Promenade, verspielte Bädervillen und vieles mehr. Anlaufpunkt des nach Heringsdorf beliebtesten Seebads von Usedom ist die kurz nach der Wende gebaute 315 m in die Ostsee ragende Vinetabrücke. In der DDR war Zinnowitz ein Erholungsort für die Bergbaukumpel der Wismut AG. Mit einem Freilichtspektakel über das versunkene Vineta knüpft die Stadt alljährlich im Sommer an ihre große Zeit an.

Oben: Pulverfein ist der helle Sand am Strand von Koserow.
Mitte: Mitunter können einige Brocken Plattdeutsch durchaus hilfreich sein.
Unten: In einer der historischen Salzhütten hat sich nach der Wende ein Fischlokal eingerichtet.

Infos und Adressen

INFORMATION

Kurverwaltung Koserow. Hauptstr. 31,
Tel. 038375/204 15,
www.usedomer-bernsteinbaeder.de
Kurverwaltung Zinnowitz. Neue Strandstr. 30,
Tel. 038377/49 20, www.zinnowitz.de

ESSEN UND TRINKEN

Koserower Salzhütte. Uriges Fischlokal mit
angeschlossenem Museum. An der Seebrücke,
Tel. 038377/206 80,
www.koserower-salzhuette.de

ÜBERNACHTEN

Usedom Palace. Kleines Fünfsternehaus in
schlossähnlicher Villa direkt am Strand, herausragend ist die aussichtsreiche Admiralsuite im Mit-
telturm. Zinnowitz, Dünenstr. 8, Tel. 038377/39 60,
www.usedom-palace.de
Hotel Hanse Kogge. Das moderne Viersternehaus
hat sich auf Medical Wellness spezialisiert; mit So-
leschwimmbad, medizinischen Anwendungen und
Massagen. Koserow, Hauptstr. 58,
Tel. 038375/26 02 00, www.hotelhansekogge.de

SEHENSWÜRDIGKEITEN

Atelier Otto Niemeyer-Holstein. Geöffnet Mitte
April–Mitte Okt. tgl. 10–18 Uhr, Führungen um 11,
12, 14 und 15 Uhr, übrige Zeit Mi, Do, Sa und So
10–16 Uhr, Führungen um 11, 12 und 14 Uhr. Lüttenort, Tel. 038375/202 13,
www.atelier-otto-niemeyer-holstein.de
Uns Fischers Arbeitshütt. Ausstellung von Fi-
schergerätschaften. Mai–Sept. Di–Sa, ab 11 Uhr.
An der Seebrücke, Tel. 038375/204 15.

EINKAUFEN

Fischkiste. Fischhandlung mit Frischware, Räucherfisch und Imbiss. Zinnowitz, Neue
Strandstr. 22, Tel. 038377/375 67,
www.fischkiste-zinnowitz.de

VERANSTALTUNG

Vineta-Festspiele. Freilichttheater der Vorpommerschen Landesbühnen von Ende Juni bis Ende
August. Inszeniert wird die alljährlich neu aufge-
rollte Sage von der versunkenen Stadt Vineta. Ost-
seebühne Zinnowitz, Kartentelefon
03971/20 89 25, www.vineta-festspiele.de

Die frühgotische Feldsteinkirche in Koserow

Im Atelier von Otto Niemeyer-Holstein

47 Usedom – Peenemünde
Hochtechnologiezentrum im Dritten Reich

Der Peenemünder Haken im Norden Usedoms gehörte nie zu den Aushängeschildern des Bädertourismus. Anstelle von feinen Sandstränden prägen Feuchtwiesen und Moore die Küstenlandschaft. Dennoch ist die Ortschaft Peenemünde weltbekannt. Grund dafür war eine unter Hitler betriebene Heeresversuchsanstalt. In dem auch als »Raketenschmiede« bekannten Technologiekomplex wurde die erste Weltraumrakete entwickelt. Das auf dem Komplex entstandene Historisch-Technische Museum gehört heute zu den größten Besuchermagneten der Ferieninsel.

Mit dem Bau des Hochtechnologieparks wurde 1936 begonnen. 1940 riss man das Dorf Peenemünde ab und riegelte den Zugang in den Norden Usedoms hermetisch ab. Unter der Leitung des

Mitte: Im Freigelände reckt sich eine V2-Rakte in den Himmel.
Unten: Ein Schwerpunkt des Historisch-Technischen Museums ist eine Dauerausstellung zur Weltraumfahrt.

deutschen Ingenieurs Wernher von Braun (1912–1977) wurde die zunächst unter dem Deckmantel der Weltraumforschung aufgenommene Versuchsanstalt bald ausschließlich zur Produktion von Vernichtungswaffen umgelenkt. Ein so großer Militärkomplex konnte nicht unentdeckt bleiben. Nach einem Bombenangriff der britischen Luftwaffe lagerten die Nazis die Waffenproduktion in eine unterirdische Halle bei Nordhausen im thüringischen Harz aus.

Sauerstofffabrik und Kraftwerk

Der Ausbau zum Historisch-Technischen Museum begann 1999. Gleich am Zugang zur Heeresversuchsanstalt ist das Stahlbetongerippe der ehemaligen Sauerstofffabrik nicht zu übersehen. In der riesigen Halle wurde Flüssigtreibstoff hergestellt. Die nach Sprengungsversuchen der Roten Armee stark angegriffene Bausubstanz ohne Fenster und Türen kann wegen Einsturzgefahr derzeit nicht näher besichtigt werden. Kernstück der Peenemünder Denkmallandschaft ist das 1938 bis 1942 erbaute Kraftwerk. Um den enormen Energiebedarf für die Raketenentwicklung und den flüssigen Sauerstoff für den Raketenantrieb sicherzustellen, wurde eigens ein Steinkohlekraftwerk gebaut. Beim Anblick des Monumentalbaus, für den rund zwei Millionen Backsteine verbaut wurden, fühlt man sich an Prora und andere größenwahnsinnige Projekte der Nationalsozialisten erinnert. Das Großkraftwerk zeigt, in welcher Dimension die Versuchsanstalt geplant war. Auf einem 130 m langen Förderband wurde die Kohle zu einem Bekohlungskran transportiert und dann im Brecherhaus fein zermahlen und dem Kesselhaus zugeführt. Nach dem Krieg demontierten die Russen einen Teil der Anlage, doch zu DDR-Zeiten wurde das Kraftwerk wieder instand gesetzt, es lieferte bis zur Wende Strom und Wärme.

Schwerpunkte des Museums

Auf einem individuellen Rundgang können Besucher das Kesselhaus und den Turbinensaal besichtigen. Als thematischer Schwerpunkte der Ausstellung wird die Entwicklung und Produktion der Vernichtungswaffen aufgezeigt. Stimmen von Zeitzeugen, Bilder und historische Filmaufnahmen vermitteln dabei Einblicke in die Lebensbedingungen der involvierten Zwangsarbeiter. Ferner wird die Erforschung des Weltraums nach dem Zweiten Weltkrieg beleuchtet, angefangen von den russischen Sputniks bis zum amerikanischen Apollo-Programm zum Mond.

Raketen im Freigelände

Auf dem Freigelände des Museums reckt eine 14 m hohe A4-Fernrakete ihre Spitze in den Himmel. Ein Prototyp dieser weltweit ersten Rakete verließ am 3. Oktober 1942 die Abschussrampe. Er erreichte eine Flughöhe von 84,5 km und gilt heute als der Startschuss der Raumfahrt. Auch eine Flugbombe vom Typ V1 wird ausgestellt. Als sogenannte »Vergeltungswaffen« sollten die Raketen zum Sieg über die Alliierten verhelfen. Bis zum März 1945 wurden etwa 20 000 Raketen auf Städteziele in England, Belgien und Frankreich abgefeuert. Allein in London kamen dadurch etwa 8000 Menschen um. Eine Kriegswende konnten Wernher von Brauns Raketen allerdings nicht einleiten. Im Hafen unmittelbar neben dem Kraftwerk steht das Museumsschiff Tarantul 1 zur Besichtigung offen. Das Raketenschnellboot russischer Bauart gehörte bis 1990 zum Bestand der DDR-Volksmarine.

Oben: Beim Thema Weltall darf das Sputnik-Programm nicht fehlen.
Mitte: In einer Werkbahn wird die Geschichte der Heeresversuchsanstalt beleuchtet.
Unten: Im Hafen von Peenemünde liegt ein ausgedientes Raketenschnellboot vor Anker.

Einen Überblick über die mit der Versuchsanstalt verbundenen Boden- und Baudenkmäler gibt ein 22 km langer Rundweg. Stationen sind unter anderem die Bunkerwarte.

Infos und Adressen

ESSEN UND TRINKEN

Zur Zwiebel. Einfacher Gasthof mit internationaler Küche in Hafennähe, mit angeschlossenem Hotel. Peeneplatz 3, Tel. 038371/264 39, www.zwiebelseiten.de

Café am Deich. Feldstr. 1a, Tel. 038371/285 82. Auf der Außenterrasse können 125 Kaffeespezialitäten und gut 30 Teesorten probiert werden.

SEHENSWÜRDIGKEITEN

Historisch-Technisches Museum. Geöffnet April–Sept. tgl. 10–18 Uhr, Okt. tgl. 10–16 Uhr, Nov.–März Di–So 10–16 Uhr. Im Kraftwerk, Tel. 038371/50 50.

Phänomenta. Erlebnisausstellung mit mehr als 200 interaktiven Experimenten, sehr beliebt ist der Astronautentrainer. Geöffnet Mitte März–Okt. sowie in den Weihnachtsferien 10–18 Uhr. Museumstr. 12, Tel. 038371/260 66, www.phaenomenta-peenemuende.de

Maritim Museum. Auf einem Weg durch wirklich enge Gänge kann das 1961 in der Sowjetunion vom Stapel gelaufene U-Boot Juliett U-461 entdeckt werden. Es stand bis 1991 im Dienst der Baltischen Rotbannerflotte. Geöffnet Mai/Juni, Sept./Okt. 10–17 Uhr, Juli/Aug. 9–19 Uhr, Okt.–April 10–15 Uhr, Tel. 038371/890 54, www.peenemuende-info.de

EINKAUFEN

Alte Wache. Buchhandlung im ehemaligen Wachhaus des DDR-Marinestützpunktes, mit viel Usedom-Literatur. Zum Hafen 4, Tel. 038371/214 64, www.altewache-peenemuende.de

VERANSTALTUNG

Usedomer Musikfestival. Das Eröffnungskonzert der dreiwöchigen renommierten Konzertreihe findet jeweils Ende September im Kraftwerk des Museum Peenemünde statt. Tel. 038378/346 47, www.usedomer-musikfestival.de

Bei der Planung des Ausstellungskonzepts des Museums waren Historiker maßgeblich beteiligt.

48 Usedomer Schweiz
Im stillen Hinterland
der Ferieninsel

Kilometerlange Strandreviere sind die eine Seite, das reizvolle Hinterland mit seinem sanft gewellten Hügelland und stillen Binnenseen die andere Seite der Ferieninsel Usedom. Das Achterland zwischen Achterwasser und Stettiner Haff ist eine ruhige Ferienregion, die zum Radeln und Wandern einlädt. Neben der Usedomer Schweiz sind auch der Lieper Winkel und der Usedomer Winkel mit dem für die Insel namensgebendem Kleinstädtchen Usedom einen Ausflug wert.

Tagesausflügler zieht es vor allem nach Benz am Südufer des Schmollensees. Die spätmittelalterliche Feldsteinkirche St. Petri bezeugt, dass hier schon lange vor der Besiedlung der Usedomer Außenküste Bauern ihr Land bestellten und Vieh züchteten. Über dem Langhaus wölbt sich eine mit 135 Sternbildern ausgemalte wunderschöne Kassettendecke. Die Kirche ist zugleich Bühne für den Benzer Kirchensommer, der mit Liederabenden, Chormusik und Klavierkonzerten viele Gäste aus den nahe gelegenen Seebädern anzieht. Ein zweites Wahrzeichen von Benz ist eine 1830 auf dem Mühlenberg erbaute Holländerwindmühle. Noch bis 1971 wurde darin Korn gemahlen. Wenig später erwarb sie der Ostseemaler Otto Niemeyer-Holstein (siehe S. 254), ließ die Flügel und die Holzschindeln der Außenverkleidung erneuern und nutzte das heute denkmalgeschützte Bauwerk zeitweise als Atelier. Niemeyer mochte Benz und die Mühle. So wurde er auch auf seinen Wunsch auf dem Benzer Friedhof beigesetzt – mit Blick auf seine Mühle.

Mitte: Stille Gewässer wie der Gothensee sorgen in der Usedomer Schweiz für blaue Farbtupfer.
Unten: Die Holländerwindmühle in Benz

Stilles Bauernland in Mellenthin

Radeln auf den Spuren von Lyonel Feininger

Benz ist zugleich Station auf dem 2010 angelegten Feininger-Radweg. Der deutsch-amerikanische Maler Lyonel Feininger (1871–1956), der als einer der wichtigsten Vertreter der Klassischen Moderne gilt, verbrachte von 1908 bis 1912 die Sommermonate auf Usedom. Von seinem Feriendomizil in Heringsdorf fuhr der passionierte Radler auf seinem Rennrad mit einem Skizzenblock im Rucksack über die ganze Insel und ließ sich von der stillen Landschaft inspirieren. Nach einer Recherche der Gemeinde Benz kann auf etwa 80 seiner Arbeiten ein Bezug zu Usedom hergestellt werden. Die Kirche von Benz malte Feininger gleich mehrmals, aus verschiedenen Perspektiven und mit verschiedenen Techniken, mal in Ölkreide, mal als Holzschnitt. Benz ließ den Künstler sein Leben lang nicht los, wenige Monate vor seinem Tode aquarellierte er die Kirche ein letztes Mal. Auf dem 56 km langen Radweg wird mit 43 Bronzetafeln auf die Malstandorte von Feininger aufmerksam gemacht. Dorfansichten hielt er unter anderem von Sellenthin, Balm und Neppermin auf der Leinwand fest. Zu Neppermin wird kolportiert, dass er dort einigen Fischern auf die Schnelle Nummern-

MÖLSCHOWHOF

Die gemeinnützig anerkannte Gesellschaft betreibt in Mölschow einen alten Gutshof. In verschiedenen Kreativkursen kann man Seidenmalerei und Makramee kennenlernen und Gegenstände aus Speckstein formen. Im ehemaligen Pferdestall wird in Schauwerkstätten gesponnen, gefilzt und Schafwolle zu Freester Fischerteppichen geknüpft. Dazu gibt es einen landwirtschaftlichen Erlebnisbereich, zu dem eine Ausstellung mit altem Bauerngerät, ein Streichelgehege und ein Bauerngarten gehören. In der Nebensaison ist meist nicht allzu viel los, es sei denn, in der Kulturscheune wird gerade ein Oster-, Herbst- oder Adventsmarkt abgehalten. Für Kinder gibt es eine Kletterwand und eine Minigolfanlage.

Mölschowhof. Geöffnet Juni–Sept. tgl. 10–18 Uhr, übrige Zeit Di–Sa 10–16 Uhr. Mölschow, Trassenheider Str. 7, Tel. 038377/399 25, www.usedom-aktiv.de

Oben: Die Holländerwindmühle diente dem Maler Otto Niemeyer-Holstein zeitweise als Atelier.
Unten: Im dichten Schilfgürtel am Gothensee finden Wasservögel Futter- und Nistplätze.

schilder malte, sie mussten diese auf behördliche Anordnung an ihren Booten anbringen. Wer Lust auf Originalbilder von Feininger bekommen hat, sollte im Pommerschen Landesmuseum in Greifswald vorbeischauen (siehe S. 240, 243).

Mellenthin und Morgenitz

Im alten Gutsdorf Mellenthin ist die landwirtschaftliche Tradition nach wie vor lebendig. Als touristischer Mittelpunkt fungiert ein Wasserschloss aus dem 16. Jahrhundert, das sichtlich vom Stil der italienischen Renaissance geprägt wurde. Seit 2001 in Privatbesitz wird der dreigeschossige Zweiflügelbau Zug um Zug restauriert. Er beherbergt heute ein Themenrestaurant und im Westflügel ein Hotel. Im Ostflügel wird in einer Privatbrauerei naturtrübes Schlossbräu gebraut, in der ehemaligen Schlosskapelle Kaffee geröstet. An der Brücke über den Schlossgraben wird übrigens ein Brückenzoll erhoben, der dann bei einem Besuch des Restaurants verrechnet wird. Am Ortsrand von Mellenthin entsteht ein privater Botanischer Garten. Auf der Größe von zehn Fußballfeldern blühen unter anderem Rosen, Rhododendren und Heidekraut. Südlich von Mellenthin lädt die Mellenthiner Heide zu Spaziergängen ein. Am Südrand zu der zum Naturpark Usedom gehörigen Region gibt es Wisente zu beobachten. Die sicherste Uhrzeit die aus Polen eingeführten Zotteltiere zu Gesicht zu bekommen, ist deren Frühstückszeit gleich um zehn Uhr morgens. Drei Kilometer westlich von Mellenthin verwandelt sich an einem Wochenende im Juli die Dorfstraße von Morgenitz in einen großen Töpfermarkt, auf dem Töpfer und Keramiker aus ganz Deutschland ihre Produkte anbieten. Ganzjährig offen steht die Keramikwerkstatt von Astrid Dannegger, die in einem 250 Jahre alten Bauernhof formschönes Steinzeug, Fayencen und Gartenkeramik ausstellt.

Infos und Adressen

INFORMATION

Stadt-Information Usedom. Usedom, Bäderstr. 5, Tel. 038372/708 90, www.stadtinfo-usedom.de

ESSEN UND TRINKEN

Café Fangel. Das alte Forsthaus mitten im Wald zieht bei schönem Wetter viele Radler und Wanderer an. Geöffnet Mai–Okt. tgl. 14–18 Uhr. Neu-Sallenthin, Am Großen Krebssee, Tel. 038378/322 53.
Wasserschloss Mellenthin. In mittelalterlichem Ambiente wird Deftiges aus Topf und Pfanne aufgetischt, mit schöner Außenterrasse. Dorfstr. 25, Tel. 038379/287 80, www.wasserschloss-mellenthin.de
Zur Alten Fischräucherei. Fischgaststätte mit eigener Räucherware im Lieper Winkel, direkt am Peenestrom. Rankwitz, Am Hafen 1, Tel. 038372/705 21, www.hafen-rankwitz.de

ÜBERNACHTEN

Golf- und Wellnesshotel Balmer See. Rohrgedecktes ruhiges Refugium mit Spa und Wellness. Zwei 18-Loch-Parcours und ein 9-Loch-Übungsplatz liegen in Fußnähe. Neppermin-Balm, Drewinscher Weg 1, Tel. 038379/280, www.golfhotel-usedom.de
Ferienpark Benz. Der Hotel- und Bungalowkomplex bietet Pferdenarren Ausritte und Kutschfahrten an. Benz, Labömitzer Str. 3, Tel. 038379/25 30, www.benzer-ferienhof.de

Eine rustikale Gastwirtschaft in Mellenthin

Hoch zu Ross durch die Usedomer Schweiz

SEHENSWÜRDIGKEITEN

Usededoms Botanischer Garten. Geöffnet April–Okt. tgl. 9 Uhr bis eine Stunde vor Sonnenuntergang. Mellenthin, Chausseeberg 1, Tel. 038379/202 46, www.usedoms-botanischer-garten.de
Wisentgehege Insel Usedom. Ostern–Okt. tgl. geöffnet 10–17 Uhr, Nov.–Ostern 10.30–15.30 Uhr, Mo Ruhetag außer in den den Ferien und an Feiertagen. Prätenow, www.wisentgehege-usedom.de

EINKAUFEN

Keramikwerkstatt Dannegger. Geöffnet im Sommerhalbjahr Mo, Di, Sa 16–17 Uhr, im Winter 12–13 Uhr. Morgenitz, Dorfstr. 8, Tel. 038372/709 10, www.astrid-dannegger.de

VERANSTALTUNGEN

Benzer Kirchensommer. Im Juli und August jeweils dienstags und donnerstags um 20 Uhr gibt es Konzerte, Theatervorführungen oder Lesungen. Das Programm im Internet einsehen: www.kirche-benz.de
Töpfermarkt. In Morgenitz alljährlich am letzten Juliwochendende. www.astrid-dannegger.de

49 Otto-Lilienthal-Museum
Hommage an einen deutschen Flugpionier

Anklam ist eines der beiden Tore zur Insel Usedom. Die meisten Besucher lassen die alte Hansestadt auf dem Weg zu ihren Strandquartieren links liegen. Schade eigentlich, hat die Stadt doch mit dem Otto-Lilienthal-Museum eine erstklassige und bereits mehrfach mit Preisen ausgezeichnete Ausstellung zu Deutschlands bekanntem Flugpionier zu bieten. Es besitzt die größte Sammlung von Lilienthals wirklich originellen Flugapparaten.

»Kunstflug bedeutet willkürliches Fliegen eines Menschen mittels eines an seinem Körper befestigten Flugapparates, dessen Gebrauch persönliche Geschicklichkeit voraussetzt«, schrieb der Flugpionier vor mehr als hundert Jahren. 1893 flog Otto Lilienthal (1848–1896) im Gleitflug 250 m, so weit wie noch kein anderer Mensch vor ihm. Der Traum vom Fliegen beschäftigte Lilienthal zeit seines Lebens. Den Luftwiderstand brechen, das war für den gebürtigen Anklamer die entscheidende Frage. Seine größten Vorbilder dazu waren jene, die es am besten konnten: Vögel. Schon während seiner Ingenieursausbildung an der Berliner Königlichen Gewerbeakademie führte er erste Experimente durch, musste sich dann allerdings zunächst um seine berufliche Karriere als Maschinenbauingenieur kümmern. Als Mitglied der Aeronautical Society of Great Britain hielt Lilienthal 1873 den ersten öffentlichen Vortrag zur Theorie des Vogelflugs. Noch bevor er die ersten Flüge unternahm, veröffentlichte er 1889 sein Buch »Der Vogelflug als Grundlage der Fliegekunst«.

Mitte: Die Sammlung stellt verschiedene von Lilienthal entwickelte Hängegleiter vor.
Unten: Wirklich weit geflogen ist Otto Lilienthal nicht, doch seine Forschungen wurden wegweisend für den ersten Motorflug.

Riskante Landungen

Der erste größere Satz von immerhin 25 m gelang ihm 1891. Zwei Jahre später startete er Flugversuche mit einem vom ihm konstruierten getragenen Flugapparat. Dazu baute er sich in der Nähe von seinem Haus in den Rhinower Bergen eine Abflugstation, auf der er seine Flugobjekte testete, hier glitt er 250 m durch die Luft.

Als weiterer Startplatz ließ er in Berlin-Lichterfelde einen 15 m hohen »Fliegeberg« aufschütten, seine öffentlichen Flugversuche zogen jedes Mal hunderte von Schaulustigen an. 1894 war sein »Normalsegler« so weit ausgereift, dass er in Lilienthals Berliner Maschinenfabrik in Serienproduktion ging – mindestens neun Käufer sind namentlich bekannt. Ganz flugsicher war der Segler allerdings nicht, mit einem davon stürzte er am 9. August 1896 ab. Er brach sich vermutlich einen Halswirbel und erlag tags darauf seinen schweren Verletzungen. Wenige Jahre später wurden Lilienthals Flugversuche von den amerikanischen Brüdern Wright in den Schatten gestellt – der Entwurf ihres Motorseglers stützte sich auf seine theoretischen Grundlagen.

Das Museum

Der Traum vom Fliegen ist schon so alt wie die Menschheit. In einer Sonderschau zeigt das Museum in bildlichen Darstellungen, wie man sich früher das Fliegen so vorstellte. Dazu gehören Bilder vom Ritt auf dem Adler genauso wie die orientalische Variante auf dem fliegenden Teppich.

Die Anklamer Ausstellung zeichnet detailliert den Lebensweg von Otto Lilienthal nach. Im Mittelpunkt stehen Lilienthals Flugapparate in Originalgröße. Zu den Attraktionen gehören ein Doppeldecker (1895) und ein motorisierter

GUTSHAUS STOLPE

Der denkmalgeschützte Gutshof im Nordwesten von Anklam ist Mitglied der noblen Hotelvereinigung Relais & Châteaux. Die 33 eleganten Zimmer sind größtenteils mit Antiquitäten möbliert. Es gibt einen Salon mit Kaminecke, eine holzgetäfelte Bar, eine Sauna und einen Tennisplatz. Ein Steg lädt zu einem erfrischenden Bad in der Peene ein, der weitläufige Park mit altem Baumbestand zu Spaziergängen. Der ausgebaute Pferdestall ist Bühne für klassische Hausmusik. Wer mag, kann eine Flussfahrt im hauseigenen Motorboot unternehmen. Die französisch inspirierte Feinschmeckerküche gehört zum Besten, was die Ostseeregion zu bieten hat und ist zu Recht mit einem Michelin-Stern dekoriert. Unter gleicher Leitung steht der rohrgedeckte Stolper Fährkrug an der Dorfstraße von Stolpe, von dessen Biergarten man auf den Wasserlauf der Peene schaut.

Gutshaus Stolpe. Das Abendrestaurant öffnet um 18.30 Uhr, es ist eine Reservierung erforderlich (Mo Ruhetag, geöffnet Sept.–Mai auch So). Stolpe bei Anklam, Peenestraße 33, Tel. 03972/155 00, www.gutshaus-stolpe.de

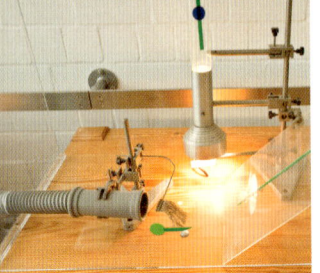

Oben: Auf einer Versuchstafel untersuchte der Ingenieur Luftströmung und Wärme.
Mitte: Interaktiv wird über das Lebenswerk von Lilienthal informiert.
Unten: Zu den Attraktionen der Ausstellung gehört der Große Doppeldecker von 1895.

Schlagflügelapparat (1896). Nicht fehlen darf auch der Dewitzer Apparat, mit dem Lilienthal seine ersten 25 Flugmeter hinter sich brachte. Über die an sich schon abenteuerlich genug konstruierten Entwürfe Lilienthals hinaus werden auch originelle Flugmodelle aus dem 18. Jahrhundert gezeigt. Ausgesprochen kurios ist ein Muskelkrafthubschrauber frei nach einem Entwurf von Leonardo da Vinci. Dazu kommen etliche Hängegleiter. Nur schade, dass viele der 160 Teile umfassenden Sammlung aus Platzgründen nur in Sonderausstellungen zu sehen sind. Kinder sind im Spielzimmer bestens aufgehoben, für Bastler hält der Museumsladen die besten Modelle Lilienthals im Maßstab 1:15 bereit. Auch gibt es dort etliche Bausätze zu Fluggeräten aller Art, auch den von Otto Lilienthal zusammen mit seinem Bruder Gustav erfundenen Anker-Steinbaukasten.

Wer nicht mehr weiß, wie man einen Papierflieger baut, findet dazu ebenfalls die notwendige Faltanleitung. Für sein innovatives Konzept wurde das Lilienthal-Museum 1999 als erstes Museum in den neuen Bundesländern mit dem Europäischen Museumspreis ausgezeichnet.

Außengelände am Flugplatz

Am Anklamer Regionalflughafen eröffnete jüngst ein Außengelände des Lilienthal-Museums. Das vornehmlich an Kinder und Jugendliche adressierte Aeronauticon versteht sich als Museumspark zum Schauen, Spielen und Lernen. Dazu gehören ein museumspädagogischer Natur- und Technikpfad und ein origineller Spielplatz mit Fluggeräten. Hier dreht sich auch alles ums Fliegen. Auf dem Freigelände können Flugzeuge bestaunt werden. In dem Lehr- und Spielpark kann man alles über die Lufthülle der Erde erfahren. Mit ein bisschen Glück sieht man sogar Hubschrauber starten.

Infos und Adressen

INFORMATION

Anklam-Information. Markt 3,
Tel. 03971/83 51 54, www.anklam.de

Otto-Lilienthal-Museum. Geöffnet Juni–Sept.
10–17 Uhr, Nov.–April Mi–Fr 11–15.30 Uhr und So
13–15.30 Uhr, übrige Zeit Di–Fr 10–17 Uhr, Sa und
So 13–17 Uhr. Ellenbogenstr. 1,
Tel. 03971/24 55 00, www.lilienthal-museum.de

Aeronauticon. Verschiedene museumspädagogi-
sche Veranstaltungen für jedes Alter. Auf dem
Flugplatzgelände Anmeldung unter
Tel. 03971/25 99 87, info@lilienthal-museum.de

Buchtipp. Peter Tille: *Flügelotto*, Steffen Verlag;
hübsch illustriertes Kinderbüchlein.

ESSEN UND TRINKEN

Vis-à-Vis. Nettes Hotel-Café-Restaurant vor der
Kulisse des spätgotischen Steintors. Kleiner Wall
11–13, Tel. 03971/21 15 57,
www.vis-a-vis-anklam.de

Peene Café. Vor oder nach dem Besuch kann man
sich hier eine Tasse guten Kaffees gönnen. Rave-
linstr. 14, Tel. 03971/24 14 87.

ÜBERNACHTEN

Hotel Garni am Stadtwall. Günstige Übernach-
tungsmöglichkeit im denkmalgeschützten Haus.

Ballonkorb im Otto-Lilienthal-Museum

Demminer Straße 5. Tel. 03971/833 136,
www.hotel-am-stadtwall.de.

Hotel Pommernland. Komfortabel, barrierefrei.
Friedländer Landstraße 20c, Tel. 03971/ 291 80,
www.hotel-pommernland.de.

Den Vorläufer des Zeppelins gibt es nur als Modell - er hob nie vom Boden ab.

50 Ueckermünde
Kleiner Hauptort am Stettiner Haff

Im äußersten Nordosten Deutschlands gehört das Stettiner Haff zu den ruhigsten Ferienregionen an der Ostseeküste. Mitten durch das Gewässer verläuft die deutsch-polnische Staatsgrenze. Gegen Norden wird das Haff durch die Insel Usedom abgeriegelt. Lediglich drei schiffbare schmale Wasserstraßen verbinden das Haff mit der Ostsee, zwei davon liegen auf polnischem Gebiet.

Auf deutscher Seite ist an der südlichen Haffküste die Hafenstadt Ueckermünde mit knapp 9000 Einwohnern der wichtigste touristische Anlaufpunkt der Region. Eine Handvoll Mittelklassehotels und viele Ferienwohnungen sind vornehmlich auf Gäste eingestellt, die abseits der umtriebigen großen Seebäder Entspannung und Naturerlebnis suchen. Der kleine Hafen liegt mitten im Stadtzentrum. Von der Mole legen Ausflugschiffe zur Insel Usedom ab, es werden auch Tagesfahrten nach Swinemünde und die pulsierende Großstadt Stettin (Szczecin) angeboten. Beim EU-Beitritt Polens 2004 fiel allerdings der zollfreie Einkauf auf den Schiffen weg.

Schloss und Kulturspeicher

Mittelpunkt der Kleinstadt ist ein auf einer Anhöhe gelegenes Renaissanceschloss aus dem 16. Jahrhundert. In dem einstigen Besitz der pommerschen Herzöge sind heute das Rathaus und das Haffmuseum untergebracht, das in einer kulturgeschichtlichen Sammlung die Region vorstellt. Im Rahmen des Museumsbesuchs kann auf einer

Mitte: Das Herz der Kleinstadt schlägt am Markt, an dem es sich gut einkehren lässt.
Unten: Historische Fassade in Ueckermünde

Im Sommer wird die Marienkirche als Konzertbühne genutzt.

Wendeltreppe der 27 m hohe Schlossturm bestiegen werden, von dem sich ein weites Panorama über das Haff bis nach Usedom und Polen öffnet. Kulturoase der Stadt ist der Kulturspeicher, ein altes Fachwerkhaus, in dem Theatervorführungen, Konzerte und Lesungen stattfinden. Dazu gibt es einen Laden, der Honig aus der Ueckermünder Heide, Marmeladen, Kunsthandwerk und andere Produkte aus der Region anbietet. Die Galerie unter dem Dach des Speichers zeigt wechselnde Foto-Ausstellungen und zeitgenössische Kunst.

Strandbad am Ueckerkopf

Ein Strandbad befindet sich östlich von der Einmündung der Uecker ins Haff. Dem Vergleich zu einem richtigen Ostseestrand hält der 800 m lange Sandstrand zwar nicht ganz stand, dafür ist die meist nur schwache Brandung für Kinder zum Planschen ideal. Die Strandpromenade endet direkt an der Flussmündung ins Haff, dem Ueckerkopf, von dem schön die ein- und auslaufenden Schiffe beobachtet werden können.

Ein Naturpark im Hinterland

Noch ruhiger als Ueckermünde ist das nur dünn besiedelte Hinterland. Selbst in der Hauptsaison ist man vielerorts mit sich selbst und der Natur

WASSERWANDERN AN DER UECKER

Eine wunderschöne Strecke für Wasserwanderer bietet die Uecker, der von der Einmündung am Stettiner Haff flussaufwärts bis in die Uckermark in Brandenburg gefolgt werden kann. Mit seiner langsamen Fließgeschwindigkeit ist der knapp 100 km lange Fluss ein ideales Revier für weniger Geübte. Kanadier, Kajaks, Ruderboote oder führerscheinfreie Motorboote können in Ueckermünde stunden-, tage- oder wochenweise ausgeliehen werden. Unterwegs kann man Fischreiher und andere Vögel beobachten oder die Angel auswerfen. Dazu sorgt die idyllische Flusslandschaft für reichlich interessante Fotomotive. Nach etwa acht Kilometern wird der Wasserwanderrastplatz im Städtchen Eggesin erreicht, dort hat man die Wahl zwischen verschiedenen Einkehrmöglichkeiten. Wer will, kann noch eine Station weiter bis Torgelow paddeln. Sofern keine mehrtägige Tour geplant ist, paddelt man von dort wieder zurück ans Haff.

Uwes Bootsverleih.
Altes Bollwerk/Kastanienallee,
Tel. 0171/319 78 50,
www.bootsverleih-flossfahrten.de

alleine. 2005 entstand mit dem Naturpark Am Stettiner Haff ein mehr als 500 km² großes Landschaftsschutzgebiet. Ausgedehnte Buchenmischwälder laden zu Wanderungen und Radtouren ein. Eingestreute kleine Seen und die Flussläufe von Uecker, Randow und Zarow stellen das feuchte Element, in dem sich mit etwas Glück der Fischotter sehen lässt. Die Könige der Lüfte sind Schrei- und Seeadler, im Frühjahr und Herbst können auch Kraniche beobachtet werden. Südwestlich von Ueckermünde erstrecken sich die Brohmer Berge, ein welliger eiszeitlicher Endmoränenzug, der sich immerhin bis zu 153 m über Normalnull erhebt. Außergewöhnlich sind die Binnendünen auf der Halbinsel Altwarp. Der Wind hat dort ein Stück abseits der Haffküste bis zu 15 m hohe Dünen aufgeworfen. Nahe der polnischen Grenze liegt der Ahlbecker Seegrund. Bis vor 250 Jahren hatte der See eine Wasserfläche von 22 km². Preußenkönig Friedrich II. ließ das Gewässer dann trockenlegen, um Siedler in das bis dato kaum bewohnte Gebiet zu bringen. Geblieben sind ein kleiner Restsee und ein Kalkschwingmoor mit Orchideenwiesen, morastigem Schilfgürtel und kleinen Birken- und Erlengeflechten.

Ukranenland in Torgelow

Am Stettiner Haff siedelte vor mehr als tausend Jahren der slawische Stamm der Ukranen. Nach archäologischen Vorlagen entstand in Torgelow am Ufer der Uecker ein Freilichtmuseum, das mit reetgedeckten Bohlen-, Block- und Flechtwandhäusern einen Einblick in die slawische Wohnkultur gibt. In verschiedenen Werkstätten wird altes Handwerk vorgestellt. Zum Projekt gehört auch eine kleine Werft, in der rekonstruierte Slawenschiffe gebaut werden. Mit einem davon können Gruppen eine Flussschifffahrt auf der Uecker unternehmen und selbst Hand an die Ruder legen.

Oben: Die Altstadt hat einige schmucke historische Fassaden zu bieten, etwa am Markt.
Unten: Auch die Ueckerstraße ist sehenswert und man kann in der Gaststube Rin un Rut einkehren.

Infos und Adressen

INFORMATION

Tourist-Information. Altes Bollwerk 9, Tel. 039771/284 84, www.ueckermuende.de

ESSEN UND TRINKEN

Hotelrestaurant Am Markt. Gepflegtes Lokal mit schöner Markterrasse und Bier aus der hauseigenen Brauerei. Markt 3-4, Tel. 039771/800, www.hotel-am-markt-ueckermuende.de

Das Hinterland ist ein weitläufiges Revier für Radler.

ÜBERNACHTEN

Haffhus. Auf einem großzügigen Grundstück verteilen sich etliche reetgedeckte Gästehäuser. Schöne strandnahe Lage im 2 km von Ueckermünde entfernten Ortsteil Bellin. Dorfstr. 35, Tel. 039771/53 70, www.haffhus.de

Lagunenstadt Marinapark Ueckermünde. Große kinderfreundliche Apartmentanlage am Jachthafen nahe der Einmündung der Uecker ins Haff. Schlichte Apartments verschiedener Größe für Selbstversorger zu buchen. Zum Strand 2, Tel. 039771/530 29, www.lagunenstadt-ueckermuende.de

SEHENSWÜRDIGKEITEN

Haffmuseum. Im Renaissanceschloss. Geöffnet März–Mai, Sept., Okt. Mi–Fr 10–12 Uhr und 13–17 Uhr, Sa 13–17 Uhr, Juni–Aug. Di–So 10–17 und Nov. –Feb. Do, Fr 10–15.30 Uhr. Am Rathaus 3, Tel. 039771/284 42, www.ueckermuende.de/haffmuseum

Ukranenland Torgelow. Geöffnet Mai–Mitte Okt. 10–17 Uhr. Tel. 03976/20 23 97, www.ukranenland.de

EINKAUFEN

Kulturspeicher. Bergstr. 2, Tel. 039771/542 62, www.speicher-ueckermuende.de

AKTIVITÄTEN

Tierpark Ueckermünde. 400 Tiere in naturnah gestalteten Freigehegen. Die Attraktion sind freche Berberaffen, die in einem für Besucher zugänglichen großen Freigehege untergebracht sind. Geöffnet März–Okt. 10–18 Uhr, übrige Zeit 10–15 Uhr. Chausseestr. 76, Tel. 039771/549 40, www.tierpark-ueckermuende.de

Schiffsfahrt. Haffrundfahrten und Tagesausflüge nach Polen mit Oderhaff Reederei Peters. Altes Bollwerk 2, Tel. 039771/224 26, www.reederei-peters.de

Auf fast allen Ausflugsbooten sind Räder erlaubt.

REISEINFOS

Die Ostseeküste von A–Z

Anreise

Die meisten Gäste reisen mit dem Auto an. Zentrale Verkehrsader von West nach Ost ist die seit 2009 von Lübeck bis Greifswald durchgängig befahrbare Ostseeautobahn (A 20). Von Süddeutschland aus ist die Strecke über Berlin die schnellste Verbindung an die Küste. In der Hochsaison muss an Wochenenden vor allem mit Staus auf der B 96 auf dem Weg in die Seebäder Rügens gerechnet werden, Nadelöhr nach Usedom sind die Wolgaster und Zechiner Klappbrücken.

Die Deutsche Bahn bedient die Intercity-Bahnhöfe Schwerin, Rostock, Stralsund, Greifswald und Binz auf Rügen. Reisende nach Usedom haben ab Züssow Anschluss an die Usedomer Bäderbahn. Nachtzüge verbinden von München und dem Rhein-Ruhr-Gebiet, Autoreisezüge von Frankfurt a. M., Stuttgart und Dortmund. Die Alternative zur Deutschen Bahn ist der Interconnex. Dieser fährt die Bahnhöfe Rostock und Warnemünde von Berlin und Leipzig aus an. Den Fahrplan schaut man sich am besten im Internet unter www.interconnex.com an.

Im Sommer gibt es von verschiedenen Großstädten, u. a. von Hamburg, Berlin, Chemnitz und Dresden, wöchentliche Busverbindungen nach Usedom und Rügen. Informationen findet man unter www. berlinlinienbus.de.

Der Flughafen Rostock-Laage wird von mehreren deutschen Städten angeflogen, im Sommer auch von Zürich. (www.rostock-airport.de). Von Mai bis September wird außerdem der Usedomer Regionalflughafen Heringsdorf von vielen deutschen und Schweizer Städten angeflogen. 2014

Vorangehende Doppelseite: Sonnenuntergang in Boltenhagen
Oben: Hafenflair gibt es in allen größeren Orten.
Mitte: Das Hinterland ist besonders zur Rapsblüte reizvoll.
Unten: Burg Hohenzollern in Heiligendamm

brachte die Lufthansa-Tochter Austrian Airlines ab Linz zum ersten Mal Gäste aus Österreich nach Usedom.

Einkaufen

Bummeln kann man in aller Ruhe in den Fußgängerzonen der Weltkulturerbestätte Stralsund und Wismar, wo es neben Kaufhäusern und internationalen Ketten auch etliche originelle Läden zum Stöbern gibt. Haupteinkaufsmeile in Rostock ist die ebenfalls autofreie Kröpeliner Straße (siehe S. 102), in Schwerin ist es die Mecklenburgstraße. Auch in vielen der großen Seebäder haben sich Einkaufsstraßen mit Boutiquen und Life-Style-Geschäften etabliert. Auf Usedom werden Schnäppchenjäger auf dem polnischen Grenzmarkt fündig.

Ermäßigungen

In etlichen Ferienregionen gibt es Bonuskarten, die bei öffentlichen Verkehrsmitteln, Museen, Freizeitparks u. a. Rabatt gewähren, etwa die Rostock Card, die Rügen-Stralsund-Card und das Schwerin-Ticket. Die Ermäßigungskarten können über die jeweiligen Büros der Tourist-Information bezogen werden.

Essen und Trinken

Restaurants finden sich an jeder Ecke, serviert wird gern Ostseefisch. Neben Hering, Dorsch, Scholle und Co. werden zudem Zander aus den Boddengewässern und Süßwasserfische aus der Müritz angeboten. Von den Fischlokalen direkt am Wasser betreiben viele eine eigene Räucherei. Die Küche an der Ostsee ist vielerorts eine deftige Hausmannskost. Als klassische Sättigungsbeilage fungiert die Kartoffel (meist als Bratkartoffel), an der Ostsee vielfach Tüften genannt.

Oben: Postmodern gibt sich das Ozeaneum in Stralsund.
Mitte: Die Deutsche Alleenstraße nimmt in Rügen ihren Anfang.
Unten: Gepflegte Gastlichkeit im Traditionslokal Alter Schwede in Wismar

Ausgesprochene Feinschmecker werden sich mancherorts schwer tun. Doch junge ambitionierte Köche setzen mehr und mehr Akzente und überraschen mit leichter, oft mediterran inspirierter Kost. In Hotels im Vier- und Fünfsterne-Segment stehen etliche mit Sternen und Kochmützen ausgelobte Küchenchefs am Herd. Vielfach wird auf regionale Produkte gesetzt. Je nach Saison stehen Wild und Pilze auf der Speisekarte, oft kommen die verwendeten Produkte aus der ökologischen Landwirtschaft.

Auch beim Bier setzt man auf Regionalität. Die beiden führenden Marken in Mecklenburg-Vorpommern sind das Lübzer aus dem mecklenburgischen Lübz und das Rostocker aus der Hanseatischen Brauerei. Hanseatische Braukunst wird seit 1827 auch in der Stralsunder Störtebeker-Brauerei gepflegt, die neben Pils und Schwarzbier ein spritzig-helles Bernstein-Weizen im Sortiment hat. Daneben gibt es etliche innovative Hausbrauereien. Die Bekannteste davon ist das Braugasthaus Fritz, das Gasthäuser in Stralsund, Greifswald und Binz betreibt (www.fritz-braugasthaus.de).

Fähren

Nach Hiddensee setzen ganzjährig Personenfähren vom Hafen Schaprode an der Westküste Rügens über, im Sommer auch von Stralsund. Lokale Autofähren sind die Wittower Fähre im Norden von Rügen sowie die Warnemünder Fähre von der Hohen Düne über die Warnow. Am besten prüft man die Fahrpläne unter folgenden Webadressen: www.weiße-flotte.de; www.ruegen-schifffahrt.de

Internationale Fährverbindungen nach Skandinavien (Bornholm, Trelleborg) und ins Baltikum bestehen von Rostock und vom Fährhafen Sassnitz-Mukran auf Rügen.

Oben: In der Gastronomie werden lokale Biere bevorzugt, u. a. das in Stralsund gebraute Störtebeker.
Mitte: Die Boddengewässer sind ein Paradies für Angler.
Unten: Die Schiffsverbindungen zwischen den Inseln und Seebädern sind gut ausgebaut.

Feste

März/April: Wismarer Heringstage
Juni: Blue Wave Festival in Binz
Juli: Zeesboot-Regatta in Wustrow
Juli: Wallensteintage in Stralsund
Juli: Warnemünder Woche
Juli/August: Ostseefestspiele in Stralsund und Greifswald
Juli/August: Tonnenabschlagen in Fischland/Darß
Juli/August: Vineta-Festspiele in Zinnowitz
Juli/September: Störtebeker-Festspiele in Ralswiek
August: Hanse Sail in Rostock
August: Zappanale in Bad Doberan
August: Schwedenfest in Wismar
September: Lichterfest in Rerik
September/Oktober: Usedomer Musikfestival

Golf

Golf hatte im DDR-System im wahrsten Sinne des Wortes keinen Platz – es gab fast 50 Jahre keinen einzigen bespielbaren Parcours. Seit der Wiedervereinigung hat Mecklenburg-Vorpommern kräftig aufgeholt, allein an der Küste gibt es mittlerweile etwa 20 Plätze. Zu den besten Adressen gehören das Golf Resort Wittenbeck bei Heiligendamm (www.golf.resort-wittenbeck.de) und die 45-Loch-Anlage von Winston Golf bei Schwerin (www.winstongolf.de).

Infos im Internet

Die offizielle Webseite des Tourismusverbands Mecklenburg-Vorpommern www.auf-nach-mv.de informiert umfassend über die Ferienregionen an der Ostseeküste. Viele weiterführende Links helfen bei der Suche nach einer Unterkunft.

Das Regierungsportal www.mecklenburg-vorpommern.eu hält neben Daten und Fakten zum

Oben: In der Hochsaison versprechen Festivals, Theater und Konzerte vielfältigen Musikgenuss.
Mitte: Abseits vom Strand laden Wander- und Radwege zu Entdeckungen ein.
Unten: Die Badesaison an der Ostsee eröffnet Anfang Juni.

Bundesland Mecklenburg-Vorpommern u. a. auch Informationen zu Naturschutzgebieten und Freizeitideen bereit.

Das Kulturportal www.kulturportal-mv.de informiert über aktuelle Termine aus den Sparten Musik, Theater, Film und Literatur.

Die Ostsee-Zeitung, mit 140 000 Exemplaren auflagestärkste Tageszeitung an der deutschen Ostseeküste, bietet in ihrer Online-Ausgabe www.ostsee-zeitung.de Nachrichten zu zehn Lokalregionen.

Klima und Reisezeit

Kaum eine Region in Deutschland kann mit mehr Sonnenstunden aufwarten als die Ostseeküste. Im Spitzenrang der sonnigsten Orte Deutschlands wechseln sich alljährlich der Darß, Hiddensee und Usedom ab.

Viel Sonne muss allerdings nicht automatisch viel Hitze bedeuten. Die Ostseeküste ist vielmehr für ihre Sommerfrische bekannt. Die See hat eine ausgleichende Wirkung auf das Klima. Im Winter wird es nicht so kalt wie im Binnenland, im Som-

Oben: Für weite Ausblicke auf Stadt, Land und See bieten sich Kirchtürme an, hier die Marienkirche in Stralsund.
Mitte: Nicht überall am Strand gibt es Schatten oder Strandkörbe.
Unten: Ein Fernglas gehört ins Ostseereisegepäck.

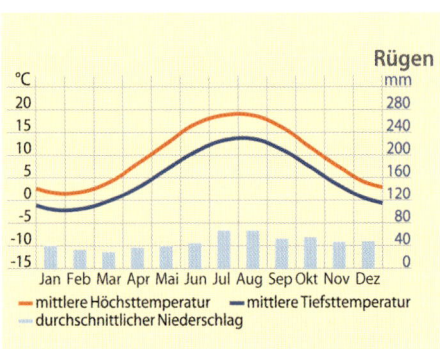

Rügen

— mittlere Höchsttemperatur   — mittlere Tiefsttemperatur
— durchschnittlicher Niederschlag

mer dafür nicht so heiß. Wenn an manchen Sommertagen in Köln oder Leipzig das Thermometer auf über 30°C steigt, werden auf Rügen und Usedom meist nicht viel mehr als 25°C gemessen. Das hat allerdings den Nachteil, dass es in der Vor- und Nachsaison mitunter etwas kühl sein kann. Auch das Ostseewasser erwärmt sich angesichts des nördlichen Breitengrades lange nicht so stark, wie man es von südlichen Ländern kennt. Von daher konzentriert sich der Badetourismus auf die Sommermonate. Dann ist in den Seebädern allerdings mächtig was los. Wer nicht in der zweiten Reihe logieren will, sollte frühzeitig disponieren – in der Hauptferienzeit sind vielerorts die Hotels und Ferienwohnungen komplett ausgebucht und selbst die zahlreichen großen Campingplätze können mitunter hoffnungslos überfüllt sein. Im Winterhalbjahr werden die Tage zwischen Weihnachen und Dreikönig gut gebucht.

Kreuzfahrt

Das Cruise Center Warnemünde ist der zweitgrößte deutsche Kreuzfahrthafen. Neben der in Rostock beheimateten AIDA-Flotte (www.aida.de) machen dort im Sommerhalbjahr mehr als hundert große Hotelschiffe fest. Zielländer ab Warnemünde sind vornehmlich Skandinavien, das Baltikum und Russland. Angeboten werden kleine und große Rundfahrten, angefangen von einer 5-tägigen Reise nach Kopenhagen und Oslo bis hin zu 15-tägigen Fahrten, die auch die Häfen Tallinn, St. Petersburg, Helsinki und Stockholm einschließen.

Mietfahrzeuge

Da die meisten Urlauber im eigenen Wagen anreisen, sind Autoverleiher relativ dünn gestreut. Überregionale Anbieter, etwa Avis und Hertz, haben lediglich Niederlassungen in größeren Städten

Oben: Die Kreidefelsenküste lädt zum Wandern ein.
Mitte: Ostsee und Boddengewässer sind ein hervorragendes Segelrevier.
Unten: Frühgymnastik am Strand von Ahrenshoop.

Oben: In Schwerin kann im Doppeldecker eine Stadtrundfahrt unternommen werden.
Unten: Im Winterhalbjahr muss vielerorts mit eingeschränkten Öffnungszeiten gerechnet.

wie Rostock, Schwerin, Stralsund und Wismar sowie in einigen wenigen großen Seebädern. Nicht vergessen: die Insel Hiddensee ist autofrei.

Öffentliche Verkehrsmittel

Mit einem dichten öffentlichen Busnetz kann vor allem die Insel Rügen aufwarten, auch die großen Seebäder an der mecklenburgischen Ostseeküste sind gut miteinander verbunden. Das nur wenig besiedelte Hinterland der Küste ist allerdings nur punktuell an die Seebäder angeschlossen.

Die Ostseeregion wartet mit zwei ausgesprochen beliebten Schmalspurbahnen auf. Auf Rügen verbindet seit mehr als hundert Jahren der Rasende Roland die ehemalige Residenzstadt Putbus mit den Seebädern Binz, Sellin und Göhren. Der Molli dampft von Bad Doberan via Heiligendamm nach Kühlungsborn. Ganz modern gibt sich die Usedomer Bäderbahn, sie verkehrt im Stundentakt zwischen Züssow und den Seebädern Zinnowitz, Bansin, Heringsdorf und Ahlbeck und weiter bis ins polnische Swinemünde. Von Zinnowitz gibt es eine zweite Linie über Trassenheide und Karlshagen nach Peenemünde.

Öffnungszeiten

Nach der Bäderregelung können in Mecklenburg-Vorpommern in touristischen Schwerpunktgebieten Supermärkte und Einzelhandelsgeschäfte mit einem auf den touristischen Bedarf abgestimmten Sortiment auch am Sonntag geöffnet haben. Die Bäderregel gilt für die Zeit von Ende März bis Ende Oktober, ausgenommen davon sind Feiertage. In so gut wie allen größeren Seebädern und auch in den beiden Weltkulturerbestädten Stralsund und Wismar wird vom Einzelhandel ausgiebig von der Bäderregel Gebrauch gemacht.

Radfahren

Radfahren ist an der Küste sehr populär. Wer sein eigenes Rad nicht dabei hat, kann praktisch in allen Seebädern auf örtliche Verleihstationen zurückgreifen. Auch viele Hotels und Pensionen stellen ihren Gästen gern gegen eine geringe Gebühr Räder zur Verfügung. Elektro-Räder können u. a. in Binz, Heringsdorf und Kühlungsborn gemietet werden. Bei Wind und Wetter sind sie eine gute Alternative.

Rundflüge

Kurzflüge über die jeweiligen Inseln werden vom Rügener Regionalflugplatz Güttin (www.flugplatz-ruegen.de) und vom Flughafen Heringsdorf (www.flughafen-heringsdorf.de) angeboten.

Sonnenschutz

An der Küste strahlt die Sonne weitaus intensiver als im Binnenland, es empfiehlt sich ein Sonnenschutz mit hohem Lichtschutzfaktor. Mittagssonne sollte man meiden. Auch das Tragen eines Sonnenhutes ist angeraten.

Souvenirs

Ein typisches Mitbringsel von der Ostseeküste ist Bernsteinschmuck. Der dazu verwendete Bernstein stammt meist jedoch nicht aus Mecklenburg-Vorpommern, sondern aus Polen. Gerade bei Bernstein sollte man auf Qualität achten, in Billigläden wird vielfach mindere Ware angeboten. Kunsthandwerklich sind viele Töpfer aktiv, die formschöne Gebrauchskeramik herstellen. An kulinarischen Mitbringseln gibt es eine riesige Auswahl an Sanddornprodukten. Um die vitaminhaltigen Beeren ist in den letzten Jahren eine kleine Industrie entstanden. Neben Marmeladen, Saft und

Oben: Einen Fahrradverleih gibt es so gut wie in allen Seebädern.
Unten: Mancherorts werden auch E-Bikes angeboten.

Fruchtriegeln sind auch Tees, Weine und Sand-dorngeist im Angebot. Außerdem werden Auszüge aus der Frucht in naturkosmetischen Pflegeserien verwendet. An Pikantem bietet sich Ostseekäse an, beispielsweise ein cremiger »Rügener Badejunge« oder in Öl eingelegte Frischkäsebällchen aus Poseritz. Auch Fisch kann man sich mit nach Hause nehmen, viele Fischräuchereien bieten ihre Ware vakuumverpackt an.

Tourismusverbände

Tourismusverband Mecklenburg-Vorpommern. Rostock, Platz der Freundschaft 1, Tel. 0381/403 05 50, www.auf-nach-mv.de
Bäderverband Mecklenburg-Vorpommern. Graal-Müritz, Rostocker Str. 3, Tel. 038206/788 50, www.baederverband.m-vp.de
Tourismusverband Fischland-Darß-Zingst. Löbnitz, Barther Str. 16, Tel. 038324/64 00, www.fischland-darss-zingst.de
Tourismusverband Mecklenburg-Schwerin. Ludwigslust, Alexandrinenplatz 7, Tel. 038374/66 69 22, www.mecklenburg-schwerin.de
Tourismuszentrale Rügen. Bergen, Ringstraße 113–115, Tel. 03838/80 77 80, www.ruegen.de
Tourismusverband Vorpommern. Greifswald, Fischstr. 11, Tel. 03834/89 11 89, www.vorpommern.de
Usedom Tourismus. Bansin, Waldstr. 1, Tel. 038378/477 10, www.usedom.de

Übernachtung

Das Übernachtungsangebot an der Ostseeküste und auf den vorgelagerten Inseln ist riesig, angefangen bei einfachen Ferienzimmern und Jugendherbergen bis hin zu Luxushotels ist für jedes Budget etwas dabei. Einen Überblick bieten die

Oben: Traditionelle Umzüge und Hafenfeste sorgen für einen Schuss Folklore.
Mitte: Ein neuer Trendsport ist das Stehpaddeln.
Unten: Die Hotellerie an der Ostseeküste hält für jedes Budget die passende Unterkunft bereit.

Webseiten der jeweiligen Städte und Seebäder, auf Wunsch wird auch ein Gastgeberverzeichnis zugeschickt. Für die Hauptsaison im Sommer empfiehlt es sich, zeitig zu disponieren, besonders attraktive Unterkünfte sind vielfach auf Monate im Voraus ausgebucht.

Campingurlaub ist an der Ostseeküste weit verbreitet. Direkt am Strand gibt es zahlreiche große Plätze, z. B. das Regenbogen-Camp in Prerow, auch hier sollte man rechtzeitig reservieren. Eine Campingbroschüre verschickt der Tourismusverband Mecklenburg-Vorpommern in Rostock. Ausgewählte Plätze stellt auch der ADAC Camping-Caravaning-Führer Deutschland/Nordeuropa vor.

Wer nicht unbedingt den Strand vor der Haustür braucht, findet im Hinterland der Küsten stilvolle und ruhige Unterkünfte in restaurierten Gutshöfen und Schlössern. Auch hierzu hält der Tourismusverband eine Broschüre bereit.

Wandern

Mit großen Gipfelzielen kann die Ostseeküste nicht aufwarten, dafür bieten sich stundenlange Wanderungen entlang der weitläufigen Strände und Steilküsten an. Ausgesprochene Wanderferien empfehlen sich vor allem auf Rügen: Mit der Kreideküste im Nationalpark Jasmund (siehe S. 208) und dem Biosphärenreservat auf dem Mönchgut (siehe S. 192) bieten sich gleich zwei sehr gute Wanderregionen mit teils markierten Wegen an. Interessante Routen gibt es auch im Nationalpark Vorpommersche Boddenlandschaft auf der Halbinsel Fischland-Darß-Zingst.

Schönste Zeit zum Wandern ist die Rapsblüte im Mai, doch auch der Herbst, wenn sich das Laub in den Buchenwäldern färbt, hat seinen Reiz.

Oben: Der Ostseeradweg ist gut ausgeschildert.
Mitte: In vielen Regionen gibt es ausgewiesene Wanderwege.
Unten: In den Nationalparks und Naturschutzgebieten können seltene Pflanzenarten entdeckt werden.

Kleiner Sprachführer

ALLGEMEIN

achtern hinten

Adschüs Tschüss

anspräken ansprechen, um etwas bitten

bidden bitten

Dat deit mi Leed Entschuldigung

dremmeln drängeln, schieben

dröge trocken

Dustern Dunkelheit

Feudel Wischlappen für den Boden, hiervon abgeleitet: feudeln

freuh, fröh früh

Goden Avend Guten Abend

Goden Dag ok Guten Tag

goot groß

Hus Haus

Kick mol wedder in Schau mal wieder rein

Kinnings Kinder

Klock Uhr

Klönsnack Plauderei

laat spät

luschern schauen, gucken

lütt klein

Mäkelborg Mecklenburg

min Jung mein Junge

Moin Hallo

Puschen Hausschuhe

schnacken reden, bereden

snacken reden, sprechen

Schöndank Dankeschön

sutsche sachte, locker, entspannt

Trecker Traktor

Water Wasser

UNTERWEGS

linksch links

piel geradeaus

rechtsch rechts

ESSEN UND TRINKEN

Labskaus Deftige Hausmannskost mit püriertem Pökelfleisch, Kartoffelbrei, Roter Bete und einem Spiegelei oben drauf

Tüften un Plum Kartoffelsuppe mit Pflaumen

WETTER

Daak Nebel

Dat klaart up es klart auf

heet heiß

ieskoolt eiskalt

koolt kalt

Rägen Regen

Schietweder schlechtes Wetter

Sünnschien Sonnenschein

ZAHLEN

1   een / ein

2   twee / twei

3   dree / drei

4   veer

5   fief

6   söss / sess / soss

7   söben / söven

8   acht

9   negen

10   teihn

100   hunnert / hünnert

1000   dusend

WOCHENTAGE

Mandag Montag

Dingsdag Dienstag

Middwoch Mittwoch

Dunnersdag Donnerstag

Fridag Freitag

Suennabend Samstag

Suenndag Sonntag

Auf den Binnengewässern lässt sich gut segeln.

IMPRESSUM

Verantwortlich: Joachim Hellmuth, Stephanie Iber
Redaktionelle und grafische Umsetzung: Géraldine Barette Design, Lektorat Lofing, Stephanie Lofing
Korrektorat: Alexander Uhlmann; Anja Kerber
Umschlaggestaltung: Ulrike Huber, www.uhu-design.de
Repro: Repro Ludwig
Kartografie: Kartographie Huber, Heike Block
Herstellung: Bettina Schippel
Printed in Slovenia by Florjancic

★ ★ ★ ★ ★

Sind Sie mit diesem Titel zufrieden? Dann würden wir uns über Ihre Weiterempfehlung freuen.
Erzählen Sie es im Freundeskreis, berichten Sie Ihrem Buchhändler, oder bewerten Sie bei Onlinekauf. Und wenn Sie Kritik, Korrekturen, Aktualisierungen haben, freuen wir uns über Ihre Nachricht an Bruckmann Verlag, Postfach 40 02 09, D-80702 München oder per E-Mail an lektorat@verlagshaus.de.

Unser komplettes
Programm
finden Sie unter  www.bruckmann.de

Alle Angaben dieses Werkes wurden vom Autor sorgfältig recherchiert und auf den aktuellen Stand gebracht sowie vom Verlag geprüft. Für die Richtigkeit der Angaben kann jedoch keine Haftung übernommen werden.

Bildnachweis:

Die Deutsche Nationalbibliothek verzeichnet diese Publikation in der Deutschen Nationalbibliografie; detaillierte bibliografische Daten sind im Internet über http://dnb.d-nb.de abrufbar.

2. aktualisierte Auflage
© 2015, 2012 Bruckmann Verlag GmbH, München
ISBN 978-3-7654-5889-7